"하나님의 존재를 믿는다는 것,
인간의 행복은 이 한마디로 다한다."
- 레오 톨스토이(Leo Tolstoy)

"하나님과 성경을 모르고
바른 정치를 한다는 것은 불가능하다."
– 조지 워싱턴(George Washington)

당신에게 하나님의 사랑이 넘치기를
소망합니다.

_____ 님께

"성경은 지금까지 인쇄된 다른 모든 책을
합한 것과 같은 가치가 있다."

- 패트릭 헨리(Patrick Henry)

한눈에 명화로 보는

신약 성경

한눈에 명화로 보는

신약 성경

아이템하우스

명화 감상을 통해 성경을 만난다

성경(聖書, Bible)은 기독교의 경전으로 사실상 기독교의 전부라고 할 수 있다. 총 66권(구약 성경 39권, 신약 성경 27권)의 말씀으로 이루어진 성경은, 막대한 분량은 물론 수많은 상징과 비유로 쓰여 있어서 '어려운 책'이라는 평가를 받기도 한다. 사실 성경을 제대로 읽고 이해하는 것은 쉬운 일이 아니다. 이스라엘 역사가 중심이 되어 펼쳐지는 이야기는 읽기 힘든 부분이 많다.

그렇다고 성경 읽기를 포기해야 할까? 이렇게 어렵고 읽기 힘든 성경이 왜 세계적인 베스트셀러로 평가받고 있을까? 성경은 인간의 이성과 경험으로는 알 수 없는 '하나님의 말씀'을 기록한 책이다. 또한, 죄와 고통, 죽음 등 인간의 가장 근원적인 문제를 다루고 있다.

《한눈에 명화로 보는 신약 성경》의 출간은 '어려운 성경을 명화를 감상하면서 읽을 수는 없을까?'라는 물음에서 시작되었다. 이 책은 성경의 주요 사건이나 인물들을 소재로 그린 명화를 통해 기독교의 주제들을 누구나 쉽게 읽고 이해할 수 있도록 풀어쓴 책이다. 성경 말씀은 당대 예술가들에게 영감(靈感, Inspiration)을 주는 주제였다.

레오나르도 다 빈치, 미켈란젤로, 루벤스 등 미술사에 이름을 남긴 거장들은 모두 성경을 소재로 한 명작들을 다수 남겼다. 세계적인 거장들의 다채롭게 그린 명작을 감상해 보노라면 계속해서 성경 이야기를 알고 싶어질 것이다.

《한눈에 명화로 보는 신약 성경》은 '천지 창조'부터 '마지막 심판'까지 〈구약 성경〉과 〈신약 성경〉의 중요한 사건과 이를 다룬 명화를 연대기 순으로 담았다. 단순히 성경을 소재로 한 작품의 나열이 아닌, 미술사의 걸작으로 남을 만한 작품과 기독교 신앙의 관점으로 구성하여 '신앙과 예술의 만남'을 추구했다.

독자들은 마치 미술관에 전시된 미술 작품을 감상하듯이 한 장씩 읽을 때마다 기독교인으로서 배워야 할 '하나님의 뜻'과 함께 인간으로서 배워야 할 삶의 가치와 방향을 알 수 있다. 명화가 전하는 메시지를 자신의 신앙을 점검하며 읽는 성경 말씀은 독자들에게 새로운 길을 제시한다.

또한, 이 책을 통해서 신앙의 깨달음뿐 아니라 역사적 흐름과 미술사적 지식을 함께 얻을 수 있다. 서양미술사의 중요한 원류인 헬레니즘과 함께 헤브라이즘을 접할 수 있어 미술사에 관심이 많은 사람에게도 큰 도움을 줄 것이다.

모쪼록 이 책을 통해 많은 사람이 성경 말씀을 친숙하게 느끼고, 하나님이 당신에게 보내는 메시지를 깨닫기를 바란다. 일반인은 물론 특히 기독교 신자들이 많이 접하기를 바란다. 그래서 성경이 '읽히는 책'에서 끝나는 것이 아닌 '명화를 감상하는 책'으로, 성경 속 '구약 시대'와 '신약 시대'를 상상해 보며 기독교의 참된 의미를 깨닫기를 바란다.

◆ 목차 ◆

제1장

예수 그리스도의 탄생

구약 성경의 예언에 약속된 '이스라엘의 구원자'는 바로
예수 그리스도이다. 성령으로 잉태되어 탄생한 예수 그리
스도는 하나님의 아들이기에 온 인류의 죄를 용서하고 사
망에서 구원하실 수가 있는 메시아(Messiah)이다. 예수 그
리스도의 탄생은 새로운 시대의 시작, 즉 '메시아 시대'라
고 할 수 있다.

예수 그리스도의 족보

아브라함과 다윗의 자손 예수 그리스도의 계보라
-마태복음 1장 1절

신약 성경의 시작은 예수 그리스도의 계보를 소개하는 말씀으로 시작한다. 이 계보는 이스라엘의 왕 가운데 가장 위대한 인물인 다윗까지, 그리고 그 후손들을 통하여 하나님께서 온 인류에게 복을 주시게 되는 아브라함까지 거슬러 올라가고 있다.

아브라함이 이삭을 낳고 이삭은 야곱을 낳고 야곱은 유다와 그의 형제들을 낳고. 유다는 다말에게서 베레스와 세라를 낳고 베레스는 헤스론을 낳고 헤스론은 람을 낳고. 람은 아미나답을 낳고 아미나답은 나손을 낳고 나손은 살몬을 낳고. 살몬은 라합에게서 보아스를 낳고 보아스는 룻에게서 오벳을 낳고 오벳은 이새를 낳고. 이새는 다윗 왕을 낳으니라 다윗은 우리야의 아내에게서 솔로몬을 낳고. 솔로몬은 르호보암을 낳고 르호보암은 아비야를 낳고 아비야는 아사를 낳고. 아사는 여호사밧을 낳고 여호사밧은 요람을 낳고 요람은 웃시야를 낳고. 웃시야는 요담을 낳고

◀**아브라함**(012쪽 그림)_구약 성경에 나오는 이스라엘 민족의 시조로, 그의 혈통을 통해 예수 그리스도가 태어났다. 아브라함은 모든 민족을 의롭게 심판하시며 온 세상을 다스리시는 하나님께 대한 굳은 믿음이 있었다. 신약 성경에서는 구약 성경의 인물들 가운데서 모세 다음으로 많이 등장하는 인물이 바로 아브라함인데, 아브라함의 후손들은 그의 믿음을 칭송하며 대대로 기렸다. **로렌초 모나코의 작품.**

요담은 아하스를 낳고 아하스는 히스기야를 낳고. 히스기야는 므낫세를 낳고 므낫세는 아몬을 낳고 아몬은 요시야를 낳고. 바벨론으로 사로잡혀 갈 때에 요시야는 여고냐와 그의 형제들을 낳으니라. 바벨론으로 사로잡혀 간 후에 여고냐는 스알디엘을 낳고 스알디엘은 스룹바벨을 낳고. 스룹바벨은 아비훗을 낳고 아비훗은 엘리아김을 낳고 엘리아김은 아소르를 낳고. 아소르는 사독을 낳고 사독은 아킴을 낳고 아킴은 엘리웃을 낳고. 엘리웃은 엘르아살을 낳고 엘르아살은 맛단을 낳고 맛단은 야곱을 낳고. 야곱은 마리아의 남편 요셉을 낳았으니 마리아에게서 그리스도라 칭하는 예수가 나시니라. 그런즉 모든 대 수가 아브라함부터 다윗까지 열네 대요 다윗부터 바벨론으로 사로잡혀 갈 때까지 열네 대요 바벨론으로 사로잡혀 간 후부터 그리스도까지 열네 대더라(마 1:1~17).

예수 그리스도의 계보는 하나님께서 말씀하신 구원의 약속이 성취되었음을 선포하는 것이다. 즉 하나님께서 예정하신 대로 아브라함과 다윗을 통해 맺으신 언약을 이루시려고 예수 그리스도께서 사람의 혈통을 통해 육신을 입고 오신 것을 말씀하신 것이다. 이것은 모든 신약 성경의 중심이 아브라함과 다윗의 혈통으로 오신 하나님, 곧 예수 그리스도로부터 시작되고 있다는 것을 알 수 있다. 또한, 예수 그리스도의 계보를 통해 하나님의 언약은 반드시 성취된다는 사실을 깨달을 수 있다.

예수 그리스도(015쪽 그림)_ '예수'는 당시 유대 지역에서 많이 사용된 이름으로, '하나님은 구원이시다'라는 뜻이다. '예수'와 왕의 칭호인 '그리스도(기름 부음을 받은 자)'가 합쳐진 예수 그리스도는 세상을 구원하는 '구세주'를 뜻한다. 또한, 성경에서는 '주님'이라는 호칭을 하나님과 예수 그리스도에게 다 적용하고 있다.
터키 이스탄불의 아야소피아 성당에 새겨져 있는 예수 그리스도의 모자이크 벽화로, 왼쪽부터 성모 마리아와 예수 그리스도와 세례 요한이 나열되어 있다. 그림의 내용은 마지막 심판을 하려는 예수 그리스도에게 성모 마리아와 세례 요한이 '마지막으로 자비를 베풀기를 간청한다'라는 내용이다.

예수 그리스도의 탄생 예언

예수 그리스도의 나심은 이러하니라 그의 어머니 마리아가 요셉과 약혼하고 동거하기 전에 성령으로 잉태된 것이 나타났더니
-마태복음 1장 18절

　　북쪽 갈릴리 지방의 작은 마을 나사렛에 살고 있는 마리아는 다윗의 혈통인 유다 지파의 요셉과 결혼하기로 되어 있는 처녀였다. 마리아는 곧 다가올 결혼으로 분주한 나날을 보내고 있었다. 그러던 어느 날 하나님께서 보낸 천사가 마리아를 찾아와 말했다.

　　"은총이 가득한 이여, 기뻐하여라. 주님께서 너와 함께 계시다."

　　천사의 말에 마리아는 몹시 놀랐다. 그리고 이 인사말이 무슨 뜻인가 하고 곰곰이 생각하였다. 천사가 다시 마리아에게 말하였다.

　　"두려워하지 마라, 마리아야. 너는 하나님의 총애를 받았다. 보라, 이제 네가 잉태하여 아들을 낳을 터이니 그 이름을 예수라 하여라. 그분께서는 큰 인물이 되시고 지극히 높으신 분의 아드님이라 불리실 것이다. 주 하나님께서 그분의 조상 다윗의 왕좌를 그분께 주시어, 그분께서 야곱 집안을 영원히 다스리시리니 그분의 나라는 끝이 없을 것이다."

◀ **마리아에게 나타난 천사 가브리엘**(016쪽 그림)_하나님의 명령을 받은 천사 가브리엘이 동정녀 마리아에게 나타나 예수의 탄생을 알려 주는 장면이다. 천사 가브리엘이 성녀(聖女)의 상징인 백합을 마리아에게 전해 주고 있다. 백합은 마리아의 순결과 정절을 의미한다. **루카 조르다노의 작품.**

마리아는 너무 놀라 어찌할 바를 몰랐다.

"하지만 저는 남자를 알지 못하는데, 어떻게 그런 일이 있을 수 있겠습니까?"

마리아의 물음에 천사가 대답하였다.

"성령께서 너에게 내려오시고 지극히 높으신 분의 힘이 너를 덮을 것이다. 그러므로 태어날 아기는 거룩하신 분, 하나님의 아드님이라고 불릴 것이다. 네 친척 엘리사벳을 보아라. 그 늙은 나이에도 아들을 잉태하

수태고지(受胎告知)_'수태고지(受胎告知, Annunciation)'는 마리아가 성령으로 인해 예수를 임신(수태)한다는 것을 천사 가브리엘이 찾아와서 알려 준다(고지)는 뜻이다. 레오나르도 다 빈치의 초기작으로, 피렌체 인근 몬테올리베토에 있는 한 수도원 부설 교회 제단화로 알려져 있다. 전통적인 제단화와 달리 가로가 더 길고, 실외 배경이라는 점이 독특하다. 마리아는 석관 위에 놓인 독서대를 마주하고 앉아 있다. 처녀의 몸으로 임신할 것이라는 소식을 들은 마리아는 왼손을 들어 이를 수용하고 있다. 또 천사 가브리엘은 무릎을 꿇고 마리아에게 순종의 예를 다하고 있다. 마리아가 있는 공간은 인간이 만든 건축물 앞이다. 천사 가브리엘은 하나님이 만든 자연 속에 있다. 건축물의 모양 등에서는 수학적으로 치밀한 원근법이 잘 구사되어 있지만, 마리아의 오른팔은 왼팔에 비해 지나치게 길다. 레오나르도 다 빈치는 사람들이 위쪽에 걸린 그림을 올려다보기 때문에 아래에서 보아도 정면으로 본 것처럼 느끼도록 그렸다. **레오나르도 다 빈치의 작품.**

였다. 아이를 못 낳는 여자라고 불리던 그가 임신한 지 여섯 달이 되었다. 하나님께는 불가능한 일이 없다."

마리아는 천사의 말을 그대로 믿었다.

"저는 주님의 종입니다. 당신이 말씀하신 대로 이루어질 줄로 믿습니다."

한편 마리아가 아이를 잉태했다는 사실을 안 약혼자 요셉은 의로운 사람이라서 마리아에게 부끄러움을 주지 않으려고, 가만히 파혼하려고 하였다. 요셉의 이런 생각을 안 하나님의 천사가 요셉의 꿈에 나타나 말하였다.

"다윗의 자손 요셉아, 주저하지 말고 결혼하여라. 마리아의 임신은 하나님의 성령이 잉태하게 하신 것이다. 마리아가 아들을 낳을 것이니, 그 이름을 예수('하나님이 구원하신다'라는 뜻)라고 지어라. 그가 자기 백성을 그 죄에서 구원하실 것이다."

꿈에서 깨어난 요셉은 망설이지 않고 하나님의 천사가 말한 대로, 마리아를 아내로 맞아들였다.

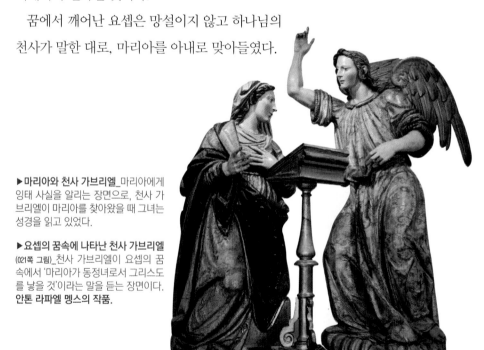

▶**마리아와 천사 가브리엘**_마리아에게 잉태 사실을 알리는 장면으로, 천사 가브리엘이 마리아를 찾아왔을 때 그녀는 성경을 읽고 있었다.

▶**요셉의 꿈속에 나타난 천사 가브리엘** (021쪽 그림)_천사 가브리엘이 요셉의 꿈속에서 '마리아가 동정녀로서 그리스도를 낳을 것'이라는 말을 듣는 장면이다. **안톤 라파엘 멩스의 작품.**

세례 요한의 출생

천사가 그에게 이르되 사가랴여 무서워하지 말라 너의 간구함이 들린지라 네 아내 엘리사벳이 네게 아들을 낳아 주리니 그 이름을 요한이라 하라
-누가복음 1장 13절

예루살렘 주변의 산간 마을에 늙은 제사장 부부가 살고 있었다. 무엇 하나 부족할 것 없는 가정이었지만, 그들 부부에게는 아이가 없었기 때문에 늘 마음 한구석이 허전했다. 제사장인 사가랴와 그의 아내 엘리사벳은 이제 너무 나이가 들어 아기를 갖는다는 것은 꿈도 꿀 수 없는 처지였다.

그러던 어느 날 사가랴가 성소에 들어가서 제단 위에 향을 피우는데 천사가 나타났다. 두려운 나머지 입을 열 수 없었던 사가랴에게 천사가 말했다.

"사가랴야, 두려워 마라. 하나님께서 네 기도를 들으셨다. 네 아내 엘리사벳이 아들을 낳을 것이니, 그 이름을 요한이라고 하여라. 그는 하나님께 큰 인물이 될 것이다."

천사의 말을 믿을 수 없었던 사가랴는 말했다.

"그 말씀을 믿으라는 말입니까? 저는 늙은 사람이고, 제 아내도 늙었습니다."

◀**마리아를 맞이하는 엘리사벳**(022쪽 그림)_마리아는 그녀의 사촌이자 세례 요한의 어머니인 엘리사벳을 방문한다. 엘리사벳이 반갑게 마리아를 맞이하고 있는 장면이다. **루카 조르다노의 작품.**

그러자 천사가 말했다.

"네가 내 말을 믿지 않으니, 네 아들이 태어나는 날까지 너는 말을 하지 못할 것이다. 내가 너에게 한 말은 하나님의 때가 되면 다 이루어질 것이다."

사가랴는 천사의 말을 의심한 벌로 벙어리가 되어 버렸다. 마침내 엘리사벳은 임신을 했으며, 6개월이 되었을 때 마리아가 엘레사벳을 방문했다. 두 사람이 만났을 때 요한은 배 속에서 발길질을 했다.

사가랴는 말을 못 하다가 천사가 말한 대로 아이 이름은 요한이라고 석판에 쓰자 그 순간 목소리가 돌아왔다. 엘리사벳은 요한이라는 이름을 마음에 들어 했다. 엘리사벳이 낳은 조카 요한이 요람에서 잘 지낼 수 있을 때까지 보살펴 준 마리아는 요셉과 결혼하기 위해 나사렛으로 돌아왔다.

당시 예루살렘은 사악한 헤롯왕이 통치하고 있었지만, 로마제국의 속국이었다. 로마에서는 정권을 장악한 아우구스투스가 공화국을 제국으로 바꾸던 변혁의 시기였다. 제국에는 돈이 많이 필요했고, 그 돈으로 로마의 백성들을 거두어야 했다. 그리하여 강력한 로마 황제는 동서남북에 있던 식민지의 모든 백성들의 이름을 공식 명부에 올려서 세금징수원들이 누가 의무를 잘 이행하는지 알아볼 수 있도록 칙령이 내려졌다.

유대와 갈릴리는 명목상으로 독립 왕국이었지만, 세금을 징수해야 하는 일이 생기자, 로마는 유대와 갈릴리 백성들 역시 정해진 날짜에 자신의 족속이나 가문이 있는 고향에 있어야 한다고 했다. 이를테면 세금징발을 위한 호적조사였다. 그래서 요셉은 가문의 고향인 베들레헴으로 여행하게 되었고, 성령으로 잉태한 마리아도 함께 가게 되었다.

로마 황제 아우구스투스의 조각상_예수 그리스도가 탄생할 당시 최고의 강력한 힘을 가졌던 로마 제국의 황제 아우구스투스의 전신상이다.

베들레헴의 인구조사_ 16세기 북유럽의
대표적인 화가인 브뤼헐은 성경과 고전
에서 주제를 취하면서도 당시 평범한 사
람들의 삶을 표현했다. 이 작품은 마리아
와 요셉이 로마제국의 정책에 따라 인구
조사를 위해 베들레헴에 도착하는 장면
이다. 마을 중앙에 예수를 잉태한 마리아
가 나귀에 앉아 있고, 나귀를 끌고 있는
요셉 앞에 인구조사관이 여인숙 앞으로
걸어가고 있다. 브뤼헐은 마리아와 요셉
이 예수가 태어날 여인숙 마구간을 향해
가고 있는 성경의 한 장면을 묘사하면서
도 다른 종교화에서처럼 성경의 인물로
묘사하지 않았다. 마리아와 요셉에게 관
심을 보이는 사람도 없으며, 두 인물의
크기나 색채도 작품 속의 평범한 인물들
과 다르지 않다. **피테르 브뤼헐의 작품.**

마구간에서 태어난 예수

지극히 높은 곳에서는 하나님께 영광이요 땅에서는 하나님이 기뻐하신 사람들 중에 평화로다 하니라
-누가복음 2장 14절

요셉은 만삭(滿朔)이 되어 가는 마리아를 나귀에 태워 베들레헴으로 떠났다. 베들레헴은 요셉의 선조들이 대대로 살아온 땅이었다. 다윗 왕도 그곳에서 태어나 양을 치는 목자로 소년 시절을 보냈다. 하지만 호적을 등록하기 위해 베들레헴으로 가는 길은 쉬운 일이 아니었다. 길은 멀었고 특히 성령으로 아이를 잉태한 마리아로서는 버거운 여행이었다. 요셉과 마리아는 매우 지쳤다. 마침내 그들이 도착했을 때 베들레헴은 많은 사람으로 붐비고 있었다. 여관이 있었지만, 이미 빈방이 하나도 없었다. 마리아는 곧 태어날 아이로 인해 매우 난처했다.

요셉은 여관 종업원을 붙잡고 하소연했다.

"아내가 만삭이라 몸을 누일 곳이라도 있어야 합니다."

"방은 이미 다 찼고, 마구간이라도 괜찮으시다면……."

요셉은 서둘러 마구간을 빌렸다. 마리아는 그날 밤, 아기를 낳았다. 마구간에서 예수 그리스도가 태어난 것이다. 마리아는 강보로 아기를 싸서

◀**성탄(**聖誕**)의 밤**(026쪽 그림)_베들레헴 마구간에서 탄생한 아기 예수를 찾아온 목동들과 하늘에서 찬양하는 천사들의 모습이다. 세상의 빛이 되시는 예수 그리스도의 밝은 분위기로 강조하고 있다. **코레지오의 작품.**

빈 말구유에 뉘었다. 초라한 마구간은 성스러운 장소로 변했다.

신약 성경 〈누가복음〉에는 아기 예수가 태어난 날 밤에 들판에서 양 떼를 지키는 목자들에게 천사가 나타나서 베들레헴의 구유에서 예수 그리스도가 태어났다는 소식을 알려 주었다고 언급한다. 그러자 목자들은 서둘러 가서 마리아와 요셉과 구유에 누운 아기를 찾아내고, 천사가 자기들에게 전한 말을 알려 주었다. 그리고 하나님을 찬양하고 찬미하며 돌아갔다고 한다.

또한, 〈마태복음〉에는 별을 연구하다가 예언대로 메시아가 베들레헴에서 태어났다는 것을 알게 된 동방박사들이 먼 길을 찾아와서 어머니 마리아와 함께 있는 아기를 보고 땅에 엎드려 경배한 다음에 가지고 온 보물상자를 열고 아기에게 황금과 유향과 몰약을 예물로 바쳤다고 언급한다. 아기가 태어난 지 여드레째 되는 날, 요셉과 마리아는 아기의 이름을 천사가 일러 준 대로 예수라고 지었다. 예수는 '하나님이 살리신다'는 뜻인데, 유대교 문화권에서 흔히 쓰이던 사람의 이름이다.

유대인들은 여자가 아기를 임신하여 사내아이를 낳았을 경우, 몸이 피로 더럽혀져 이레 동안 부정하다고 보았다. 아마도 마리아 역시 율법을 준수하여 30일 동안 집 안에만 머물러 있어야 했을 것으로 추정된다. 30일이 지난 후에는 아들 예수를 위한 번제물로 1년 된 어린 양 한 마리와 속죄 제물로 바칠 집비둘기나 산비둘기 한 마리를 만남의 천막 어귀로 가져와서 사제에게 주었을 것이며, 사제는 마리아를 위하여 제물을 봉헌하며 정결례를 거행했을 것이다. 만약 양 한 마리를 바치지 못했을 경우, 산

◀**아기 예수에게 경배하는 동방박사**(028쪽 그림)_동방에서 별을 보고 찾아온 세 명의 박사가 아기 예수에게 두 손 모아 경건히 경배를 드리며, 황금과 유향과 몰약을 바치는 장면이다. 경배를 마친 그들은 하나님의 계시를 받고 헤롯왕에게 들르지 않은 채 다른 길로 귀국하였다. **바르톨로메 에스테반 무리요의 작품.**

아기 예수 경배_헤라드 반 혼토르스트의 작품.

비둘기 두 마리나 집비둘기 두 마리를 가져다가, 한 마리는 번제물로, 한 마리는 속죄 제물로 바쳤을 것으로 추정된다.

요셉과 마리아는 아기 예수를 예루살렘으로 데리고 올라가 성전에 봉헌하였다. 모세의 율법에 "태를 열고 나온 사내아이는 모두 주님께 봉헌해야 한다"고 기록되어 있기 때문이다.

그런데 예루살렘의 성전에 시므온이라는 사람이 있었다. 그는 의롭고 독실하며 이스라엘이 위로받을 때를 기다리는 이였는데, 하나님은 그에게 주님의 그리스도를 만나기 전에 죽지 않으리라고 알려 주었다. 그가 성령에 이끌려 성전으로 들어갔다. 그리고 아기에 관한 율법의 관례를 준수하려고 아기 예수를 안은 마리아와 요셉이 들어오자, 시므온은 감격에 겨워 아기 예수를 두 팔에 받아 안고 하나님을 찬미하였다.

"주님, 이제야 주님께서 말씀하신 대로 당신의 종을 평화로이 떠나게 해 주셨습니다. 제 눈으로 당신의 구원을 보았습니다. 이는 주님께서 모든 민족들 앞에서 마련하신 것으로 다른 민족들에게는 계시의 빛이며 당신 백성 이스라엘에게는 영광입니다."

요셉과 마리아는 시므온의 말에 놀라워했다. 시므온은 마리아와 요셉에게 찬미하는 말을 하였다.

"보십시오. 이 아기는 이스라엘에서 많은 사람을 쓰러지게도 하고, 일어나게도 하며, 또 반대를 받는 표징이 되도록 정해졌습니다. 그리하여 당신의 영혼이 칼에 찔리는 가운데, 많은 사람의 마음속 생각이 드러날 것입니다."

요셉과 마리아가 성전에서 두 번째로 만난 사람은 아셀 지파 바누엘의 딸 선지자 안나였다. 그녀는 무려 84년을 성전에서 기도하며 메시아를 기다리다가 비로소 아기 예수를 만날 수 있었다.

아기 예수의 정결 의식_마리아와 요셉이 아기 예수의 봉헌을 위해 성전을 방문하자, 오래도록 그리스도를 기다린 시므온과 안나가 아기 예수를 맞이하며 감사와 찬송을 하는 장면이다. 특별한 장식 없이 오직 마리아와 요셉, 시므온과 안나, 그리고 아기 예수의 모습이 빛 속에 가득하다. **렘브란트의 작품.**

동방박사_신약 성경 〈마태복음〉 2장에 등장하는 동방박사(東方博士, Magus)는 고대 바벨론 지역의 점성술사로 추정된다. 고대 세계에서 동방은 '지혜의 원천'이란 뜻으로, 당시 점성술사는 최고의 학자들이며 여러 분야에 박학다식한 사람들이었다. 동방에서 별을 보고 찾아온 그들은 아기 예수에게 세 가지예물을 바쳤다. 황금은 왕권을 상징하고, 몰약은 죽음과 부활을 상징하며, 유향은 신성을 상징한다. 전설에 따르면 세 명의 동방박사 이름은 노년의 멜키오르(Melchior, 황금), 중년의 발타자르(Balthasar, 몰약), 청년의 캐스퍼(Casper, 유향)였다고 한다.

헤롯의 핍박과 예수의 피난

이에 헤롯이 박사들에게 속은 줄 알고 심히 노하여 사람을 보내어 베들레헴과 그 모든 지경 안에 있는 사내아이를 박사들에게 자세히 알아본 그 때를 기준하여 두 살부터 그 아래로 다 죽이니
-마태복음 2장 16절

헤롯 왕 때에 예수께서 베들레헴에 태어나셨다. 장차 왕이 될 아기가 태어났으며, 멀리 동쪽의 페르시아 땅에서 박사들이 찾아왔다는 보고를 받은 헤롯 왕은 근심이 가득했다.

"반역을 일으켜 왕이 될 위험한 인물이 태어났다는 뜻인가?"

심각해진 헤롯 왕은 동방에서 온 박사들을 궁중으로 불러오게 한 후 이렇게 당부했다.

"베들레헴에 가서 아기를 찾거든, 돌아가는 길에 나에게 꼭 알려 주시오. 나도 가서 그 아기에게 경배를 해야지요."

동박 박사들은 반드시 그렇게 하겠다고 약속한 후 길을 떠났다. 별의 인도에 따라 베들레헴에 도착한 그들은 아기 예수를 보고는 준비해 온 유향과 몰약과 황금을 예물로 바쳤다. 그리고 베들레헴에서 하룻밤을 보내기로 했다. 바로 그 밤에 천사가 나타나서 그들에게 말했다.

"헤롯 왕에게는 가지 말아라."

동방 박사들은 다음 날 아침 일찍 그들이 떠나온 먼 나라로 발걸음을 옮겼다. 물론 헤롯 왕을 만나지 않고 돌아가 버렸다.

그날 밤, 요셉도 꿈을 꾸었고 천사가 나타나서 말했다.

"헤롯 왕이 아기를 죽이려고 한다. 내가 돌아오라 할 때까지 이집트로 피신하여라."

잠에서 깬 요셉은 급히 마리아를 깨워 아기를 품에 안고 베들레헴을 떠났다.

한편 예루살렘 왕궁의 헤롯 왕은 동박 박사들에게 아무런 소식이 없자 안절부절못하고 있었다. 아무리 기다려도 동방 박사들이 나타나지 않자 헤롯 왕은 잔혹한 결단을 내렸다.

"베들레헴의 아기들을 다 죽여라! 그러면 왕이 된다는 그 아기도 죽게 되겠지. 두 살 아래의 사내아이들은 다 죽여야 한다."

헤롯 왕에게는 이런 이야기가 사실인지 아닌지 크게 중요하지 않았다. 이미 소문이 떠돌고 있었고 많은 사람이 이를 믿었기 때문이다. 헤롯 왕의 핍박에 베들레헴에서는 통곡 소리가 터져 나오기 시작했다.

◀**베들레헴의 영아살해(036쪽 그림)**_자신의 권좌에 위협을 느낀 헤롯 왕은 아기 예수를 죽이기 위해 베들레헴의 영아들을 모두 죽이라고 명령을 내렸다. **귀도레니의 작품.**
이집트로 피신하는 아기 예수_하나님의 계시에 요셉과 마리아가 아기 예수와 함께 이집트로 피신하는 장면이다. 그들은 약 7년이란 세월을 보내고, 헤롯 왕 사망 후 예루살렘에 돌아왔다. **필리프 드 샹파뉴의 작품.**

예수의 소년 시절

예수는 지혜와 키가 자라 가며 하나님과 사람에게 더욱 사랑스러워 가시더라
-누가복음 2장 52절

베들레헴의 아기들이 죽어 가고 있는 동안 아기 예수는 이집트에서 지내고 있었다. 그리고 헤롯 왕도 목숨이 다해 죽었다. 이에 천사가 요셉의 꿈에 나타나서 말했다.

"이스라엘 땅으로 돌아가라. 아기의 목숨을 노리던 자들이 죽었다. 너희가 살던 갈릴리의 나사렛으로 가라."

예수는 나사렛에서 어린 시절을 보냈다. 훗날 사람들은 예수를 지칭할 때 '나사렛 예수'라고 하였다. 그러나 이런 칭호는 우연이 아니다. 일찍이 여러 예언자들이 메시아에 대하여 '나사렛 사람'이라 불릴 것을 예언한 바 있기 때문이다.

예수는 다른 소년들과 마찬가지로 열두 살 때까지 회당에 가서 율법을 공부하였다. 목수인 아버지 요셉의 일을 돕기도 하였다. 소년 예수는 쑥쑥 자라났다.

◀요셉과 소년 예수(038쪽 그림)_아버지 요셉으로부터 목공 일을 배우고 있는 소년 예수의 모습이다. 소년 예수는 탄생 이후부터 12세까지의 어린 예수를 일컫는다. 그는 나사렛에서 성장하면서 많은 것을 배우고, 심령이 강해지고, 하나님의 은혜가 그 위에 임했다. **발렌시아 주 야티바의 작품.**

성전에서 토론하는 소년 예수_ 예루살렘 성전에 홀로 남은 소년 예수가 율법 학자들과 토론을 하는 장면이다. **파울로 베로네세의 작품.**

유대의 소년들은 열두 살이 되면 유월절 행사에 참여해야 했다. 열두 살이 된 예수는 부모님을 따라 예루살렘에 가서 유월절을 보내기로 했다. 유월절의 예루살렘은 인파로 뒤덮인다. 팔레스타인 지역의 모든 사람들은 물론 먼 타국에 살고 있는 유대인들도 긴 여행을 마다하지 않고 모여들기 때문이다.

7일간의 유월절 축제가 끝나자 사람들은 그들의 거주지로 이동하기 시작했다. 그런데 예수의 모습을 찾을 수가 없었다. 마리아와 요셉은 예루살렘으로 돌아가 예수를 찾아다녔다. 사흘 뒤에야 성전에서 예수를 찾아냈는데, 소년 예수는 나이 지긋한 율법 학자들과 한자리에 앉아 율법에 관해 토론하고 있었다. 소년 예수의 탁월한 율법 지식에 학자들은 경이로워하는 표정이 역력하였다.

그들 앞으로 마리아가 나서서 말했다.

"예수야, 아버지와 내가 너를 찾느라 얼마나 애를 태웠는지 아니?"

그러자 소년 예수가 대답했다.

"왜 저를 찾으셨습니까? 저는 제 아버지의 집에 있어야 하는 줄을 모르셨습니까?"

오히려 당당한 반응이었다. 소년 예수의 말은 하나님의 성전이 자기 아버지의 집이라고 말한 것이었다. 그러나 마리아와 요셉은 그 말뜻을 알아듣지 못했다. 소년 예수는 마리아와 요셉과 함께 나사렛으로 돌아가 순종하며 지냈다. 예수는 지혜와 키가 자랐고 하나님과 사람들의 총애도 더하여 갔다.

스테인드글라스에 그려진 성전의 소년 예수_ 소년 예수의 탁월한 율법 지식과 지혜로운 대답에 감탄하며 경청하는 율법 학자들의 모습이 담겨 있다.

성전의 소년 예수_그랜트 롬니 클로손의 작품.

복음을 전파한 세례 요한

그때에 세례 요한이 이르러 유대 광야에서 전파하여 말하되 회개하라 천국이 가까이 왔느니라 하였으니
-마태복음 3장 1~2절

    소년 예수를 잃어버린 일로부터 18년 정도가 흘렀다. 그 무렵 요단강 하류의 광야에서 요한이 사람들에게 하나님의 말씀을 전하고 있었다. 죄를 회개하라고 외치는 요한의 말에 따라 자기 죄를 뉘우치고 요한에게 세례를 받는 사람들이 많아져 갔다. 요한은 제사장 사가랴와 엘리사벳 사이에 태어난 아들이었다. 마리아와 가까운 친척의 아들로 예수와 친척인 셈이다.

    요한은 사람들에게 요단강에서 회개의 세례를 베풀었다.

    "죄악의 길에서 돌아서라. 도끼가 이미 나무뿌리에 닿았으니, 좋은 열매를 맺지 않는 나무는 다 찍혀 불 속에 던져질 것이다."

    세례를 주는 요한의 이름은 빠른 속도로 퍼져 나갔다. 더욱 많은 사람들이 몰려들어 회개의 세례를 받았다. 광야에서 외치는 요한의 모습은 마치 예언자 엘리야를 상기시킨다고 했다. 세례 요한이 격정적으로 두 팔을 흔들며 심판의 날이 도래한다고 설교하면 마음이 굳은 죄인들조차 겁을 먹고 두려움을 느꼈다. 곧 사람들은 세례 요한이 바로 오랫동안 기다리고 있던 메시아일 것이라고 수군대기 시작했다.

◀**세례 요한**(044쪽 그림)_광야에서의 '회개의 세례'를 전하는 모습이다. **안톤 라파엘 멩스의 작품.**

날이 갈수록 세례 요한의 지지자가 늘어 가고 영향력이 커지자 예루살렘의 종교 지도자들이 긴장하였다. 예루살렘의 종교 지도자들이 파송한 조사원들이 세례 요한에게 가서 물었다.

"당신이 우리가 기다리던 그리스도인가요?"

"아니요."

"그럼 예언자 엘리야인가요?"

"아니요."

"그럼 누구입니까? 예루살렘의 대제사장과 제사장들, 율법 학자들이 당신의 정체를 알아 오라고 우리를 보냈습니다."

이에 세례 요한은 담담하게 대답하였다.

"나는 주님의 길을 예비하려고 광야에서 외치는 자일 뿐이오. 내 뒤에 그리

세례 요한의 설교_브뤼헐의 다른 작품처럼 그는 평범한 일상의 모습에 성경 인물을 묘사했다. 화면을 가득 채운 군중 속에서 멀리 뒤쪽 가운데 갈색 옷을 입은 인물이 바로 세례 요한이다. 그는 오른손을 자신의 가슴에 대고, 왼손을 뻗어 손바닥으로 누군가를 가리키며 이야기하고 있다. 그 방향으로 눈을 돌리면 화면 중앙 윗부분에서 하늘색 옷을 입고, 두 손을 모으고 있는 예수 그리스도의 모습이 있다.

이 그림에는 신약 시대 세례 요한과 예수 그리스도의 묘사가 아닌, 16세기 네덜란드 종교 개혁기의 복잡한 역사가 반영돼 있다. 당시 네덜란드에는 많은 개신교도가 있었으나 전통 가톨릭을 따르는 스페인 펠리페 2세의 통치를 받고 있었다. 펠리페 2세는 네덜란드에 종교를 명분으로 잔혹한 전쟁을 일으켰다.

그림 속 세례 요한이 설교하는 곳은 광야도 아니고, 발달한 도시의 광장도 아니다. 멀리 대규모 건축물과 도시가 보이는 것처럼, 이곳은 스페인의 감시와 박해를 피해 개신교도들이 모여들던 성 밖의 숲속이다. 또한, 이 그림의 중심인물은 세례 요한도, 예수도 아닌 '종교개혁 주창자'가 설교하는 장면과 다양한 인간군상이다.

즉 브뤼헐이 살았던 16세기 네덜란드에서 실제로 벌어지던 일을 묘사한 것이다. 이곳에는 사제, 귀부인, 가난한 농부, 무기를 든 아시아인, 터번을 두른 터키인 등 16세기 네덜란드에서 브뤼헐이 봤던 모든 사람이 모여 있다. 그래서 이 그림을 감상하는 사람들은 세례 요한도, 예수의 모습도 쉽게 찾을 수가 없다.

또한, 이 작품은 1633년 네덜란드 총독이었던 황녀 이사벨라 클라라 유지니아가 소장했던 그림으로도 유명하다. 이 그림을 그린 해는 네덜란드에 우상 파괴주의가 팽배해져 있을 때이기도 하다. **피테르 브뤼헐의 작품.**

스도가 오십니다. 그분은 저보다 몇 배나 훌륭하신 분이십니다. 나는 그분의 신발 끈을 풀어 드릴 자격조차 없는 사람이오. 그분은 손에 키를 들고 타작마당의 곡식을 까불러 알곡은 모아 곳간에 들이고, 쭉정이는 불에 태우실 것입니다."

세례 요한은 메시아가 아니었다. 하나님께서는 진짜 메시아가 올 날을 대비하여 그를 먼저 세상에 보냈을 뿐이었다.

▶ **광야의 세례 요한(049쪽 그림)**_ 헤롯 왕 시절, 광야에서 성장한 세례 요한은 요단강 근처에서 죄를 용서받게 하는 회개의 세례를 전파하였다. **헤에르트헨 토트 신트 얀스의 작품.**
세례 요한_어두운 검정을 배경으로 오른손 검지는 위를 향하고, 왼손은 가슴에 댄 채 십자가를 들고 있는 세례 요한의 모습이다. 레오나르도 다 빈치가 평생을 걸쳐 창안한 스푸마토와 키아로스쿠로의 기법이 사용된 작품으로, 묘한 웃음을 짓는 세례 요한의 표정이 신비로우며 얼굴 묘사가 섬세하다. **레오나르도 다 빈치의 작품.**

요한에게 세례받은 예수

예수께서 세례를 받으시고 곧 물에서 올라오실새 하늘이 열리고 하나님의 성령이 비둘기 같이 내려 자기 위에 임하심을 보시더니 하늘로부터 소리가 있어 말씀하시되 이는 내 사랑하는 아들이요 내 기뻐하는 자라 하시니라
-마태복음 3장 16~17절

　　세례 요한의 사역(事役) 활동은 계속되었다. 점점 더 많은 사람이 전국에서 찾아왔다. 그들은 세례 요한의 회개를 외치는 설교에 요단강으로 내려가 회개의 세례를 받았다. 세례 요한의 소문은 갈릴리까지 알려졌다. 예수는 나사렛의 집에서 평화로이 살고 있었다. 그는 이제 서른 살의 건장한 체격을 갖춘 목수였다. 예수도 광야에서 외치는 사람이 있다는 소문을 들었다. 그는 세례 요한에 대한 소문을 듣고 난 후 나사렛에서 사해로 떠나 요단강에서 세례받기를 원하는 군중 사이에 함께 섞여 있었다.

　　세례 요한은 이사야가 예언한 '광야의 외치는 자'이다. 이사야는 그가 주의 길을 준비하고 그의 길을 곧게 하는 자라는 하나님의 메시지를 전했다.

　　"회개하여라. 하나님 나라가 가까이 왔다."

◀초원의 성모(050쪽 그림)_ '벨베데레의 성모'라고도 불리며, 안정감 있는 삼각 구도로 성모 마리아와 어린 예수, 어린 세례 요한이 초원을 배경으로 잘 포착된 작품이다. 성모 마리아의 붉은 상의는 그리스도의 죽음을 상징하고, 푸른색 치마는 교회를 상징한다. 자신의 상징인 털옷을 입은 어린 세례 요한은 후광을 지닌 성스러운 존재인 어린 예수에게 경배하는 모습을 하고 있다. **라파엘로의 작품.**

많은 사람이 요한에게 와서 자기 죄를 자복하고 세례를 받았다. 세례가 한창 진행 중일 때 예수는 요한에게 나서 세례를 받으려 하였다.

"내게 세례를 주시오."

그러나 요한은 예수가 메시아임을 알아보고는 말했다.

"저는 당신에게 세례를 줄 수 없습니다. 내가 선생님께 세례를 받아야 할 터인데, 선생님께서 내게 오셨습니까?"

그러나 예수는 요한의 말에 대답하였다.

"지금은 그렇게 하도록 하십시오. 이렇게 하여야 우리가 하나님의 뜻을 따르는 것입니다."

그제야 요한은 예수의 요청에 따라 세례를 주었다. 예수와 요한은 곧 강으로 들어가 세례를 진행하였다. 세례가 끝나고 물에 올라오자 그때 하늘이 열렸다. 하나님의 영이 비둘기 같이 내려와 예수의 머리 위에 내리면서 하늘에서 소리가 들려왔다.

"이는 내가 사랑하는 나의 아들이요, 내 마음을 기쁘게 하는 아들이다."

▶**세례받는 그리스도(053쪽 그림)**_세례 요한이 예수 그리스도에게 세례를 주는 모습을 그린 것으로, 천재 예술가들의 스승이었던 안드레아 델 베로키오의 작품이다. 이 작품이 유명한 것은 레오나르도 다 빈치가 도제 시절 그린 그림 때문이다. 열네 살 아들의 재능을 알아본 레오나르도 다 빈치의 아버지 피에로는 안드레아 델 베로키오 밑에서 도제 교육을 받게 한다. 정지된 예술 작품에 동작의 섬세함을 표현하던 베로키오의 가르침을 받은 레오나르도는 어느새 스승을 능가하게 되었다.
레오나르도는 섬세한 붓질로 흑백을 표현하는 '드레이퍼리 습작'을 훈련하며, 그의 대표적인 표현 기법인 '스푸마토 기법'을 개발했다. 베로키오와 협업으로 그린 이 작품에서 레오나르도는 그림 왼쪽의 천사를 그렸는데, 이를 본 베로키오가 충격을 받아 '다시는 붓을 잡지 않겠다'라며 결심하고, 조각에 열중하게 되었다는 일화가 있다. **안드레아 델 베로키오의 작품.**

도제 시절의 레오나르도 다 빈치가 그린 천사의 모습

세례받는 예수 그리스도_프란체스코 알바니의 작품.

사탄의 유혹을 이긴 예수

마귀가 또 그를 데리고 지극히 높은 산으로 가서 천하 만국과 그 영광을 보여 이르되 만일 내게 엎드려 경배하면 이 모든 것을 네게 주리라 이에 예수께서 말씀하시되 사탄아 물러가라 기록되었으되 주 너의 하나님께 경배하고 다만 그를 섬기라 하였느니라 이에 마귀는 예수를 떠나고 천사들이 나아와서 수종드니라
－마태복음 4장 8~11절

　　요한에게서 세례를 받은 예수는 성령의 인도에 따라 광야로 나갔다. 요단강 서편의 광야는 황무(荒蕪)한 땅이었다. 나무도 없는 산이 절벽을 이루었고, 들판은 풀 한 포기 없이 크고 작은 바위와 돌들이 거친 모습을 드러내고 있었다.

　　예수는 그곳에서 홀로 밤낮 40일을 금식하며 기도하였다.

　　그때 사탄이 예수 앞에 나타나 말하였다.

　　"네가 정말 하나님의 아들이라면 이 돌들이 빵이 되게 하여 배를 채우거라."

　　이에 예수는 의연하게 대답하였다.

　　"성경에 기록하기를 '사람이 빵으로만 살 것이 아니라 하나님의 입에서 나오는 모든 말씀으로 살 것이다'라고 하였다. 사람에게 필요한 것은 무엇보다도 하나님의 말씀이다."

　　그러자 사탄은 예수를 거룩한 예루살렘의 성벽과 성전 벽이 하나로 이루어진 꼭대기로 이끌어 가서 말하였다.

◀**예수를 시험하는 사탄**(056쪽 그림)_예수가 광야에서 40일간 사탄의 시험을 받는 장면으로, 이후 예수 그리스도의 공생애가 시작된다. **아리 셰퍼의 작품.**

그리스도의 유혹_ 시스티나 성당의 프레스코화로, 사탄의 세 가지 유혹을 담고 있다. **산드로 보티첼리의 작품.**

스테인드글라스에 그려진 예수 그리스도의 유혹

"네가 하나님의 아들이라면 여기에서 뛰어내려 보아라. 성경에는 '주께서 네가 어디를 가든지 천사를 보내어 너를 보호할 것이니, 천사들이 너를 붙잡아 돌부리에도 채이지 않게 할 것이다'라고 기록되어 있다."

이에 예수가 사탄에게 말하였다.

"또 성경에 기록하기를 '주 너의 하나님을 시험하지 말라'고 하였다."

다시 사탄은 예수를 높은 산 정상으로 이끌었다. 그곳에서는 세상의 모든 나라와 그 영광이 보였다.

"네가 만약 나에게 엎드려 절을 한다면, 이 모든 것을 네게 주겠다."

예수는 사탄을 직시하며 단호히 명령하였다.

"사탄아, 물러가라. 성경에 기록하기를 '주 너의 하나님께 경배하고, 그분만을 섬기라'고 이르지 않았느냐?"

그러자 사탄은 움찔하더니 물러갔다. 하늘에서 천사들이 내려와 예수께 시중을 들었다.

제2장

예수 그리스도의
공생애 시작

요한으로부터 세례를 받고, 또 사탄의 유혹을 이긴 예수는 본격적으로 메시아(Messiah)로서의 공생애(公生涯)를 시작한다. 예수의 공생애 사역들의 기본 요소들은 크게 세 가지로 꼽을 수 있다. 곧 '복음의 선포(Proclamation)', '제자 양육(Disciplining)', 그리고 '돌봄과 치유(Caring and Healing)'이다.

▐ 복음 사역을 시작한 예수

말씀하시되 나를 따라오라 내가 너희를 사람을 낚는 어부가 되게 하리라 하시니
-마태복음 4장 19절

예수 그리스도의 공생애(公生涯) 사역은 갈릴리에서 시작되었다. 이때부터 예수는 천국이 곧 올 것을 전파하고, 하나님의 말씀을 가르치며 수많은 병자를 고치셨다. 또한, 제자가 될 사람을 부름으로써 사역을 시작했다.

예수 그리스도가 갈릴리 바닷가를 거닐다가 어부인 두 형제 베드로라는 시몬과 안드레가 그물을 던지고 있는 것을 보았다. 예수는 그들에게 말했다.

"나를 따라오너라. 나는 너희를 사람을 낚는 어부로 삼겠다."

안드레는 본래 세례 요한의 제자로 신앙심이 매우 깊은 사람이었다. 그는 예수 그리스도가 메시아임을 깨닫고 예수의 첫 번째 제자가 되었다. 그는 형제인 베드로도 예수에게 인도하여 제자가 되었다. 두 형제는 곧 그물을 버리고 예수를 따라나섰다. 또한, 두 형제인 야고보와 그의 동생 요한을 보았다. 그들은 아버지 세베대와 함께 배에서 그물을 깁고 있

◀**예수 그리스도의 부름을 받은 제자들**(062쪽 그림)_ 베드로와 대부분의 제자는 갈릴리 호수에서 어부 일을 하다가 예수 그리스도의 부름을 받았다. 그들은 '나를 따르라. 사람을 낚는 어부가 되게 하리라'는 말씀에 순종하여 모든 것을 버리고 예수 그리스도를 따랐다. **루도비코 카르디의 작품**.

었다. 예수의 부름을 들은 그들은 곧 배를 버리고 아버지를 떠나 예수를 따라갔다.

예수의 부르심에 단호히 따라나선 네 어부는 이제 '사람을 낚는 어부'가 되고자 예수 그리스도의 제자가 되었다.

예수 그리스도는 갈릴리 지역을 다니며 회당에서 가르치시고, 천국 복음을 전파하시며 백성 중의 모든 병과 모든 약한 것을 고치시니 예수의 소문이 온 이스라엘에 퍼져 나갔다.

예수 그리스도는 회당에서 처음으로 공개적으로 설교하였다.

"우리는 특별한 시간 속에 살고 있습니다. 하나님 나라의 법이 여기에 있습니다. 새로운 시대가 시작되었습니다. 우리는 모든 잘못된 것으로부터 돌아서서 하나님의 새로운 소식을 믿어야 합니다."

이 말씀은 선지자 이사야의 말을 인용한 것으로, 자신이 공적으로 메시아 사역을 시작한다는 선언적인 의미가 있었다. 하지만 사람들은 믿음을 가지기 전에는 이 말씀의 의미를 전혀 몰랐다. 더구나 예수가 나사렛 사람이라는 이유로 예수의 말조차 들으려고도 하지 않았다. 심지어 회당에 있는 사람들은 예수가 나사렛의 목수라고 멸시하며 동네 밖으로 쫓아 버리기까지 했다.

▶ **베드로를 부르시는 예수 그리스도**(065쪽 그림)_ 예수 그리스도는 갈릴리 호수에서 베드로(시몬)의 배에 올라 무리에게 하나님의 말씀을 전하고 마친 후, 그에게 깊은 데로 가서 그물을 내릴 것을 명한다. 이에 베드로가 예수 그리스도의 말대로 하자, 그물이 찢어질 정도로 물고기가 가득 잡혔다. 예수 그리스도의 말씀에 순종해 기적을 체험한 것이었다. 예수 그리스도의 능력을 본 베드로는 '주여, 나를 떠나소서. 나는 죄인이로소이다'라고 고백한다. 이는 예수 그리스도의 권위에 자신이 죄인임을 깨달은 것이다. 또한, 베드로는 다른 사람들이 호숫가에서 예수 그리스도의 말씀을 들을 때, 예수 그리스도와 가장 가까운 곳인 자신의 배에서 그의 말씀을 들었다. 즉 빈 그물이 채워지기 전에 이미 예수 그리스도의 말씀으로 은혜를 받았던 베드로는, 그래서 그의 말씀에 순종하고, 회개했으며, 자기 배와 그물을 버리고 예수 그리스도를 따를 수 있었다. 이렇게 베드로는 예수 그리스도의 공생애 3년 동안 가장 가까운 곳에서 그와 동고동락하면서 섬긴 인물이 되었다. **제임스 테일러 하우드의 작품.**

예수 그리스도는 자신이 선택한 제자들을 가르쳤다. 처음에 네 어부를 부르신 것처럼 이번에는 세무 관리를 하고 있는 마태를 만나 말하였다.

"네가 하는 일이 즐거운가? 그렇지 않다면 나를 따르라."

당시 세무 관리직은 경멸을 받는 직업이었다. 그들은 로마의 앞잡이로 특정 지역의 세금 징수권을 위임받아 세금을 거둔 뒤 정해진 액수만큼을 나라에 보내고 나머지는 자기 수입으로 삼을 수 있었는데, 그들은 자신의 수입을 극대화하기 위해 더 많은 세금을 뜯어내어 사람들에게 엄청난 증오와 경멸의 대상이 되었다. 세리인 마태가 예수 그리스도를 따르자 바리새인들은 예수를 비난했다. 하지만 예수 그리스도는 자신이 의인이 아닌 악인 즉, 죄인을 위해 찾아왔다고 이야기를 하며 마태를 제자로 받아들였다.

예수 그리스도의 열두 제자는 이스라엘 열두 지파를 상징한다. 예수의 공생애 사역은 열두 명의 제자를 찾는 일로부터 시작되었다. 어느 날 예수는 홀로 산에 올라가 밤을 지새우며 기도한 후 열두 제자를 선택하였다. 예수 그리스도의 열두 제자는 베드로라 하는 시몬과 그의 형제 안드레, 세베대의 아들 야고보와 그의 형제 요한, 알패오의 아들 야고보와 그의 형제 다대오라고도 불리는 유다, 그리고 빌립, 바돌로매, 도마, 세리 마태, 가나안 사람 시몬, 가룟 유다다.

◀ **세리 마태를 부르신 예수 그리스도**(066쪽 그림)_ 유대인들이 세리를 죄인으로 취급한 것과 다르게 예수 그리스도는 먼저 마태에게 다가가 '나를 따르라'하고 명하였다. 이에 순종한 마태는 예수 그리스도를 따르는 제자가 되어 하나님 나라의 일이 이루어지게 하였다. **제임스 티소의 작품.**

베드로_열정적인 성격에 충동적인 행동을 일삼던 갈릴리의 어부였다. 원래 이름은 '시몬'이었으나 예수 그리스도에게서 '베드로(반석)'라는 새 이름을 받았다. 연약하지만 강하게 된 사도인 그는, 비록 예수 그리스도를 부인했으나 나중에는 부활을 맨 처음 목격한 증인이 되었다. 열두 제자 중 수제자로 꼽힌 베드로는 예수 그리스도의 승천 후 초기 기독교 교회의 지도자가 되었으며, 로마 가톨릭교회에서는 지금까지 계속되는 교황직을 최초로 받은 인물로 여긴다. **루벤스의 작품.**

안드레_베드로의 동생으로 갈릴리 호수의 어부였다. 형인 베드로와 달리 온건하며 신중한 성격을 지닌 인물이다. 원래 세례 요한의 제자였는데 예수가 세례 요한의 세례를 받을 때 처음 만난 후, 예수의 뒤를 밟아 계속해서 따르다가 그의 제자가 되었다. 안드레는 한 사람씩 전도하는 사역으로 '한 영혼의 전도자'로 불리었으며, 헬라인(그리스인)을 예수에게 데려오기도 했다. 이런 안드레의 진심과 믿음은 열두 사도에게 큰 영향을 끼쳤다. **안톤 반 다이크의 작품.**

요한_ 갈릴리 호수에서 함께 일하던 어부들과 예수의 첫 제자들이 되었다. '큰 야고보'와는 형제 관계다. 예수의 총애를 받은 제자로, 십자가에 달린 예수로부터 어머니 마리아를 돌봐 달라는 부탁을 받았다. 열두 사도 중에서 가장 어렸다고 하며, 그 때문에 젊은 시절의 그를 그린 작품들이 대부분이라고 한다. '사랑의 사도'로 불린 만큼 〈요한복음〉에 사랑을 강조한 내용이 많다. 그의 말년에는 〈요한계시록〉을 집필하였다. **루벤스의 작품.**

야고보_예수의 제자 중에 같은 이름이 있어서 '큰 야고보'라고 불리며 요한의 형이다. 그는 베드로와 요한과 더불어 '변화산의 영광'을 목격할 만큼 예수의 신뢰를 받은 제자였다. 그런데도 성경에 야고보에 대한 말씀이 많지 않은 것은, 그가 스데반 집사에 이은 두 번째 순교자요, 열두 사도 중에 최초의 순교자였기 때문이다. 헤롯 왕이 초대교회를 박해하던 시기에 불같은 열정을 지녔던 야고보는 고난과 죽음에 굴복하지 않고 위대한 사도로 남았다. **루벤스의 작품.**

빌립_ '신중한 완벽주의자'로 불리는 빌립은 사리가 분명하며, 계산과 판단이 빠른 인물이었다. 빌립은 헬라식 이름으로, '말(馬)을 사랑하는 자'라는 뜻이다. 전도에 열정적이었던 빌립은 나다니엘(바돌로매)을 전도했으며, 예수가 예루살렘에 입성한 날에도 헬라인(그리스인)들을 예수에게 인도하였다. 예수 그리스도 승천 후, 빌립은 소아시아 중심으로 전도 여행을 떠나 라오디게아, 골로새 등에서 복음을 전하다가 히에라폴리스에서 순교하였다. **후세페 데 리베라의 작품.**

나다나엘_ 예수가 마지막으로 선택한 여섯 번째 제자로, '바돌로매'와 동일인이다. 가나 출신으로 요한에 이어 두 번째로 나이가 어렸으며, 열두 사도 중에 가장 교육을 잘 받은 인물이었다. 그는 정직하고 성실했으며, 자부심이 강했으나 완고하지는 않았다. 예수를 만나기 전 '나사렛에서 선한 것이 날 수 없다'라고 단정했지만, 예수를 만난 후 영접하였다. 전승에는 예수 승천 후 브리기아, 헤라홀리스, 아르메니아, 인도 등지에서 복음을 전파했다고 한다. **후세페 데 리베라의 작품.**

도마_갈릴리 출신의 어부였던 도마는 열정적이면서도 이성적인 인물이었다. '디두모'라고도 불린 그는, '의심 많은 사도'로 평가받는다. 부활한 예수의 증언을 들은 그가 직접 그 손의 못 자국을 보고, 손가락을 넣으며, 옆구리에 손을 넣어야 믿겠다고 했기 때문이다. 그러나 부활한 예수를 만나자 '나의 주, 나의 하나님'이라고 고백했다. 전승에는 예수 승천 후 파르디아에서 복음을 전하다가 인도로 선교를 떠난 후 순교했다고 한다. **조르주 드 라 투르의 작품.**

마태_ 로마제국을 위해 같은 유대인에게 세금을 걷던 세리였다. 부당한 방법으로 돈을 걷던 그는 예수의 제자가 된 후 재물에 쏟던 마음을 예수에게 전이했다. 이후 부활한 예수를 만나고, 오순절 성령의 세례를 받은 후에야 비로소 사도의 직분을 감당한다. 경멸을 존경으로 바꾼 사도인 마태는 '레위'라고도 불리며, 〈마태복음〉의 저자로 알려져 있다. 전승에는 유대 지역에서 복음을 전하다가 동방으로 갔으며, 그가 에티오피아나 페르시아에서 순교했다고 한다. **얀톤 반 다이크의 작품.**

야고보_예수의 형제인 야고보와 구분하여 '작은 야고보'라고 불린다. 또한, 알패오의 아들 야고보와 동일 인물이다. 성경에는 작은 야고보에 대한 거의 언급이 없는데, 〈마가복음〉에 십자가에서 처형당하는 예수를 멀리서 바라보던 여인 중에 '작은 야고보와 요세의 어머니'라는 표현이 나온다. 전승에는 작은 야고보가 어린 시절부터 엄격한 신앙심과 경건한 수양 생활을 했으며, 오랜 기도 생활로 그의 무릎이 낙타의 발바닥처럼 되었다고 한다. **루벤스의 작품.**

시몬_로마제국을 상대로 이스라엘의 해방을 위해 폭력 사용을 주장한 이스라엘의 열심당원(Zealot)이었다. 열성당원들은 과거 다윗 왕조 시절의 영광을 꿈꾸며, 이스라엘 왕국을 회복시켜 줄 메시아를 고대했다. 예수는 열성당원인 시몬까지도 제자로 삼으셨다. 예수를 영접하고 진정한 열정으로 인도된 시몬은 소아시아와 북아프리카, 흑해 지역, 바벨론 등지에서 복음을 전하다가 페르시아에서 순교했다고 전해진다. **루벤스의 작품.**

다대오 유다_ 가룟 유다와는 다른 인물이며 '작은 야고보'와 형제지간이다. 그는 〈마가복음〉에는 '다대오'로, 〈요한복음〉에는 '유다'로 기록되어 있다. 유다는 '찬미하다'라는 뜻이며, 다대오는 '마음이 크고 넓다'라는 뜻이다. 전승에 의하면 다대오 유다는 오순절 성령 강림 이후로 시몬과 함께 시리아와 메소포타미아에서 복음을 전하다가 페르시아에서 순교했다고 전해진다. 또한, 〈유다서〉를 집필했다고 알려져 있다. **발렌시아 야티바의 작품.**

가룟 유다_ 예수에게 선택받은 열두 제자 중의 한 사람이었지만, 그를 배반하여 구원받지 못한 사도이다. 기독교에서는 '최고의 죄인'이자 '사탄의 하수인'으로 여긴다. 가룟 유다는 마리아가 자신의 옥합을 깨어 예수에게 향유를 부을 때 화를 내며 마리아를 책망했다. 그는 돈을 사랑했고, 사탄은 그 약점을 공략했다. 결국 은화 30세겔에 예수를 판 가룟 유다는 최후에는 자신의 죄를 알고 후회하지만, 제사장들에게 돈을 돌려주고 목매어 죽었다. **안톤 반 다이크의 작품.**

▌가나의 혼인 잔치

예수께서 그들에게 이르시되 항아리에 물을 채우라 하신즉 아귀까지 채우니 이제는 떠서 연회장에게 갖다 주라 하시매 갖다 주었더니 연회장은 물로 된 포도주를 맛보고도 어디서 났는지 알지 못하되 물 떠온 하인들은 알더라 연회장이 신랑을 불러 말하되 사람마다 먼저 좋은 포도주를 내고 취한 후에 낮은 것을 내거늘 그대는 지금까지 좋은 포도주를 두었도다 하니라 예수께서 이 첫 표적을 갈릴리 가나에서 행하여 그의 영광을 나타내시매 제자들이 그를 믿으니라

－요한복음 2장 7~11절

예수가 제자들과 함께 광야를 떠나 갈릴리로 돌아왔을 때 나사렛 인근 마을인 가나에서 결혼식이 있었다. 신랑은 예수의 어머니 마리아의 친척이었다. 많은 손님이 초대되었고 예수도 제자들과 함께 초청되었다. 유대의 결혼 풍습은 손님들이 신랑 집에서 먹고 마시며 결혼을 축하해 주는 잔치가 며칠씩 계속되는 경우가 많았다. 신랑 집은 많은 손님으로 붐볐다. 그들은 모두 포도주에 취해 흥겨워했다. 그런데 결혼을 축하하는 손님들이 늘어나자 준비해 두었던 포도주가 떨어졌다.

"큰일 났습니다. 포도주 항아리가 비었습니다."

하인의 보고를 받은 마리아는 난감해졌다. 걱정스러웠던 마리아는 예수를 보았다.

◀**가나의 결혼식에 참석한 예수 그리스도와 마리아**(080쪽 그림)_ 예수 그리스도가 마리아와 함께 가나의 친척 결혼식에 참석했다가 물을 포도주로 만드는 기적을 베푸는 장면이다. **후안 데 플란데스의 작품.**

가나의 혼인 잔치_ 이 작품은 예수 그리스도가 첫 번째 기적을 행한 '가나의 혼인 잔치'를 표현한 것으로, 그림 오른쪽의 노란 옷을 입은 하인이 하객에게 물병을 따르고 있다. 그 옆에 놀라고 있는 사람의 모습은 물이 변하여 포도주가 된 것을 뜻하며, 이 장면이 가나의 기적을 나타낸다. 그러나 성경 이야기처럼 평범한 혼인 잔치를 묘사한 것은 아니다. 르네 상스를 대표하는 미술가 중의 한 명인 파올로 베로네세는 종교적인 장면을 호사스러운 의식으로 바꿔 놓았다.

그림 속 웅장한 고대 그리스 양식의 건축물에서 결혼식 하객들이 모여서 먹고 마시고 있는 모습이 마치 거대한 극장에서 공연하는 듯한 모습이다. 신랑과 신부는 그림 왼쪽에 앉아 있고, 식탁의 중앙에 후광에 싸인 예수가 앉아 있다. 베네치아의 상류층 복장을 한 하객

들은 물론 터번을 쓴 사람, 동양인 등 등장인물이 100명이 넘는데, 당시 상업 도시로 발달한 베네치아에 세계 각지에서 몰려오던 상황을 표현했다.
또한, 당시 베네치아의 유명한 인물들을 작품 속에 등장시켰는데, 예수 앞에서 연주하는 네 명, 곧 티치아노는 비올로네, 틴토레토는 바이올린, 바싸노는 코넷, 베로네세는 비올라를 연주하고 있다. 네 명의 음악가들 사이에 있는 모래시계는 물질적인 쾌락은 순간이라는 것을 암시하며, 예수의 머리 위로 하인들이 고기를 자르고 있는 모습은 앞으로 있을 예수의 고난을 상징한다. 베로네세의 식사하는 장면을 통해 예수 그리스도의 운명을 암시했다. **파올로 베로네세의 작품.**

"예수야, 이 집에 포도주가 떨어졌단다."

예수는 말뜻을 알아들었다.

"지금은 나의 때가 아닙니다. 재촉하지 마십시오."

그러나 마리아는 하인을 불러 말했다.

"이분이 너에게 무슨 말씀을 하시든 시키는 대로 하여라."

깊은 사색에 잠겨 있던 예수는 하인에게 지시하였다.

"여섯 개의 저 돌 항아리마다 모두 물을 가득히 부어라."

큰 용량의 돌항아리는 항상 맑은 물을 담아 두어 손님이 오면 흙먼지 묻은 발과 손을 씻을 수 있게 하는 물항아리였다. 예수의 지시에 하인들은 돌항아리 가득 물을 길어다 채웠다.

하인들이 예수가 시키는 대로 여섯 항아리에 물을 가득 채우자 예수 그리스도는 다시 말했다.

"이제 이 물을 그릇에 떠서 잔치 맡은 이에게 갖다 주어라."

하인들이 잔치 맡은 이에게 갖다 주었더니 물은 어느새 포도주로 변해 있었다. 하인들은 그 포도주가 어떻게 생긴 것인지 알고 있었지만, 그 사람은 포도주가 어디서 난 것인지를 알지 못했다.

▶**가나의 결혼식(085쪽 그림)_** 예수 그리스도가 물을 포도주로 만든 후, 하객들에게 갖다 주라고 손짓하는 모습이다. **쿠엔틴 바랭의 작품.**

'가나의 혼인 잔치' 속 예수 그리스도_ 그림 중앙에 있는 예수 그리스도의 머리 위로 성채가 빛나고 있으며, 그 앞에서 파올로 베로네세가 바이올린을 켜고 있고, 그의 스승 티치아노가 첼로를 켜고 있다.

가나의 결혼식_후기 르네상스 미술의 거장 틴토레토의 작품이다. 그는 파올로 베로네세와 함께 티치아노를 스승으로 삼았다.

◀**가나의 기적(086쪽 그림)**_물이 변하여 포도주가 된 기적을 체험한 하객들이 크게 놀라워하는 장면을 묘사했다. **조르조 바사리의 작품.**

"아니 이렇게 맛있는 포도주가 이제야 나오다니!"

그것도 전에 마시던 것보다 더 질이 좋아서 연회를 책임진 사람들은 이구동성으로 감탄하며 말했다.

"보통 좋은 술은 먼저 내놓고 나중에는 덜 좋은 술을 내놓는 법인데 아직도 좋은 술을 남겨 뒀구려!"

예수의 첫 번째 기적은 결혼식 하객들을 기쁘게 하였다. 제자들은 놀라워하며 더욱 예수 그리스도를 믿게 되었다.

예수의 성전 정화

유대인의 유월절이 가까운지라 예수루살렘으로 올라가셨더니 성전 안에서 소와 양
과 비둘기 파는 사람들과 돈 바꾸는 사람들이 앉아 있는 것을 보시고 노끈으로 채찍
을 만드사 양이나 소를 다 성전에서 내쫓으시고 돈 바꾸는 사람들의 돈을 쏟으시며
상을 엎으시고 비둘기 파는 사람들에게 이르시되 이것을 여기서 가져가라 내 아버지
의 집으로 장사하는 집을 만들지 말라 하시니
-요한복음 2장 13~15절

유월절(逾越節, 유대인들이 이집트의 노예 생활을 탈출한 것을 기념하는 날)이 다
가오자 예루살렘으로 길을 떠나는 사람들이 많아졌다. 예수도 제자들과
함께 예루살렘에 갔다. 매년 유월절이면 예루살렘은 많은 사람으로 북적
였으며 특히 성전은 초만원을 이루었다.

유월절에 유대인들은 두 가지를 하나님께 바쳤는데 성전세(유대인 성인
이 1년에 한 번 내는 세금으로, 1인당 반 세겔)와 제사에 쓰이는 희생제물이다. 희
생제물은 보통 흠 없는 1년 된 숫양을 바쳤다. 소나 비둘기도 역시 흠이
없는 것으로 바쳐야 했다. 성전에는 환전상들이 진을 쳤고, 양을 파는 장
사꾼들의 호객 행위로 시장터를 방불케 하였다. 환전상들은 폭리를 취했
고, 양을 파는 장사꾼들은 비싼 가격으로 팔았다. 그러나 멀리서 오는 예

◀**예수의 성전 정화**(088쪽 그림)_거룩해야 할 하나님의 성전이 환전상과 장사꾼들로 무질서하고 더럽혀
지자, 예수가 그들을 혼내는 장면이다. **카를 하인리히 블로흐 작품.**

배자들은 아무리 비싸도 성전 앞에서 구할 수밖에 없었다.

성전에 들어선 예수는 이런 광경을 묵묵히 바라보았다. 예수는 의분(義憤)이 차올랐다. 이건 성전이 아니다. 도둑과 강도들의 소굴이다. 이곳은 내 아버지의 집이 아닌가. 그런데 이렇게 더럽혀지는 것을 두고만 볼 수 없었다.

"내 아버지의 집을 장사하는 곳으로 만들지 말라!"

예수는 채찍을 휘둘러 환전상의 책상을 엎고, 양과 비둘기와 소들을 밖으로 내몰았다. 그러자 장사꾼들이 예수에게 항의했다.

"당신이 무슨 권리로 이러는 것이오? 우리는 제사장님의 허락을 받았단 말이오. 성전이 당신 아버지의 집이라는 증거를 보이시오."

그러자 예수가 대답했다.

"이 성전을 헐어라. 그러면 내가 사흘 만에 다시 짓겠다. 그것이 증거다."

유대인들이 분개하며 말했다.

"이 성전을 짓는 데 46년이나 걸렸는데, 당신이 사흘 만에 다시 짓겠다는 거요?"

그러나 예수가 말한 '성전'은 자신의 몸을 두고 한 말씀이었다. 그들이 자신을 죽일 것이며, 사흘 만에 부활할 것임을 예언한 것이었다. 나중에야 예수가 죽은 자들 가운데서 살아난 후에야 사람들은 그의 말뜻을 이해할 수 있었다.

예수는 유월절 기간 동안 예루살렘에 머물면서 많은 사람에게 여러 표적을 보였다. 그리고 그 표적이 하나님을 가리킨다는 것을 알게 된 사람들은 자신의 삶을 예수에게 맡겼다.

예수의 성전 정화(091쪽 그림)_예수가 성전을 정화하는 장면을 묘사한 스테인드글라스 작품.

성전정화_프란체스코 보네리의 작품.

거듭남의 진리

하나님이 세상을 이처럼 사랑하사 독생자를 주셨으니 이는 그를 믿는 자마다 멸망하지 않고 영생을 얻게 하려 하심이라
-요한복음 3장 16절

    예수가 가는 곳마다 사람들이 몰려들었다. 그들은 율법 학자들과는 다른 예수의 설교에 관심을 가졌고, 여러 가지 기적을 체험하거나 볼 수 있었다. 유월절 축제 동안에 예수는 제자들과 함께 예루살렘에 머물면서 군중에게 설교를 하고, 많은 병자를 고쳤다. 그래서 예수가 하나님의 아들임을 믿는 이들이 점점 늘어났다.

    어느 날 저녁에 은밀하게 예수를 찾아온 사람이 있었다. 그는 바리새파의 율법 학자로 명성이 자자한 니고데모였다. 지금까지 예수를 따르는 사람들은 평범한 사람들이 많았다. 유명한 인사들은 체면 때문에 마음속으로는 원해도 군중 가운데 나타나기를 꺼렸다. 즉 니고데모 같은 상류층 사람이 예수를 따르기란 쉽지 않은 일이었다. 그래서 니고데모는 어두운 밤에 남의 시선을 피하여 예수를 만나러 온 것이다.

    니고데모가 어둠 속에서 나직이 말했다.

◀ **예수 그리스도를 만난 니고데모(094쪽 그림)**_ 한밤중에 예수 그리스도를 찾아온 니고데모가 예수 그리스도에게 가르침을 받는 모습이다. 그는 산헤드린의 최고 위원이었지만, 예수를 변호하는 데 노력하였다. **스테인드글라스 작품.**

"선생님, 나는 당신이 하나님께서 보내신 분으로 알고 있습니다. 그렇지 않다면 선생님이 베푸시는 기적을 아무도 행할 수 없습니다."

그러자 예수가 니고데모에게 힘주어 말했다.

"내가 분명히 너에게 말하지만, 누구든지 다시 태어나지 않으면 하나님의 나라를 볼 수 없다."

니고데모는 예수의 말뜻을 알아들을 수가 없었다.

"이미 태어나서 다 자란 사람이 어떻게 다시 태어날 수 있겠습니까? 어머니 배 속에 다시 들어갔다가 태어난다는 말씀입니까?"

그러자 예수가 니고데모에게 부드럽게 말했다.

"내가 분명히 말해 두지만, 누구든지 물과 성령으로 다시 태어나지 않으면 하나님의 나라에 들어갈 수 없다. 육체에서 태어난 것은 육체이고, 성령에서 태어난 것은 영이다. 너는 다시 태어나야 한다는 내 말을 이상히 여기지 말아라. 바람은 불고 싶은 대로 분다. 너는 그 소리를 들어도 어디서 불어와서 어디로 가는지 모른다. 성령으로 난 사람도 다 이와 같다."

예수의 말에 니고데모가 다시 물었다.

"어떻게 이런 일이 있을 수 있겠습니까?"

예수 그리스도가 니고데모에게 대답했다.

"내가 사실대로 말하지만, 우리가 아는 것을 말하고 본 것을 증거 해도 너희는 우리 증거를 받아들이지 않는다. 내가 세상일을 말해도 너희가 믿지 않는데 하늘의 일을 말한다면 어떻게 믿겠느냐? 하늘에서 내려온 나 외에는 아무도 하늘에 올라간 사람이 없다. 모세가 광야에서 뱀을 쳐든 것 같이 나도 높이 들려야 한다. 이것은 나를 믿는 사람마다 영원한 생명을 얻도록 하기 위해서이다.

하나님이 세상을 무척 사랑하셔서서 하나밖에 없는 외아들마저 보내 주

예수 그리스도의 가르침을 받는 니고데모_ 예수 그리스도의 가르침을 받은 니고데모는, 이후 '거듭남의 진리'를 깨닫고, 예수를 따르는 제자가 되었다. **존 러 파지의 작품.**

섰으니 누구든지 그를 믿기만 하면 멸망하지 않고 영원한 생명을 얻는다. 하나님은 세상을 심판하시려고 아들을 보내신 것이 아니라 그를 통해서 세상을 구원하시려고 보내셨다. 그를 믿는 사람은 심판을 받지 않지만, 믿지 않는 사람은 이미 심판을 받은 것이다. 심판의 근거는 빛이 세상에 왔으나 사람들이 자기들의 행위가 악하므로 빛보다 어두움을 더 사랑한 바로 그것이다. 악을 행하는 사람은 누구나 자기 행위가 드러날까 봐 빛을 미워하며 빛으로 나오지 않는다. 그러나 진리대로 사는 사람은 자기가 하나님의 뜻을 따라 살고 있다는 것을 나타내기 위해서 빛으로 나온다."

니고데모의 인생에서 예수 그리스도와의 만남이야말로 가장 의미 있고 중요한 만남이 되었다. 그가 평생 연구하고 깨달았던 것보다 훨씬 중요하고 필요한 것을 배우게 되었기 때문이다. 무엇보다도 니고데모가 추구하던 진리를 발견하게 되었다. 바로 예수 그리스도가 니고데모가 추구하던 그 진리 자체였다.

◀**니고데모와 이야기를 나누는 예수 그리스도**(098쪽 그림)_ 니고데모는 바리새인이자 율법 학자로 유대인의 지도자였다. 니고데모는 '승리한 백성', 또는 '백성의 정복자'라는 뜻이다. 그는 다른 바리새인처럼 교만하지 않았고, 겸손하며 덕망이 있는 사람이었다. 니고데모는 철저하게 하나님의 율법을 지키고 있었지만, 진리에 갈증을 느끼고 있었다. 결국 그는 한밤중에 예수 그리스도를 찾아와 자신이 궁금해 하던 하나님의 말씀을 물으며 가르침을 구했다. 구원의 진리를 알고자 했던 그는, 예수 그리스도를 통하여 거듭남과 영생의 비밀을 알게 되었다. 이후 예수 그리스도의 제자가 되어 복음을 전파하다가 순교하였다.

사마리아의 풍경_ 사마리아는 도시 이름이자 그 지역에 사는 사람을 뜻한다. 구약 시대 이스라엘 왕국이 남북으로 분열된 후 북이스라엘의 새로운 수도였는데, 북이스라엘이 아시리아에 멸망 당한 후에 시리아와 메소포타미아 지역의 이민족들을 데려와 정착시켰다. 이후 사마리아인들은 이민족들과 피가 섞여 혼합 인종이 되었고, 그들의 종교도 이방 신들의 영향을 받아 혼합주의적인 성격을 띠게 되었다. 이때부터 유대인들은 사마리아인들을 이스라엘 백성이 아닌 것으로 간주하여 그들을 무시하고 멸시하기 시작했다. 그러나 예수 그리스도는 사마리아인들과도 거리낌 없이 만나고, 복음을 전파하였다. 즉 '의로움'은 혈통이 아닌 예수에 대한 믿음에 따라 결정되는 것임을 계시하였다.

▍사마리아 여인의 기쁨

예수께서 대답하여 이르시되 이 물을 마시는 자마다 다시 목마르려니와 내가 주는 물을 마시는 자는 영원히 목마르지 아니하리니 내가 주는 물은 그 속에서 영생하도록 솟아나는 샘물이 되리라

–요한복음 4장 13~14절

유월절 축제가 끝나자 예수는 갈릴리로 돌아가기로 했다. 갈릴리로 가려면 사마리아를 지나가야 했다. 그런데 유대인들은 사마리아인을 사람 취급도 하지 않고 경멸했다.

사마리아에는 이스라엘의 조상인 야곱의 우물이 있다. 예수는 그 우물가에서 쉬고 있었고, 제자들은 먹을 것을 구하려고 마을로 내려갔다. 그때 한 여인이 홀로 물을 길으러 왔다.

예수는 그 여인에게 말하였다.

"나에게 마실 물을 좀 다오."

사마리아 여인이 예수 그리스도에게 말했다.

"선생님은 어떻게 유대 사람이면서 사마리아 여자인 저에게 마실 물을 청하십니까?"

예수 그리스도는 그녀에게 대답하였다.

"너에게 말하는 이가 누구인지 알았더라면, 오히려 네가 그에게 청하고 그는 너에게 생수를 주었을 것이다."

그러자 그녀가 말하였다.

"선생님, 두레박도 가지고 계시지 않고 우물도 깊은데, 어디에서 그 생수를 마련하시렵니까?"

예수 그리스도는 그 여자에게 일렀다.

"이 물을 마시는 자는 누구나 다시 목마를 것이다. 그러나 내가 주는 물을 마시는 사람은 영원히 목마르지 않을 것이다."

그러자 그녀가 예수 그리스도에게 말했다.

"선생님, 그 물을 저에게 주십시오. 그러면 제가 목마르지도 않고, 또 물을 길으러 이리 나오지 않아도 되겠습니다."

예수 그리스도가 그 여자에게 말했다.

"가서 네 남편을 불러 이리 함께 오너라."

이에 그녀가 말했다.

"저는 남편이 없습니다."

"너는 남편이 다섯이나 있었지만, 지금 함께 사는 남자도 남편이 아니냐."

▶**사마리아 여인과 예수 그리스도**(103쪽 그림)_ 예수 그리스도가 유대인들에게 멸시당하는 사마리아 여인과 만나는 장면이다. 나무 그늘이 있는 우물가에 하나님의 사랑을 말해 주듯 붉은 옷과 푸른 망토를 걸친 예수 그리스도가 앉아 있다. 우물을 경계로 그의 맞은편에는 흰옷을 입고, 지혜와 통찰력을 상징하는 금색 두건을 쓰고, 두레박에 기대어 서 있는 사마리아 여인이 있다. 사마리아 여인은 몸을 돌리고, 허리를 굽혀서, 점점 예수 그리스도에게 다가가고 있다. 또한, 예수 그리스도는 손가락으로 당신을 가리키며 '내가 바로 그 사람이다'라고 말하는 듯한 모습이다.

즉 예수 자신이 '영원한 생명을 주는 생명의 물'임을 알려 주는 것이다. 그리고 예수의 가르침으로 깨달은 사마리아 여인은 믿음으로 물들고 있다. 블로흐는 그림 속 예수의 머리 뒤에 후광으로 거룩한 분임을 표현했고, 뒷배경에는 세 명의 제자들이 마을로 가서 음식을 구해 오는 장면을 묘사했다. 이 작품은 네덜란드 코펜하겐의 작은 도시 힐레뢰드의 프레데릭스 성에 있는 왕실교회가 소장한 블로흐의 23개 연작 중의 하나이다. **칼 하인리히 블로흐의 작품.**

예수 그리스도와 사마리아 여인_구에르치노의 작품.

사마리아 여인에게 말을 건넨 예수 그리스도_ 유대인들이 멸시하는 사마리아 여인에게 예수 그리스도가 거리낌 없이 말을 건네고, 이야기를 나누는 장면이다. **파울로 베로네세의 작품.**
▶**예수 그리스도를 만난 사마리아 여인**(107쪽 그림)**_** 예수 그리스도의 말씀에 사마리아 여인이 변화받고, 용기를 얻는 장면이다. **아르테미시아 젠틸레스키의 작품.**

사마리아 여인은 놀라며 예수 그리스도에게 말하였다.

"선생님은 예언자시군요. 저는 예수 그리스도라고도 하는 메시아께서 오신다는 것을 압니다. 그분께서 오시면 우리에게 모든 것을 알려 주시겠지요."

예수 그리스도는 그녀에게 말하였다.

"너와 말하고 있는 내가 바로 그 사람이다."

놀란 사마리아 여인은 물동이를 버려둔 채 마을로 달려가 외쳤다.

"내가 살아온 과거를 다 아는 분이 있습니다. 나를 따라오세요. 그리스도를 만나려면 나를 따라오세요."

사람들은 사마리아 여인을 앞세워 우물가로 몰려왔다. 예수는 그들에게 하나님 나라에 대해 이야기해 주었다. 그들은 자기 동네에 머물면서 좀 더 가르쳐 달라고 간청했다. 예수와 제자들은 이틀을 사마리아에 머물며 많은 사람에게 구원의 복음을 전했다.

온갖 병자들을 치유하는 예수

예수께서 손을 내밀어 그에게 대시며 이르시되 내가 원하노니 깨끗함을 받으라 하시니 즉시 그의 나병이 깨끗하여진지라
–마태복음 8장 3절

예수가 산에서 내려오자 여전히 많은 무리가 뒤따랐다. 그때 한 나병환자가 예수 앞으로 달려가 길을 막았다. 그리고 엎드려 절하면서 말했다.

"주님은 저를 깨끗하게 하실 수 있으십니다. 제 병을 고쳐 주십시오."

비록 그는 나병(癩病, 문둥병/한센병) 환자였지만, 예수를 만나기만 하면 병을 고칠 수 있으리라는 소망을 지니고 있었다. 예수는 나병환자에게 손을 내밀어 어루만지며 말하였다.

"내가 원하노니 깨끗함을 받으라."

바로 그 순간, 나병환자의 피부가 깨끗하게 나았다. 예수는 이어서 말하였다.

"아무에게도 말하지 말고 제사장에게 가서 네 몸을 보이도록 하시오."

당시 나병의 진단도, 완치도 제사장이 판단하는 것이었기 때문에 제사장에게 가라고 한 것이다. 그러나 나병이 나은 환자는 이 일을 많이 전파하니, 예수는 마을로 들어서지 못하고 한적한 곳에 있었으나 많은 사람

◀나병 환자를 치유하는 예수 그리스도(108쪽 그림)_ 모든 사람이 꺼리던 나병 환자를 예수 그리스도가 치유하는 장면이다. **모자이크 벽화 작품.**

이 예수에게 몰려들었다.

많은 사람 중 이방인도 있었다. 예수께서 가버나움에 들어가실 때 한 백부장(百夫長, 로마 장교/100명의 로마 병사로 구성된 부대의 책임자)이 다가와 자신의 집의 하인이 중풍에 걸려 고생하고 있는데 이를 치유해 달라고 간구하였다. 예수는 자신의 하인에 대한 백부장의 깊은 사랑과 겸손을 발견하고는 말하였다.

"내가 가서 고쳐 주리라."

그러자 백부장은 자신의 입장을 설명하면서 다시 간구했다.

"다만 말씀으로만 하옵소서. 그러면 내 하인이 낫겠나이다."

백부장의 이런 요청에 예수 그리스도는 그를 크게 칭찬하였다.

예수 그리스도에게 간구하는 나병 환자_ 병이 낫기를 간구한 나병 환자를 낫게 하는 예수 그리스도의 모습이다. 에반젤리오 세곤산 루카스의 작품.

"이스라엘 중 아무에게도 이만한 믿음을 만나 보지 못하였노라. 가라 네 믿음대로 될지어다."

백부장이 예수 그리스도의 말에 집으로 돌아가 보니 중풍에 걸려 고생하던 하인이 강건해져 있었다.

나인성은 갈릴리 지방에 속한 작은 마을이다. 어느 날 예수가 가버나움으로 돌아오는 길에서 예수 그리스도는 나인성이라는 조그만 마을로 지나갈 때 장례행렬이 지나가는 것을 보았다. 생명을 말하는 예수 그리스도의 행렬과 죽음의 장례 행렬이 마주쳤다. 펑펑 통곡하는 과부를 예수는 불쌍히 여겼다.

예수 그리스도는 슬피 우는 과부에게 말했다.

예수 그리스도를 찾아온 백부장_ 예수 그리스도에게 자신의 하인의 병을 고쳐 달라고 간곡히 부탁하는 모습이다. **파올로 베로네세의 작품.**

"울지 말아라."

말을 마친 예수 그리스도는 관으로 다가가 손을 대고 입을 열었다.

"청년아! 내가 네게 말하노니 일어나라."

이후 놀라운 일이 일어났다. 죽었던 아들이 일어나서 말을 하는 것이었다. 모든 사람이 이 모습을 눈으로 똑똑히 보고는 놀랐다. 그리고 하나님께 영광을 돌렸다.

또한, 예수께서 심각한 열병으로 고통스러워하던 베드로의 장모를 치유한 일이 있었다. 예수 그리스도가 야고보와 요한과 함께 베드로와 안드레 형제의 집을 방문하게 되었다. 그런데 베드로의 장모가 열병으로 누워 있었다. 아픈 장모를 두고 베드로가 예수 그리스도와 함께 다닌 것으로 보아 그의 장모는 열병 외에도 잦은 병치레를 했고, 사위 집에 얹혀 살기도 오래되었다.

그래서 베드로는 장모가 아픈 것을 덤덤히 받아들이고 있었다. 마침 주위 사람들이 예수에게 베드로 장모의 병에 대해 이야기했다. 이에 예수는 베드로 장모에게로 다가가 그 손을 잡아 일으켰다. 그랬더니 열병에 언제 걸렸다는 듯 자리에서 훌훌 털고 일어나 손님들에게 저녁상을 차려 주었다.

▶ **베드로의 장모를 치유하는 예수 그리스도**(113쪽 그림)_ 열병을 앓고 있던 베드로의 장모를 예수 그리스도가 치유하는 장면이다. 작품 속의 예수는 한 손으로 여인의 손을 잡고, 다른 한 손으로는 치유와 축복을 내리고 있다. 〈마가복음〉에는 예수가 그냥 손을 만진 것이 아니라 '그 손을 잡아 일으키시니'라고 기록되어 있다. 즉 어떤 힘이 가해진 것을 암시하는 것이다. 그 순간 열병이 떠나고 베드로의 장모가 그 자리에서 벌떡 일어났다. 예수 그리스도의 치유로 베드로의 장모는 열병을 나은 것뿐만 아니라, 삶까지 변화되는 기적을 경험하였다. **스테인드글라스 작품.**

예수 그리스도가 베드로 장모의 열병을 치료하자 그 소문은 재빨리 퍼졌다. 이후 해 질 때까지 각종 병들고 귀신 들린 자들이 예수를 찾아왔다. 이들은 모두 예수의 확신에 찬 말 한마디면 회복될 수 있었다.

그리고 군중 속에 열두 해 동안이나 하혈증으로 앓고 있던 여자가 있었다. 그 여자는 여러 의사에게 보이느라고 고생만 하고 가산마저 탕진했는데도 아무 효험도 없이 오히려 병은 점점 더 심해졌다. 그러던 차에 예수의 소문을 듣고 군중 속에 끼여 따라가다가 뒤에서 예수의 옷에 손을 대었다. 그녀는 예수의 옷에 손을 대기만 해도 병이 나을 것이라 믿었다. 이에 예수 그리스도는 곧 자기에게서 기적의 힘이 나간 것을 아시고 돌아서서 군중을 둘러보며 물었다.

"누가 내 옷에 손을 대었느냐?"

예수는 자신의 옷자락을 만진 여인이 하혈증으로 고생하는 여인이라는 것을 알았다.

"안심하여라, 네 믿음이 너를 낫게 하였다."

예수께서 말을 마치자 그 여자는 과연 출혈이 그치고 병이 나은 것을 스스로 알 수 있었다.

◀**예수 그리스도의 옷자락을 잡는 여인**(114쪽 그림)_ 12년 동안 하혈증을 앓던 여인이 예수의 옷자락에 손만 대어도 병이 나을 것이라는 믿음으로 간절히 붙잡는 장면이다. 여인의 믿음에 즉시 병이 나았으며, 예수 그리스도는 '네 믿음이 너를 구원하였다'라고 말씀하셨다. **해롤드 코핑의 작품.**

환자를 돌보는 예수 그리스도_ 칼 하인리히 블로흐의 작품.

▌산상의 은혜로운 설교

예수께서 무리를 보시고 산에 올라가 앉으시니 제자들이 나아온지라 입을 열어 가
르쳐 이르시되
-마태복음 5장 1~2절

예수는 많은 사람에게 하나님의 사랑을 전해 주고 싶었다. 그러나 워낙
사람들이 많은 데다가 계속 늘어나고 있어서 마땅한 장소를 잡을 수가
없었다. 예수는 산으로 올라갔다. 높은 곳에서 낮은 쪽을 향하여 말하면
사람들이 모두 그를 지켜볼 수가 있었다. 예수가 높은 곳에 자리를 잡고
서자 제자들이 곁으로 다가왔고, 군중들은 그 아래쪽에 자리를 잡았다.

비로소 예수는 입을 열어 여덟 가지 참된 행복에 대해서 말씀하셨다.

"마음이 가난한 사람은 복이 있습니다. 하늘나라가 그들의 것입니다.
슬퍼하는 사람은 복이 있습니다. 그들은 위로를 받을 것입니다.
온유한 사람은 복이 있습니다. 그들은 땅을 차지할 것입니다.
의로운 일에 주리고 목마른 사람은 복이 있습니다. 그들에게는 흡족
할 날이 올 것입니다.

◀**예수 그리스도의 산상수훈(118쪽 그림)**_ 예수 그리스도가 많은 무리와 제자들에게 하나님의 백성답게
살아가는 법을 비유와 말씀으로 일깨우는 장면이다. **카를 하인리히 블로흐 작품.**

자비를 베푸는 사람은 복이 있습니다. 하나님이 그들에게 자비를 베푸실 것입니다.

마음이 깨끗한 사람은 복이 있습니다. 그들은 하나님을 뵐 것입니다.

평화를 위하여 일하는 사람은 복이 있습니다. 그들은 하나님의 자녀라 불릴 것입니다.

올바른 일을 하다가 박해받는 사람은 복이 있습니다. 하늘나라가 그들의 것입니다."

이 말씀이 유명한 예수 그리스도의 '산상수훈 팔복(八福)'이다. 산상수훈은 도덕적 삶을 가르치는 그 의미를 즉각 이해할 수 있을 만큼 무척 쉽다. 그러나 예수 그리스도는 산상수훈의 핵심은 말을 이해하는 데 있지 않고 행동으로 옮기는 데 있다고 가르치려 했다.

예수 그리스도의 산상수훈을 묘사한 부조 작품.

산상수훈_ 예수 그리스도의 공생애 시작은 산상수훈(山上垂訓)의 가르침으로, 제자와 모인 무리에게 팔복(八福)을 가르치셨다. **앙리크 올릭의 작품.**

수많은 사람에게 계속해서 예수의 말씀이 울려 퍼졌다. 예수는 율법에 대해서도 가르쳐 주었다.

"사람을 죽여야만 살인이요? 그렇지 않소. 마음에 미움을 품어도, 죽인다고 욕을 해도, 이미 살인한 것입니다. 불륜 관계만이 간음인가요? 마음에 음욕(淫慾)을 품은 것으로 이미 간음죄입니다. 눈이 죄를 짓게 하면 차라리 뽑아 버리고, 손이 죄를 짓게 하면 그 손을 잘라 버리시오. 온전한 몸으로 지옥에 가는 것보다는 눈이나 손 하나 없는 상태로 천국에 가는 것이 훨씬 좋기 때문입니다."

모세의 율법과 비교되지 않을 정도로 엄격한 예수의 법, 이것이 '하나님이 법'이라고 예수는 말씀하셨다.

　"나는 모세의 율법과 예언자들이 쓴 책을 없애러 온 것이 아니라 완성하러 왔습니다. 모세의 율법에는 '눈에는 눈, 이에는 이'라고 되어 있습니다. 그러나 아무리 악한 사람에게도 보복하지 마시오. 오히려 오른쪽 뺨을 때리면 왼쪽 뺨도 때리게 하시오."

　예수의 말씀을 듣는 군중의 마음은 흔들리고 있었다. 그 어떤 율법 학자도 이렇게 가르친 적은 없었다.

　"나를 사랑하는 사람을 사랑하는 건 누구나 할 수 있습니다. 그런 일은 하나님도 모르고, 율법도 모르는 사람들도 하는 것이오. 하나님의 온전한 뜻을 따른다면 원수도, 핍박하는 사람도 사랑해야 합니다."

　예수는 구제에 대해서도 말씀하셨다.

　"내가 누구를 도운 것을 절대로 말하지 마시오. 아무도 모르게 해야 하나님의 상을 받게 됩니다. 나의 오른손이 구제하는 걸 나의 왼손이 모르게 하시오."

예수 그리스도의 산상수훈 장면을 표현한 스테인드글라스 작품.

산상의 수훈_ 예수 그리스도는 제자들에게 기존 율법이 아닌 '사랑의 법'을 따르며 제자의 삶을 인도하기 위해 설교하였다. 작품 속 예수 그리스도와 열두 제자들의 크기는 실제의 산보다 큰 비율로 그렸으며, 계곡과 능선을 비교적 자세하게 그려서 인물들이 산과 거의 대등할 정도로 느끼게 했다. 또한, 산의 위엄을 더욱 드러내고자 멀리 뒤에 보이는 파란 색의 산맥을 한 겹 더 그렸다.

산 위에는 둥근 새벽빛 하늘과 또 다른 하늘을 중복시켜서 무한한 공간감을 나타낸다. 산 중앙에 걸터앉은 예수 그리스도는 오른손을 높이 들어 하늘을 가리키고 있다. 작품 전체적으로 고요함을 느낄 수 있다. 이 작품은 르네상스 시대 초기, 기독교의 종교미술을 추구한 프라 안젤리코의 프레스코화로, 그는 '천사와 같은 화가'라고 불렸다. **프라 안젤리코의 프레스코화.**

기도는 유대인 생활의 일부다. 그들은 하루에 세 차례 기도하도록 정해져 있었다.

"골방에 들어가 문을 닫고 은밀하게 기도하시오. 사람들에게 기도하는 모습을 보일 필요가 없습니다. 금식기도를 할 때도 마찬가지입니다. 금식한다는 티를 내지 마시오. 기도의 응답은 사람이 주는 것이 아닌 하나님이 주십니다. 하나님은 은밀한 가운데 보시고 들으십니다."

또한, 예수는 간략하면서도 마땅히 기도할 내용을 가르쳐 주셨다.

"하늘에 계신 우리 아버지, 아버지의 이름이 거룩히 여김을 받으시며 아버지의 나라가 임하게 하소서. 아버지의 뜻이 하늘에서 이루어진 것 같이 땅에서도 이루어지게 하소서. 우리에게 날마다 필요한 양식을 주시고, 우리가 우리에게 죄지은 자를 용서하겠으니, 우리의 죄 또한 용서하소서. 우리를 유혹에 빠지지 않게 하시고 악에서 구하소서. 나라와 권세와 영광이 영원토록 아버지의 것입니다. 아멘."

◀**기도하는 손(124쪽 그림)**_ 예수 그리스도가 가르친 '주기도문'을 연상하는 작품이다. 이미 대중적으로 널리 알려진 작품으로, 북유럽 르네상스의 완성자라고 평가받고 있는 알브레히트 뒤러의 작품이다. 화가들이 인체를 그릴 때 가장 까다로운 부분이 '손'이다. 당시 화가들은 초상화를 그릴 때 손을 함께 그리면 비용을 더 받았다고 한다. 이 작품은 자신을 위해 몰래 기도하는 친구의 모습을 보고 감격한 뒤러가, 친구의 손을 그린 작품이다. 비록 얼굴을 그린 것이 아닌데도 불구하고, 손의 마디마디마다 절절한 감정이 배어 나온다. 뒤러는 선을 덧칠하지 않고 선의 간격으로 명암을 조절하는 방식으로 이 작품을 완성했다. **알브레히트 뒤러의 동판화 작품.**

악령을 쫓아내는 예수

또 예수께서 건너편 가다라 지방에 가시매 귀신 들린 자 둘이 무덤 사이에서 나와 예수를 만나니 그들은 몹시 사나워 아무도 그 길로 지나갈 수 없을 지경이더라 이에 그들이 소리 질러 이르되 하나님의 아들이여 우리가 당신과 무슨 상관이 있나이까 때가 이르기 전에 우리를 괴롭게 하려고 여기 오셨나이까 하더니
–마태복음 8장 28~29절

산에서 내려온 예수는 제자들과 호수 건너편인 가다라(거라사)에 이르렀다. 예수와 제자들이 배에서 내려 걸을 때 옷이 남루하고 전혀 씻지 않은 듯 더러운 두 사람이 예수 앞으로 나와 엎드려 절을 하였다. 두 사람은 공동묘지에서 살면서 큰 소리를 질러대기 일쑤였고, 힘이 장사여서 아무도 당해 낼 수가 없었다. 쇠사슬로 묶고 쇠고랑을 채워 보았지만 모두 허사였다.

두 사람은 몸부림을 치면서 쇠사슬을 끊었고, 쇠고랑을 깨트려 던져버렸다. 누구도 엄청난 힘을 당해 낼 수 없었다. 그러한 두 사람이 예수가 배에서 내리는 것을 보고 그 앞에 무릎을 꿇은 것이다.

그러나 예수는 태연하게 두 사람에게 명령하였다.

"더러운 악령아, 그 사람에게서 나오너라."

◀**소경을 눈뜨게 하는 예수 그리스도**(126쪽 그림)_ 예수 그리스도가 앞을 못 보는 소경(시각장애인)을 치유하는 기적을 묘사한 장면이다. **니콜라 콜롱벨의 작품.**

"지극히 높으신 하나님의 아들 예수여, 왜 저를 간섭하십니까? 제발 저를 괴롭히지 마십시오."

애걸하는 두 사람에게 예수께서 다시 물었다.

"네 이름이 무엇이냐?"

두 사람 속에 있는 귀신을 향한 물음이었다. 그러자 악령이 몸을 떨면서 말했다.

"우리는 군대입니다. 수효가 많아서 그렇습니다. 여기서 우리를 쫓아내지 마시고 살게 해 주십시오."

그러나 그들에게서 군대 귀신을 쫓아내겠다는 예수의 뜻은 확고했다. 귀신들은 다시 예수에게 간청했다.

"차라리 저희를 저 돼지들에게 들여보내 주십시오."

마침 그리 멀지 않은 산기슭에 돼지 떼가 우글거리고 있었다.

"그렇게 하여라."

예수 그리스도가 허락하자마자 군대 귀신은 그 사람에게서 나와 돼지들 속으로 들어갔다. 그러자 이천 마리나 되는 돼지 떼가 바다를 향하여 비탈을 내달려 물속에 빠져 죽고 말았다. 게다가 군대 귀신이 들렸던 두 사람은 멀쩡한 모습으로 돌아왔다. 그러자 돼지 치던 사람들은 마을로 달려가서 이 일을 알렸다. 동네 사람들은 무슨 일이 일어났는지 보러 나왔다가 예수 그리스도가 있는 곳에 이르러 군대라는 악령이 들렸던 사람이 옷을 바로 입고 멀쩡한 정신으로 앉아 있는 것을 보고는 그만 겁이 났다.

▶**악령을 쫓아내는 예수 그리스도**(129쪽 그림)_ 악령 들린 사람을 꾸짖으며 악령을 내쫓는 장면이다. **제임스 티소의 작품.**

군대 귀신을 내쫓는 예수 그리스도_ 예수 그리스도의 능력으로 군대 귀신이 사람의 몸속에서 빠져나와 돼지 떼에 들어간 후 바다에 빠져 죽는 장면이다. **세바스티안 부르동의 작품.**

이 일을 지켜본 사람들이 악령 들렸던 사람이 어떻게 해서 나았으며 돼지 떼가 어떻게 되었는가를 동네 사람들에게 들려주자 그들은 예수 그리스도에게 간청하였다.

"제발 부탁입니다. 우리 고장을 떠나 주십시오."

예수 그리스도가 다시 배에 오를 때에 악령 들렸던 두 사람이 예수 그리스도를 따라다니게 해 달라고 애원하였지만, 예수 그리스도는 허락하지 않으며 말했다.

"하나님께서 자비를 베풀어 너에게 얼마나 큰일을 해 주셨는지 집에 가서 가족에게 알려라."

또 한번은 예수 그리스도가 벙어리 악령 하나를 쫓아냈는데, 악령이 나가자 벙어리는 곧 말을 하게 되었다. 군중은 이것을 보고 깜짝 놀랐다. 그러나 하나님을 부정하는 사람들은 말하였다.

"예수 그리스도가 악령의 두목 바알세불의 힘을 빌려 악령 들린 사람의 악령을 쫓아낸다."

그들은 예수 그리스도의 속을 떠보려고 하늘에서 오는 기적을 보여 달라고 하였다. 그러나 예수 그리스도는 그들의 생각을 알아채시고 이렇게 말했다.

"어느 나라든지 갈라져서 싸우면 쓰러지게 마련이고, 한 집안도 갈라져서 서로 싸우면 망하는 법이다. 너희는 내가 바알세불(라틴어 'Beelzebub', 신약 성경에서는 사탄, 귀신들의 왕과 동일시 함)의 힘을 빌려 악령을 쫓아낸다고 하는데, 만일 악령이 갈라져서 서로 싸우면 그 나라가 어떻게 유지되겠느냐? 내가 바알세불의 힘을 빌려 악령을 쫓아낸다면 너희 사람들은 누구의 힘으로 악령을 쫓아내는 것이냐? 바로 그 사람들이 너희의 말이 그르다는 것을 지적할 것이다. 그러나 나는 하나님의 능력으로 악령을 쫓아내고 있다. 그렇다면 하나님의 나라는 이미 너희에게 와 있는 것이다."

바알세불(Beelzebub)_ 구약 성경에는 나오는 팔레스타인 지역의 토착 신으로, 신약 성경에서는 사탄이나 귀신들의 왕으로 표현한다. 예수 그리스도의 치유와 기적을 목격한 바리새인들은, 이를 바알세불의 힘이라고 여겼다.

▌헤롯 안디바를 질책한 세례 요한

전에 헤롯이 그 동생 빌립의 아내 헤로디아의 일로 요한을 잡아 결박하여 옥에 가두
었으니 이는 요한이 헤롯에게 말하되 당신이 그 여자를 차지한 것이 옳지 않다 하였
음이라
−마태복음 14장 3~4절

이 무렵에도 세례 요한은 요단강에서 사람들에게 세례를 주는 일을 계
속하고 있었다. 그런데 회개를 강조하며, 불의(不義)를 참지 못하는 세례
요한은 헤롯 안디바의 악행을 거침없이 질책했다.

"헤롯 안디바 왕은 왕비를 버리고 동생의 아내 헤로디아와 불륜을 저
지르고 있다. 죄는 왕이라고 해서 비껴가는 것이 아니다. 회개하시오. 이
미 그리스도가 이 땅에 오셨으니 어서 회개하시오."

헤롯 안디바는 이웃 나라인 아람인 나바테아의 공주 파샬리스와 결혼
하였다. 그런데 이복형제인 헤롯 빌립보가 정치적인 문제로 로마에 소환
되자 빌립보의 아내인 헤로디아와 격정적인 사랑에 빠졌다. 남편에 대해
서는 전혀 신경을 쓰지 않던 헤로디아는 헤롯 안디바가 본처인 파샬리스
와 이혼한다면 기꺼이 결혼하려 했다.

◀헤롯 안디바(132쪽 그림)_ 아기 예수를 죽이려고 한 헤롯 대왕의 둘째 아들로, 예수의 사역 시절에 갈릴
리를 통치했다. 훗날 세례 요한을 참수한 인물이다.

세례 요한과 헤롯 안디바_ 세례 요한이 헤로디아와의 불륜에 대해 헤롯 안디바를 책망하는 장면이다.
피에르 드 그레버의 작품.

▶**헤로디아 왕비(135쪽 그림)_** 헤롯 대왕의 손녀로, 헤롯 안디바와 결혼해 왕비가 되었다. 서
로의 조건에 따라 도덕적으로 옳지 않은 결혼을 하여 유대인들의 반감을 샀다. 특히 세례
요한이 두 사람을 책망하자 음모를 꾸며 그의 목을 베게 한다. 작품 속 쟁반 위 세례 요한
의 머리는 어둠 속에 있고, 헤로디아의 눈은 차갑게 빛나고 있다. 무표정한 그녀의 얼굴에
서 냉정함과 잔혹미가 느껴진다. **폴 들라로슈의 작품.**

　게다가 헤로디아는 헤롯왕이 찬탈(簒奪)한 정통유대인 하스몬 왕조의
공주이자 헤롯왕의 부인인 마리암의 아들 아리스토블로스 4세의 딸이었
다. 지지기반이 취약했던 헤롯 안디바는 나름 정통성을 강화하고자 헤로
디아를 아내로 맞이하고 본부인과는 이혼했다. 게다가 헤로디아의 딸인
살로메도 같이 살게 되었다.

　갈릴리와 유대 사람들은 헤롯 안디바와 헤로디아의 일에 충격을 받았
지만, 왕의 병사들이 근처에 있을 때는 그저 침묵을 지켰다. 그러나 하나
님의 뜻을 실현하는 목자로서 고귀한 자신의 의무를 의식하고 있던 세례
요한은 헤롯 안디바의 사악한 행위에 대해서 침묵할 수만은 없었다. 그
는 언제 어디서나 헤롯 안디바와 헤로디아의 불륜을 비난했다. 사람들은
헤롯 안디바가 세례 요한을 해치지 않을까 걱정할 정도였다.

감옥에 갇힌 세례 요한을 찾은 살로메_ 이 작품에서 살로메는 세례 요한을 사랑한 것으로 표현한다. 게다가 세례 요한의 죽음도 헤로디아의 복수심이 아닌 살로메의 사랑 때문으로 나온다. 작품 속에서 과연 고통에 빠진 인물은 누구인가? 세례 요한을 갈망하듯 바라보는 살로메와 감옥에서 팔에 족쇄를 차고, 허름한 모포 한 장으로 벌거벗은 몸을 가리고 있는 세례 요한의 모습이 대비되고 있다.

안타까운 듯이 손으로 창살을 움켜쥐고 있는 살로메는 육체적으로는 감옥에 없지만, 정신적으로는 감옥에 갇혀 있는 것과 같다. 바로 욕망이라는 감옥 말이다. 편안하게 늘어진 요한의 손은 평화로워 보이지만, 창살을 움켜쥔 살로메의 손은 아주 다급하게 보인다. 살로메는 자신이 사랑하는 세례 요한의 냉담한 거부에 무너지고 있는 듯한 모습이다.

또한, 이 작품을 그린 구에르치노는 목이 잘린 사람이 누구인지에 대해서도 착각을 하게 만들어 놓았다. 작품 속에서는 살로메의 머리만 볼 수 있는데, 어떻게 보면 목이 잘린 사람은 살로메일지도 모른다. 즉 이 작품에서는 자신이 가질 수 없는 것에 대한 욕망 때문에 목이 잘린 한 여인을 보여 주고 있다.

감옥이나 창살보다 더 지독하게 우리를 가두는 것은 바로 스스로가 부여한 욕망의 감옥이 아닐까? 이것이 이 작품의 깊은 의미이다. 이 작품을 보고 있으면 오직 재앙만이 두 사람 앞에 남아 있음을 알 수 있다. 금욕적인 예언자와 어리석은 젊은 여인 둘 다에 대해 슬픔을 느끼게 된다. 결국 잘못된 사랑과 소유욕이 세례 요한을 죽였기 때문이다. **구에르치노의 작품.**

▌살로메의 춤과 세례 요한의 죽음

마침 헤롯의 생일이 되어 헤로디아의 딸이 연석 가운데서 춤을 추어 헤롯을 기쁘게
하니 헤롯이 맹세로 그에게 무엇이든지 달라는 대로 주겠다고 약속하거늘 그가 제
어머니의 시킴을 듣고 이르되 세례 요한의 머리를 소반에 얹어 여기서 내게 주소서
하니
-마태복음 14장 6~8절

    예수 그리스도와 제자들의 능력에 대한 소문은 헤롯 안디바의 귀에도
들어갔다. 헤롯 안디바는 아기 예수를 죽이기 위해 베들레헴의 두 살 이
하 남자 아기를 모두 죽인 헤롯 대왕의 아들이다. 그는 헤롯 대왕이 나누
어 준 한 부분의 영토를 다스리는 분봉왕으로 갈릴리 지역을 다스렸다.
    헤롯 안디바는 예수와 그의 제자들에 대한 이야기를 듣고는 몹시 두려
워했다. 마치 그가 처형한 세례 요한이 부활한 것처럼 느껴졌기 때문이
다. 헤롯 안디바는 자기 아내였던 왕비를 쫓아낸 후 이복동생인 헤롯 빌
립의 아내 헤로디아를 빼앗아 왕비로 삼았다. 원래 헤롯 안디바와 헤로
디아는 아주버니와 제수씨 사이였다.
    그러자 당시 회개를 촉구하던 세례 요한은 이들의 부도덕한 관계를 비
판하고 헤롯 안디바를 책망했다. 이에 헤롯 안디바와 헤로디아는 자기들
의 죄를 지적하는 세례 요한을 죽이고 싶었지만, 그를 따르는 무리가 많
아 감옥에 가두기만 하고 감히 처형을 하지 못했다. 요한은 감옥에서도

자신의 뜻을 굽히지 않았다.

사실 헤롯 안디바는 은근히 두려워하며 예언자 같은 세례 요한을 박해하고 싶지 않았다. 그런데 더욱 참을 수 없었던 사람은 헤로디아였다.

"요한을 당장 처형하지 않으면 왕실의 권위가 유지될 수 없습니다. 왕과 왕비를 공개적으로 모욕하는 자가 있는데 어떤 백성이 왕을 두려워하겠습니까? 당장 처형하셔야 합니다."

이에 헤롯 안디바는 재판의 형식을 빌려 세례 요한의 말을 들었다. 그의 결론은, 요한은 엘리야 같은 예언자이며 분명 하나님의 사람 같았다. 그러나 헤로디아는 세례 요한을 처형할 것을 재촉했다. 헤로디아에게 세례 요한은 눈엣가시였고, 그를 죽이기 위한 기회를 엿보고 있었다.

그러던 어느 날 결정적인 기회가 왔다. 그날은 헤롯 안디바의 생일이었다. 왕의 전례대로 대신들과 천부장들, 귀족들을 불러서 마케루스의 왕궁에서 연회를 베풀었다. 술과 음악과 춤으로 여흥이 무르익었을 때였다. 헤로디아의 딸인 살로메가 홀로 등장하여 교태를 부리면서 춤을 추었다. 살로메는 미모와 매력을 마음껏 발산하고 있었다. 헤롯 안디바도 헤로디아의 딸, 즉 이복동생의 딸이니 조카딸인데도 살로메에게 완전히 반해 버리고 말았다.

거나하게 취한 헤롯 안디바는 허세를 떨며 말했다.

"살로메, 과연 아름답구나. 무엇이든지 네가 구하면 나라의 절반이라도 떼어 주겠다."

◀**살로메의 일곱 베일의 춤(138쪽 그림)**_ 헤로디아의 사주를 받은 살로메가 헤롯 안디바의 연회에서 관능적인 춤을 추고 있는 장면이다. 살로메는 예술 작품에서 애욕을 불러일으키는 인물로 묘사된다. 이 작품 속 살로메는 '일곱 베일의 춤'을 추면서 자신의 옷을 한 겹씩 벗어 던진다. 그녀는 거의 나체인 상태에서 하늘거리는 베일과 함께 치명적인 유혹의 광기를 뿜어내고 있다. 냉정한 살로메의 치명적인 아름다움, 요부처럼 야한 표정으로 관람자를 향해 응시하고 있는 모습에서 마치 '천상의 뱀'이 춤을 추는 듯한 느낌이 드는 작품이다. **가스통 뷔시에르의 작품.**

목이 잘리는 세례 요한_ 헤로디아의 음모와 살로메의 요구로, 결국 세례 요한이 처형당하는 장면이다. **카라바조의 작품.**

▶**세례 요한의 머리를 들고 있는 살로메**(141쪽 그림)_ 살로메는 세례 요한의 목을 잘라 소반에 받쳐 달라고 요구하고, 헤롯 안디바는 이를 들어준다. 자신이 원하던 세례 요한의 머리를 받은 그녀는, 그 머리에 키스를 했다고 한다. 이 이야기는 기독교 초기부터 여러 예술 작품의 주제로 즐겨 쓰였으며, 특히 르네상스 시대에 널리 이용되었다. 이 작품 속에서는 살로메가 연약한 여인처럼 고개를 돌려 세례 요한의 머리를 피하고 있다. **카를로 돌치의 작품.**

그러자 살로메는 어머니 헤로디아에게 헤롯 안디바의 맹세를 전했다. 세례 요한에 대한 분노로 가득한 헤로디아는 세례 요한의 목을 잘라 소반에 담아 달라고 살로메에게 시켰다.

"제가 원하는 것은 세례 요한의 머리입니다."

헤롯 안디바는 살로메의 말에 경악하였다. 그는 요한의 머리보다 보석을 주겠다고 하는 등 여러 말로 살로메의 마음을 돌리려고 애썼다. 하지만 그 모든 말마다 돌아오는 살로메의 대답은 오직 '요한의 머리'였다. 결국 헤롯 안디바는 결단을 내렸다. 아무리 세례 요한을 두려워하고 근심하였어도 도리가 없었다. 스스로 권위를 무너뜨릴 수는 없었다. 그는 마지못해 세례 요한을 참수하여 그 목을 소반에 담아 오라고 명령했다. 드디어 헤로디아의 소원이 이루어졌다. 잠시 후 병사가 들고 온 세례 요한의 머리가 담긴 소반이 살로메의 손에 넘겨졌다. 살로메는 요한의 머리를 움켜잡고 품에 안았다.

성경 말씀과 다르게 많은 예술 작품과 소설 속에는 살로메가 세례 요한을 사랑했다고 한다. 미술가들에게 광기와 사악함의 화신으로 선혈이 낭자한 치정극을 저지르는 간악한 두 여성과 그녀들의 잔인한 음모에 살해당한 세례 요한의 비극적인 삶은 여러모로 삶과 죽음의 강렬한 대비가 가능한 매혹적인 죽음의 드라마였다.

손에 피 한 방울 묻히지 않고 남성의 목숨을 빼앗던 잔혹한 여성 살로메는 19세기에 접어들어 정욕의 화신 팜므 파탈(Femme Fatale)의 이미지로 변형되어 나타났다. 주제가 주제인지라 세기말 예술가들은 살로메의 치정극에서 적나라하게 드러나는 탐욕과 고통, 피와 순교라는 강렬한 주제에 압도적인 몰입에 빠졌고, 이러한 주제를 이끌어가는 어린 살육자이자 에로티스트인 살로메에게 새로운 유형의 팜므 파탈을 발견하게 된다.

살로메는 순결한 창녀에서부터 패륜적 요부, 질투의 화신 그리고 흡혈귀까지 팜므파탈의 모든 성향을 다양하게 보여 주고 있다. 또한, 그녀는 남자의 이상적인 갈망과 여성의 육체적인 욕망이 미묘하게 결합되어 있다. 남자가 인공적으로 만든 여성상처럼 말이다. 그 살로메는 죽음에 이르는 남성을 거세하는 전사를 닮아 있다. 하지만 살로메는 신약 성경에 '헤로디아의 딸' 또는 '여자아이'로만 기록되어 있고 이름은 없이 나온다.

◀**살로메와 참수된 세례 요한**(142쪽 그림)_ 기독교 예술에서 세례 요한의 머리가 잘린 작품은 매우 많다. 이 작품도 참수된 세례 요한의 머리가 올려진 소반을 들고 있는 살로메의 모습이다. 입가에 미소를 띠고 있는 아름다운 살로메와 세례 요한의 잘린 머리가 대조를 이룬다. 그 대비에도 불구하고 두 인물은 묘하게 어울리는 모습이다.
이 작품을 그린 장 베네는 비극적으로 순교한 세례 요한보다 요염한 미모의 살로메에 매료되어 있다. 남자들은 여자를 성녀와 악녀의 이분법적 구조로 생각하는 경향이 있다. 작품 속의 살로메는 악녀의 성정(性情)을 자신의 내면에 감추고, 세례 요한의 머리를 자신의 배 앞에 가지런히 들고 있다. 또한, 살로메가 마치 세례 요한을 임신한 듯 모성애로 가득하고 만족한 표정을 짓고 있다. **장 베네 2세의 작품.**

세례 요한의 참수_카라바조의 작품.

예수 그리스도와 세례 요한

내가 진실로 너희에게 말하노니 여자가 낳은 자 중에 세례 요한보다 큰 이가 일어남이 없도다 그러나 천국에서는 극히 작은 자라도 그보다 크니라
-마태복음 11장 11절

세례 요한은 광야에서 금욕적인 삶을 살았다. 그러나 예수의 활동지는 광야나 사막이 아닌 인간 사회였다. 세례 요한은 고행과 금욕의 인물이었지만, 예수는 여느 사람처럼, 사람들과 생활하며 그들과 함께 먹고 마셨다.

요한은 회개의 세례를 주었으나 예수의 가르침의 핵심은 회개가 아닌 '하나님 나라'였다. 이것은 하나님과 예수의 관계와 비슷하며, 인간도 하나님의 자녀가 되는 데 중점을 주었다.

예수와 세례 요한의 이런 차이는 예수가 제시하는 하나님과 세례 요한이 제시하는 하나님에서 나타난다. 즉 요한의 하나님은 회개하지 않는 사람들에게 벌을 내리는 진노의 하나님이자 심판의 하나님이지만, 예수

◀회개의 복음을 전하는 세례 요한(146쪽 그림)_ 세례 요한은 예수 그리스도가 사역을 시작하기 전에 앞서 죄의 회개와 하나님 나라의 복음을 전파했다. 그는 모든 유대인에게 요단강에서 물로 세례를 주며 죄 사함을 받게 했지만, 바리새인들과 사두개인들에게는 '독사의 자식들'이란 표현을 하면서 그들을 책망하고 비난했다. **프란체스코 수카벨리의 작품.**

의 하나님은 죄인들조차 함께 하시는 하나님이다. 그래서 '하나님 나라가 온다'라는 것이 세례 요한에게는 심판의 표징(表徵)으로 나타나지만, 예수에게는 죄인들에 대한 자비와 사랑의 표징으로 나타난다.

예수의 핵심 메시지는 회개가 아닌 하나님 나라였다. "때가 차서 하나님 나라가 가까이 왔다. 회개하고 복음을 믿어라"라는 말씀 속에 회개는 하나님 나라를 맞이하는 데 필요한 준비 과정일 뿐이다. 예수는 하나님 나라를 위협과 심판으로 보여 주지 않았다. 온갖 병자들을 치유하고 죄인들과 함께하며 직접 보여 주셨다.

세례 요한의 시간이 하나님 나라가 오기 전 마지막 시간이라면, 예수의 시간은 하나님 나라가 가득한 시간이었다.

"때가 차매 하나님이 그 아들을 보내사 여자에게서 나게 하시고 율법 아래에 나게 하신 것은 율법 아래에 있는 자들을 속량하시고 우리로 아들의 명분을 얻게 하려 하심이라(갈라디아서 4장 4~5절)."

▶**광야에서 기도하는 예수 그리스도**(149쪽 그림)_ 예수 그리스도가 광야에서 금식기도를 하는 모습이다. 예수 그리스도는 공생애 사역을 시작하기에 앞서 오직 기도로 40일간 금식하였다. **이반 크람스코이의 작품.**

▌떡 다섯 개와 물고기 두 마리

무리를 명하여 잔디 위에 앉히시고 떡 다섯 개와 물고기 두 마리를 가지사 하늘을 우러러 축사하시고 떡을 떼어 제자들에게 주시매 제자들이 무리에게 주니 다 배불리 먹고 남은 조각을 열두 바구니에 차게 거두었으며 먹은 사람은 여자와 어린이 외에 오천 명이나 되었더라
–마태복음 14장 19~21절

    예수는 세례 요한의 제자들에게 슬픈 소식을 들었다. 세례 요한의 시신을 수습하여 장사 지낸 후 그 사실을 예수에게 보고한 것이다. 세례 요한의 죽음을 들은 예수는 자신의 죽음은 그보다 더 참혹할 것이며, 그날이 그리 멀지 않다는 사실을 생각하고 있었다. 선지자 이사야의 예언대로 그리스도는 죽어야 한다. 자신은 멸시를 받아서 사람들에게 버려질 것이며, 그들은 침을 뱉으며 조롱하다가 죄수를 처형하듯 십자가에 못 박아 죽일 것이다.

    그 무렵 복음을 전파하기 위해 두 명씩 짝지어 보냈던 제자들이 돌아왔다. 예수와 제자들이 왔다는 소식을 들은 사람들이 모여들기 시작했다. 예수는 제자들과 함께 배를 타고 건너편 벳새다로 노를 젓게 하였다. 하지만 많은 사람이 몰려들었고, 배의 방향을 따르는 숫자가 더욱 늘어나고 있었다. 배에서 내린 환자들을 고쳐 주기 시작했다. 군중들은 전혀 흩

◀**무리에게 설교하는 예수 그리스도**(150쪽 그림)_ 예수 그리스도가 갈릴리 호수 부근의 산에 올라가 자신을 따라온 무리에게 하나님의 말씀을 전하는 장면이다. **제임스 티소의 작품.**

어질 기미가 보이지 않았다. 병도 병이지만 예수의 말씀을 듣고 싶었다.

어느덧 저녁때가 되자 설교를 마친 예수에게 제자들이 다가와 말했다.

"주님, 날이 저물었으니 군중들을 헤쳐 제각기 음식을 사서 먹게 하도록 마을로 보내는 것이 좋겠습니다."

그러자 예수가 제자 빌립에게 말했다.

"그들을 보낼 것 없이 너희가 먹을 것을 주어라."

예수는 제자들의 믿음을 시험해 보고 싶었다. 그러나 예수의 말을 들은 빌립은 기가 막혔고 이렇게 대답했다.

"주님, 이 많은 사람을 먹이려면 2백 데나리온으로도 모자랍니다."

2백 데나리온은 큰돈이었다. 당시 노동자의 하루 일당이 1데나리온이니 2백 데나리온은 반년 이상을 일해야 벌 수 있는 돈이었다. 예수의 제자들은 그동안 수많은 기적을 보아 왔으면서도 아직 예수가 무슨 일이든할 수 있다는 것을 믿지 못했다.

그때 안드레가 광주리 하나를 들고 다가와 말했다.

"우리에게 지금 있는 것은 한 소년이 준비해 온 보리떡 다섯 개와 물고기 두 마리뿐입니다."

광주리를 받아 든 예수는 하늘을 우러러 감사 기도를 하였다.

"이것을 나눠 주어라."

제자들은 서둘러 군중들을 오십 명 단위로 앉게 한 후 사람들에게 나누어 주었다. 그런데 떡과 물고기는 군중들에게 나누어 주어도 여전히 그대로 있었다. 제자들은 계속 사람들에게 나누어 주었고 마침내 5천 명이나 되는 어른들과 많은 아이들이 배불리 먹었다. 그리고 남은 조각을 주워 모으니 열두 광주리에 가득 찼다.

그러자 기적을 경험한 군중들의 목소리가 높아 갔다.

오병이어의 기적을 베푸는 예수 그리스도_ 모여 있는 무리의 배고픔을 헤아린 예수 그리스도가 한 소년에게 떡 다섯 개와 물고기 두 마리를 받아서 5천 명을 먹이는 장면이다. 이 사건으로 오병이어(五餅二魚)의 기적이란 말이 나왔다. **암브로시우스 프랑켄의 작품.**

"저분은 분명히 하나님께서 보내 주신 예언자야. 우리의 왕이 되셔야 할 분이야. 어떤 병이든 다 고치시고, 귀신을 쫓아내시고, 죽은 사람도 살리시는 저분을 왕으로 세운다면, 로마 제국으로부터 독립할 수 있을 거야."

군중들은 당장이라도 예수를 왕으로 추대할 분위기였다. 그러나 예수는 홀연히 그 자리를 떠났다. 예수가 말하는 나라는 이 땅에 속해 있지 않았다.

오병이어의 기적_루벤스의 작품.

물 위를 걷는 예수

제자들이 그가 바다 위로 걸어오심을 보고 놀라 유령이라 하며 무서워하여 소리 지르거늘 예수께서 즉시 이르시되 안심하라 나니 두려워하지 말라
–마태복음 14장 26~27절

예수는 군중에게 설교하며 떡 다섯 개와 물고기 두 마리로 기적을 일으켜 오천 명을 배불리 먹이고 홀로 산으로 올라가면서 제자들에게 먼저 배를 타고 가버나움으로 가라고 하였다. 그가 산으로 간 것은 하나님께 기도하기 위해서였다. 예수는 백성들의 기대와 인기가 높아질수록 유대 사회의 지도자인 대제사장과 사두개파 사람들, 바리새파의 학자들이 자신에게 시기와 질투를 보낼 것이며 그럴수록 자신의 생명이 단축된다는 점을 잘 알고 있었다.

물론 예수는 죽음이 두렵지 않았다. 그가 온 것은 백성과 온 인류의 죄에 대해 대신 속죄하기 위해 자기 자신을 제물로 바치기 위해 세상에 온 것이다. 그래서 예수는 하나님의 뜻과 계획에 맞게 이 땅에 펼쳐야 했다.

◀**갈릴리 호수의 폭풍과 예수 그리스도**(156쪽 그림)_ 갈릴리 호수에 폭풍이 불어닥친 순간, 흔들리는 배 안에서 제자들이 잠이 든 예수 그리스도를 깨우는 장면이다. 거친 파도가 단숨에 배를 전복시키려고 뱃머리를 때리는 가운데, 이를 두려워하는 제자들의 역동적인 모습이 드러나 있다. **반 레인 렘브란트의 작품.**

바로 그것을 위해 조용히 기도하려는 것이었다. 예수께서 기도하는 동안 날이 저물었고, 어둠에 잠긴 갈릴리 호수에는 풍랑이 일기 시작했다. 시간이 흐를수록 풍랑은 거세어졌고, 배는 앞으로 나아갈 줄을 몰랐다.

밤이 깊어졌다. 배는 아무리 노를 저어도 바람과 파도에 막혀 꿈쩍도 하지 않았다. 제자들은 지치고 말았다. 두려움에 빠진 그들은 모든 방법과 노력을 포기할 수밖에 없었다. 풍랑은 당장이라도 제자들을 집어삼킬 듯 무섭게 일렁거렸다.

바로 그때였다. 물 위에 사람의 형체가 그들을 향해 움직여 오고 있었다.

"저게 뭐야?"

겁에 질린 제자들은 공포에 질려 외쳤다. 어둠의 파도 위를 걸어오는 것은 그들에게 유령으로 느껴졌다.

"안심하여라. 나다. 두려워하지 말아라."

스승인 예수의 모습을 본 제자들은 모두 놀라지 않을 수 없었다. 그때

갈릴리 호수 위를 걷는 예수 그리스도 _ 폭풍에 휩싸여 두려워서 쩔쩔매고 있는 제자들을 향하여 물 위를 걸어오는 예수 그리스도의 모습을 담은 장면이다. **아메데 바린트의 작품.**

베드로가 예수를 향해 외쳤다.

"주님, 정말 주님이시라면 저에게 물 위로 걸어오라고 명령하십시오."

"물 위를 걸어서 나에게 오너라."

예수는 베드로의 요구를 들어주었다. 그러자 배에서 물 위로 발을 내려놓은 베드로는 가라앉지 않았다. 베드로가 물 위를 걸어 예수에게 다가가던 순간 그가 물속으로 빠지기 시작했다.

"주님, 살려 주십시오."

"믿음이 적은 자여, 왜 의심하느냐."

예수는 즉시 손을 내밀어 베드로의 손을 잡아 올린 후 함께 배 위에 올라갔다. 그들이 배에 오자 그토록 험하던 풍랑이 순식간에 멈추었다. 제자들은 예수 앞에 엎드려 절하며 말했다.

"주님은 진실로 하나님의 아들이십니다."

제자들은 믿음이 부족하여 예수 그리스도가 오병이어의 기적을 일으킨 것도 아직 깨닫지 못하고 있었다. 이전에도 예수는 제자들과 함께 갈릴리 호수 건너편으로 가서 잠시 쉬고자 했다. 먼저 배에 오르자 예수는 피곤하여 잠시 눈을 붙였다. 그런데 갑자기 돌풍이 불어왔다. 어부였던 베드로와 야고보 등은 배를 다루기에 능숙했기에 노를 저어 돌풍을 피하고자 했지만 실패하고 말았다. 두려움에 빠진 제자들은 잠이 든 예수 그리스도를 깨웠다.

"주님, 우리가 죽게 되었습니다."

그러자 예수 그리스도가 제자들에게 말했다.

"어찌하여 무서워하느냐, 믿음이 작은 자들아."

예수 그리스도는 말을 마치고 바람과 바다를 꾸짖으니 거짓말처럼 호수가 잔잔해졌다.

"예수께서 이르시되 어찌하여 무서워하느냐 믿음이 작은 자들아 하시고 곧 일어나사 바람과 바다를 꾸짖으시니 아주 잔잔하게 되거늘(마 8:26)."

예수 그리스도가 제자들의 믿음이 작음을 지적하신 것은 분명히 예수 그리스도와 함께 있음에도 불구하고 폭풍을 두려워하였기 때문이다. 폭풍까지도 다스리는 예수 그리스도를 온전히 신뢰하지 못한 것에 대해 책망했다.

제3장

예수 그리스도의
복음과 기적

예수가 전한 복음의 핵심은 인간의 온갖 고통과 억압으로부터의 해방이었다. 예수는 '그를 통해 하나님을 믿고 회개하면 누구든지 하나님 나라에 들어갈 수 있다'라고 가르쳤다. 또한, 배타적인 선민사상과 형식화된 율법주의에 대해 비판적이었다. 그러나 율법의 기본정신인 '정의'와 '평등'을 지향하였다.

하늘나라 생명의 양식

예수께서 이르시되 나는 생명의 떡이니 내게 오는 자는 결코 주리지 아니할 터이요
나를 믿는 자는 영원히 목마르지 아니하리라
-요한복음 6장 35절

예수와 제자들을 태운 배는 벳새다 근처의 게네사렛에 도착했다. 예
수는 제자들과 함께 주변 마을들을 돌아다니면서 가는 곳마다 환자들을
치료해 주었다. 아픈 사람들의 은인인 예수를 추종하는 사람들과 지지자
들이 많았지만, 그만큼 예수를 반대하는 사람들도 적지 않았다. 특히 율
법만이 하나님의 뜻이라고 여기는 바리새인들과 율법 학자들에게 예수
는 공동의 적이었다. 그들은 예수를 반드시 제거해야 한다는 생각에 빠
져들고 있었다.

그러나 예수는 그들의 비판과 공격에도 의연했다. 언제나 하나님의 진
리를 가르쳤기 때문이다.

"너희는 썩는 양식을 얻고자 일하지 말고, 영원한 생명을 얻게 하는 양
식을 위해 일하여라. 내가 영원한 생명의 양식을 주겠다. 오직 하나님을

◀**하나님의 복음을 전하는 예수 그리스도**(162쪽 그림)_ 예수 그리스도가 갈릴리 지역을 다니
면서 복음을 전하는 모습이다. 그는 모든 사람에게 하나님의 말씀을 가르치고, 온갖 병에
걸린 사람들을 치유하였다. **카를 하인리히 블로흐 작품.**

위하여 일하여라."

그러자 그들이 물었다.

"하나님의 일을 하려면 무엇을 해야 합니까?"

다시 예수가 말했다.

"하나님께서 보내신 자를 믿는 것이 하나님의 일을 하는 것이다."

무슨 뜻인지 알아듣지 못한 그들이 다시 물었다.

"하나님께서 보내셨다는 증거를 보여 주시면 어떻습니까? 모세는 광야에서 우리 조상들에게 만나를 내려 주셔서 빵을 먹게 해 주셨습니다."

이에 예수께서 대답하셨다.

"내가 바로 생명의 빵이다. 내게 오는 자는 굶주리지도 않고 목마르지도 않을 것이다. 그러나 나를 보고도 믿지 않는 사람들이 있다. 내가 하늘에서 내려온 것은 하나님의 뜻을 행하기 위해서이며, 내 아버지의 뜻은 아들을 보고 믿는 자마다 영원한 생명을 얻게 하는 데 있다."

예수의 가르침은 한 번도 들어 보지 못한 말씀이었다.

"진실로 말하건데 누구든지 내 살을 먹지 않고, 내 피를 마시지 않는 사람은 영원한 생명을 얻을 수 없다. 내 살을 먹고, 내 피를 마시는 사람은 영원한 생명을 가졌고, 마지막 날에 내가 그들을 다시 살릴 것이다."

많은 사람이 예수의 말씀을 듣고 말했다.

"이 가르침은 너무 어려워 받아들이기가 힘들다."

어떤 사람들은 예수의 가르침이 이해되지 않는다며 예수의 곁을 떠나갔다. 예수는 제자들에게 물었다.

"내 말이 그렇게 혼란스러우냐? 너희들도 가려느냐?"

그러자 베드로가 대답했다.

"참된 생명, 영원한 생명의 말씀이 주님께 있는데 저희가 어디로 가겠

습니까? 저희는 이미 주님이 하나님의 거룩하신 분임을 확신하며 주님
께 인생을 걸었습니다."

예수는 제자들을 둘러보며 말하였다.

"내가 너희 열둘을 직접 택하였다. 그러나 너희 가운데 한 사람은 마
귀다."

이는 가룟 유다의 배신을 예고한 것이다. 그는 이미 예수를 배반할 준
비를 하고 있었다.

예수 그리스도와 제자들_ 예수 그리스도는 제자들을 직접 선택하여 가르쳤다. 그의 제자 중에는 갈릴
리 어부 출신이 많았다. **카미유 코리의 작품.**

제자들과 함께 있는 예수 그리스도_ 예수 그리스도가 제자들에게 가르침을 주는 모습이다. 그는 여러 비유를 통하여 진리의 말씀을 가르쳤다. **제임스 티소의 작품.**

▌예수의 수난 예고

이때로부터 예수 그리스도께서 자기가 예루살렘에 올라가 장로들과 대제사장들과
서기관들에게 많은 고난을 받고 죽임을 당하고 제삼일에 살아나야 할 것을 제자들
에게 비로소 나타내시니
–마태복음 16장 21절

예수와 제자들은 갈릴리 호수에서 북쪽으로 대략 40km 떨어진 가이사
랴 빌립보에 이르렀다. 이곳은 로마 제국의 첫 왕조 가이사랴(Caesre) 가문
의 이름과 빌립이 세운 도시라고 하여 가이사랴 빌립보라고 불렸다. 이
곳에서 예수는 제자들에게 물었다.

"사람들은 나를 누구라고 하느냐?"

그러자 제자들이 서로 대답했다.

"주님을 세례 요한이라고 오해합니다."

"예언자 엘리야히고 하는 사람들도 많습니다."

"사람들은 대개 주님을 예언자라고 합니다."

예수는 제자들을 둘러보며 다시 물었다.

"너희들은 나를 누구라고 생각하느냐?"

이에 시몬(베드로)이 대답하였다.

"주님은 살아 계신 하나님의 아들이시며, 그리스도이십니다."

시몬의 대답을 들은 예수는 흡족하였다.

예수 그리스도와 시몬 베드로_ 예수 그리스도는 시몬에게 '베드로'라는 새 이름을 주었다. 이는 '반석'이라는 뜻으로, 베드로는 열두 제자 중에서 예수의 수제자였다.

"시몬아, 네가 참으로 복되도다. 네가 그렇게 말한 것은 하늘에 계신 내 아버지께서 너에게 알려 주신 것이다. 네 이름은 이제부터 '반석'을 뜻하는 베드로이다. 내가 반석 위에 내 교회를 세울 것이다. 나는 하늘나라의 열쇠를 너에게 주겠다, 무엇이든 네가 땅에서 매면 하늘에서도 매일 것이고, 땅에서 풀면 하늘에서도 풀릴 것이다."

그리고 나서 예수는 자신이 그리스도라는 사실을 다른 사람에게 알리지 말라고 제자들에게 당부하였다.

또한, 예수는 이제 자신이 예루살렘으로 가서 종교 지도자들의 고난을 받아 죽임을 당하고, 사흘째 되는 날에 다시 살아날 것을 제자들에게 밝혔다.

"대제사장과 장로들과 서기관들이 나를 죽일 것이다. 그러나 나는 사흘 만에 다시 살아날 것이다."

그러자 베드로는 예수를 붙들고 항의했다.

"절대 안 됩니다. 주님께 절대로 있을 수 없는 일입니다."

그러나 예수는 꿈쩍도 않고 단호하게 말하였다.

"베드로야, 썩 비켜라. 너는 하나님이 어떻게 일하시는지 조금도 모르고 사람의 일만 생각하는구나. 그것은 사탄이 하는 일이다. 내 뜻을 막지 마라!"

이에 베드로와 제자들은 아무 말도 하지 못하였다.

예수가 말한 '하나님의 일'은 이미 구약시대의 많은 예언자들과 세례 요한과 예수 스스로 말한 것처럼, 죄인을 위하여 고난받으시고 죽으시게 되어 있었다. 즉 예수의 속죄(贖罪)의 피로 세상을 구원하는 것이 하나님의 뜻이자 예수의 사명이었다.

영광 가운데 계신 예수

엿새 후에 예수께서 베드로와 야고보와 그 형제 요한을 데리시고 따로 높은 산에 올라가셨더니 그들 앞에서 변형되사 그 얼굴이 해 같이 빛나며 옷이 빛과 같이 희어졌더라 그때에 모세와 엘리야가 예수와 더불어 말하는 것이 그들에게 보이거늘
-마태복음 17장 1~3절

그로부터 엿새 후, 예수는 제자 중에서 요한과 야고보와 베드로를 따로 불렀다. 예수는 가이사랴 북쪽에 있는 헤르몬산으로 세 제자만 데리고 올라갔다. 한 봉우리에 도착하자 예수는 발걸음을 멈추고 아무 말 없이 하늘을 향하여 눈을 감고 기도를 드렸다. 세 제자 역시 입을 다물고는 왜 자신들을 이곳에 데리고 왔는지 생각하고 있었다.

그때 갑자기 예수의 모습이 변하기 시작했다. 얼굴에서 태양의 광채가 뿜어져 나왔고, 옷은 새하얀 빛으로 충만했다. 도저히 사람의 모습이라고 할 수가 없었다. 그런데 예수 곁에 두 사람이 나타났다. 가장 위대한 지도자인 모세와 예언자 중에서도 대표적인 엘리야가 예수와 함께 있었다. 예수와 모세와 엘리야 세 사람은 깊은 대화를 나누고 있었다.

그러자 베드로가 불쑥 끼어들었다.

"주님, 제가 이곳 산 위에 초막 세 채를 지어서 하나는 주님을 위해, 하나는 모세를 위해, 하나는 엘리야를 위해 드리겠습니다."

베드로의 말이 끝나기도 전에 눈부신 빛으로 환한 구름이 그 세 사람

변화산 사건_ 예수 그리스도가 모세와 엘리야와 함께 있는 모습을 베드로와 야고보와 요한, 세 제자가 목격하는 장면이다.

을 덮더니 구름 속 깊은 데서 음성이 들려왔다.

"이는 내 사랑하는 아들이요, 내 기쁨의 근원이다. 너희는 그의 말을 들어라."

그 소리를 들은 제자들은 두려워서 얼굴을 땅에 대고 납작 엎드렸다. 잠시 후 예수가 그들에게 손을 대시며 말하였다.

"두려워 말고 일어나라."

산에서 내려오면서 예수는 세 제자에게 비밀을 지킬 것을 엄히 명하였다.

"너희가 본 것을 한 마디도 말하지 마라. 그러나 내가 죽임을 당하고 다시 살아난 뒤에는 말해도 좋다."

세 제자는 그들의 스승 예수가 유대인 역사 속에서 가장 존경받는 두 인물인 모세와 엘리야를 능가하는 하나님의 아들인 것을 확신하였다.

▌어린아이와 같은 믿음

그때에 제자들이 예수께 나아와 이르되 천국에서는 누가 크니이까 예수께서 한 어린
아이를 불러 그들 가운데 세우시고 이르시되 진실로 너희에게 이르노니 너희가 돌이
켜 어린 아이들과 같이 되지 아니하면 결단코 천국에 들어가지 못하리라
-마태복음 18장 1~3절

　예수와 제자들은 가이사랴 빌립보를 떠나 다시 갈릴리로 향하였다. 예
수는 제자들을 가르치는 것에 심혈을 기울였다. 그리고 이전에 자신의
죽음과 부활을 예고한 것처럼 다시 제자들에게 말하였다.
　"나는 하나님과 관계하기를 바라지 않는 사람들에게 넘겨질 것이다. 그
들이 나를 죽일 것이고, 나는 사흘 후에 다시 살아날 것이다."
　이에 제자들은 몹시 두려웠다. 그러나 누구도 입을 열어 속내를 말하
는 사람은 없었다. 그들은 다른 이야기들을 주고받았다. 가버나움에 이
르렀을 때 제자들이 예수께 물었다.
　"하나님 나라에서는 누가 가장 높은 사람입니까?"
　예수는 마침 가까이에 있는 어린아이를 곁에 세운 후 말하였다.
　"누구든지 이 어린아이같이 되지 않으면 천국에 들어가지 못한다. 이
어린아이같이 자기를 낮추면 하나님 나라에서 높은 사람이 될 것이다.
또한, 너희가 내 이름으로 이런 어린아이 하나를 반겨 맞아 주면 곧 나를
반겨 맞아 준 것이다."

예수는 제자들에게 '자기를 낮추고 먼저 섬기는 사람이 되어야 한다'라고 강조하면서 또 다른 말씀을 하였다.

"어떤 사람에게 양 백 마리가 있는데, 그중 한 마리가 길을 잃으면 아흔아홉 마리를 두고 그 한 마리를 찾아 나서지 않겠느냐? 그러다가 찾으면 그 한 마리를 제자리에 있던 아흔아홉 마리보다 더 애지중지하지 않겠느냐? 하늘에 계신 너희 아버지의 심정도 이와 같다. 그분은 순진한 믿음을 가진 사람 중의 한 사람이라도 잃는 것을 원하지 않으신다."

어린 양 예수_ 예수 그리스도는 '하나님의 어린양'이라 불렸다.

더 좋은 것을 선택한 마리아

주께서 대답하여 이르시되 마르다야 마르다야 네가 많은 일로 염려하고 근심하나 몇 가지만 하든지 혹은 한 가지만이라도 족하니라 마리아는 이 좋은 편을 택하였으니 빼앗기지 아니하리라 하시니라

-누가복음 10장 41~42절

  베다니에는 예수와 친한 나사로가 살고 있었다. 나사로에게는 마르다와 마리아라는 두 여동생이 있었다. 마르다는 요리 솜씨가 뛰어났다. 예수 그리스도는 마르다가 요리한 음식을 즐겨 들었다. 예수와 이 남매의 관계는 가족 이상으로 가까운 사이였다. 예수 그리스도가 하늘로 올라가는 장소를 선택한 곳도 베다니였다는 것이 잘 말해 주고 있다.

  어느 날 길을 가다가 예고도 없이 예수 그리스도는 베다니의 마르다와 마리아의 집에 들렀다. 항상 준비되어 있었던 마르다는 여느 때와 같이 예수 그리스도를 위해 음식을 준비하고 있었다. 아마도 그녀가 준비해야 할 음식의 양은 상당히 많았을 것이다. 왜냐하면, 12명의 제자들 이외에도 예수 그리스도를 따르던 사람들도 많았기 때문이었다. 일이 버거워지자 마르다는 마리아를 찾았다. 그런데 마리아는 예수 그리스도의 무릎 앞에 앉아 그의 말을 듣고 있었다. 마르다는 참을 수 없었다.

◀**마르다, 마리아 자매와 예수 그리스도**(174쪽 그림)_ 예수 그리스도가 자신과 절친한 나사로의 두 여동생인 마르다와 마리아의 집에서 함께 있는 장면이다. **요하네스 베르메르의 작품.**

마르다와 마리아의 집에 찾아온 예수 그리스도_ 예수 그리스도와 그의 제자들을 위해 음
식을 만들고 있는 마르다의 표정이 못마땅해 보인다. 반면 멀리 보이는 곳에는 동생 마리
아가 예수 그리스도의 말씀을 경청하고 있다. 식사를 준비하는 현실적인 일에 힘쓰는 마
르다와 오로지 예수 그리스도만을 바라보며 하나님을 찬미하는 마리아의 모습이 극명하
게 대비된다.

이 그림은 스페인 바로크 미술의 거장 디에고 벨라스케스의 작품이다. 그는 성경에 나오는
'마르다와 마리아'의 이야기를 독특한 기법으로 표현하였다. 중심 주제는 오히려 작게 표
현하고, 부차적인 이야기는 크게 표현한 것이다. 즉 주방에서 일하는 마르다의 모습을 전
면에 크게 세우고, 예수 그리스도와 함께 있는 마리아의 모습은 작게 그렸다.

벨라스케스가 이런 기법으로 작품을 그린 이유는, 종교 갈등을 표현한 것이다. 당시 신교
는 구교인 가톨릭의 상징적 표현을 금지했다. 따라서 화가들은 주요 이야기는 오히려 눈
에 띄지 않게 작게 처리하며 표현했다. 벨라스케스는 가톨릭 국가인 스페인 태생으로, 종
교 갈등이 원인이 되어 새로운 기법을 만든 셈이다.

또한, 이 작품은 마치 주방에서 건넌방을 촬영한 사진처럼 가까운 피사체는 크게, 뒤에 떨
어져 있는 피사체는 작게 표현한 구도이다. 원근감과 입체감이 살아 있어 바로 눈앞에서
마주하는 것처럼 생생하다. **디에고 벨라스케스의 작품.**

주방에서의 마르다_ 주방의 식료품들이 가득 쌓여 있다. 벨라스케스의 기법처럼 원근감을 활용해 입체적으로 표현했다. **요아킴 부켈레르의 작품.**

마르다는 예수 그리스도에게 다가가 말하였다.

"주님, 제 동생이 부엌일을 저한테만 떠넘기고 있는데, 그냥 두십니까? 저를 좀 거들어 주라고 동생에게 말해 주세요."

마리아는 예수가 자신의 편을 들어 줄 것으로 생각하고는 동생에게보다 예수에게 말하였다. 그녀는 자신의 음식을 즐겨 드시고 언제나 칭찬해 주신 예수 그리스도가 자신의 사정을 이해해 줄 것이라고 확신했다.

이때 예수 그리스도는 마르다의 이름을 두 번씩이나 불러 주면서 다정하게 말했다.

"마르다야, 사랑하는 마르다야. 네가 지나치게 염려하여 아무것도 아닌 일로 흥분하고 있구나. 마리아는 가장 중요한 한 가지 일을 택했다. 그러니 마리아는 그것을 빼앗기지 않을 것이다."

예수는 마르다의 헌신적인 봉사의 마음을 잘 알았다. 그래서 마르다 이름을 두 번씩이나 불러 주셨다. 그리고 예수는 마르다의 대접하고자 하는 마음이 잘못되었음을 알려 준 것이다. 그제야 마르다는 예수 그리스도를 잘 대접하는 것은 그의 말씀을 듣고 하나님의 자녀가 되는 것임을 알게 되었다.

마르다와 마리아_마티즈 무손의 작품.

선한 사마리아인_ 예수 그리스도의 '선한 사마리아인의 비유'의 한 장면이다. 당시 유대 지도자층인 제
사장과 레위인은 강도당한 사람을 모른 척했지만, 천대받던 사마리아인이 그를 돌본 후 나귀에 태우
는 모습이다. 이 작품은 고흐의 〈선한 사마리아인〉의 원작으로, 들라크루아가 강렬한 색채인 붉은색
을 사용한 것과 다르게 고흐는 부드러운 노란색으로 표현한 점이 이채롭다. **외젠 들라크루아의 작품.**

선한 사마리아인의 비유

어떤 율법교사가 일어나 예수를 시험하여 이르되 선생님 내가 무엇을 하여야 영생을 얻으리이까 예수께서 이르시되 율법에 무엇이라 기록되었으며 네가 어떻게 읽느냐 대답하여 이르되 네 마음을 다하며 목숨을 다하며 힘을 다하며 뜻을 다하여 주 너의 하나님을 사랑하고 또한 네 이웃을 네 자신 같이 사랑하라 하였나이다

–누가복음 10장 25~27절

어느 날, 한 율법 학자가 예수를 찾아와 질문을 던졌다. 진정으로 해답을 알고 싶어서가 아니라 예수가 어떤 사람인지 시험하려는 의도였다.

"선생님, 제가 무엇을 해야 영원한 생명을 받을 수 있습니까?"

율법 학자의 속내를 꿰뚫은 예수는 서슴없이 대답했다.

"율법에 무엇이라고 쓰여 있느냐? 너는 어떻게 읽었느냐?"

그러자 율법 학자가 대답하였다.

"네 마음을 다하고, 목숨을 다하고, 뜻을 다하여 주 너의 하느님을 사랑하고, 네 이웃을 너 자신처럼 사랑해야 한다고 하였습니다."

"네 대답이 옳다. 그대로 행하라, 그러면 살리라."

율법 학자는 다시 질문을 하였다.

"그러면 누가 저의 이웃입니까?"

이에 예수는 제대로 이해시키기 위해 비유를 들어 설명하였다.

"어떤 사람이 예루살렘을 떠나 여리고로 가던 길에 강도를 만났다. 강도들은 그의 옷을 벗기고 그를 두들겨서 초주검으로 만들어 놓고 가 버렸다. 얼마 후, 제사장이 길을 가다가 그를 보았으나 마치 그 사람을 보지 못한 것처럼 가던 발걸음을 재촉했다. 한참 후, 이번에는 레위인이 그곳을 지나갔다. 레위인은 잠시 그 사람을 바라본 후 그 자리를 떠났다. 섣불리 나섰다가 성가신 일에 휘말릴지 모른다고 생각한 것이다.

강도당한 사람은 그대로 죽어갈 처지였다. 날이 어두워질 무렵, 어느 사마리아인이 길을 지나다가 그를 보게 되었다. 사마리아인은 그에게 다가가 상처에 기름과 포도주를 붓고 싸맨 다음, 자기 노새에 태워 여관으로 데리고 가서 돌보아 주었다. 이튿날 그는 두 데나리온을 꺼내 여관 주인에게 주며 '저 사람을 돌보아 주십시오. 비용이 더 들면 제가 돌아올 때에 갚아 드리겠습니다'라고 말했다."

여기까지 이야기한 예수는 질문을 한 율법 학자에게 되물었다.

"이 세 사람 중에서 누가 강도를 만난 사람의 이웃이라고 생각하느냐?"

예수의 물음에 율법 학자가 말했다.

"그 사람을 보살펴 준 사마리아인입니다."

그러자 예수가 다시 말했다.

"너도 가서 그렇게 하여라."

▶**선한 사마리아인**(183쪽 그림)_ 강도를 당해 쓰러져 있는 사람을 지나가던 사마리아인이 발견하여 돌본 후, 나귀에 태우려고 부축하는 장면이다. 그림의 왼쪽에는 길을 따라 두 사람이 걸어가고 있다. 가장 멀리 보이는 인물은 쓰러져 있던 사람을 첫 번째로 외면한 제사장이다. 그다음으로 두 번째로 외면한 레위인의 모습이 보인다. 레위인은 손에 책을 들고 읽으면서 가고 있는데, 이 책은 '모세의 율법'이란 것을 나타낸다. 이 그림은 성경을 주제로 한 고흐의 흔치 않은 작품으로 들라크루아의 원작을 모사하였다. 고흐만의 독특한 화풍이 성경 말씀에 내포된 영적 의미와 조화롭게 묘사되어 있다. **빈센트 반 고흐의 작품.**

강도당한 사람을 돌보는 사마리아인_ 예수 그리스도는 선한 사마리아인의 비유를 통하여 하나님은 물론 자기 이웃을 사랑하는 '진정한 사랑'의 실천이 무엇인지 가르쳤다. **루벤스의 작품.**

▶**선한 사마리아인의 모습을 묘사한 스테인드글라스 작품(185쪽 그림).**

　　예수의 '선한 사마리아인의 비유'를 이해하려면 먼저 사마리아인에 대하여 알아야 한다. 사마리아인은 북이스라엘 왕국이 멸망한 후 유대인과 타민족의 혼혈로 생긴 종족이다. 그래서 유대인들에게 유대인의 피를 더럽힌 존재라 멸시받고 박해받았으며 사람 취급조차 하지 않았다. 하지만 예수는 그러한 사마리아인이라도 진정으로 자비를 베푸는 자는 이웃이라 할 수 있다는 것을 강조하였다. 즉 이웃이란 유대인들이 자랑스러워하는 혈통으로 결정되는 것이 아니라 하나님의 말씀에 순종하고 그 뜻을 행하여, 하나님을 사랑하며, 어려운 이들을 돕고 사랑하는 자들이란 것이다.

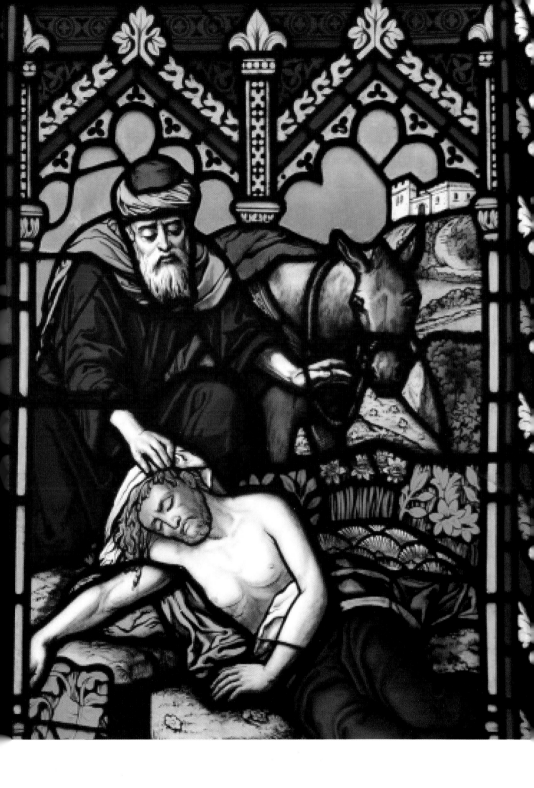

간음한 여인에 대한 예수의 판결

그들이 묻기를 마지 아니하는지라 이에 일어나 이르시되 너희 중에 죄 없는 자가 먼저 돌로 치라 하시고
－요한복음 8장 7절

갈릴리에 머물고 있던 예수는 가까이에 있던 사람들로부터 초막절(草幕節, 유대인의 수확 절기로 추수절이라고도 함)을 지키자는 제안을 받았다. 이때 유대인들은 예수를 잡아 죽이려는 음모를 꾸미고 있었다. 그러나 예수는 자신이 예루살렘에 나타나면 산헤드린 회의의 대제사장이 사람들을 보내 그를 체포할 것을 이미 알고 있었다. 제자들이 예루살렘으로 떠난 후 예수도 조용히 예루살렘으로 향했다.

초막절 축제가 이어지는 어느 날, 예수가 성전에서 군중을 향해 하나님 나라에 대해 설교하고 있을 때였다. 산헤드린 회의의 재판관들인 바리새인과 서기관들이 한 여인을 예수 앞으로 끌고 왔다. 예수는 여인을 잠시 바라본 후 데리고 온 사람들을 둘러보았다.

한 바리새인이 예수에게 말했다.

"선생이여, 이 여인은 간음하다가 바로 그 현장에서 잡혔습니다. 모세의 율법을 따르면 이런 여인은 돌로 쳐죽여야 한다고 되어 있습니다. 선

◀**간음한 여인과 예수 그리스도**(186쪽 그림)_ 예수 그리스도를 시험하려고 바리새인들이 간음한 여인을 끌고 온 장면이다. **렘브란트의 작품.**

간음한 여인을 끌고 온 바리새인_ 예수 그리스도는 바리새인의 악한 의도를 간파하고, 그들에게 '죄 없는 자가 먼저 돌로 치라'고 말씀하였다. **마티아 프레티의 작품.**

생의 의견은 어떻습니까?"

　그들은 예수에게 올가미를 씌워 고발할 구실을 찾으려는 음모를 꾸민 것이다. 만일 예수가 간음한 여인을 '모세의 율법대로 돌로 치라'고 한다면, 당시 사형 선고권과 집행권은 로마 총독의 고유 권한으로 명백한 월권이어서 예수를 총독에게 고소할 수 있다. 아울러 '사랑하고 용서하라'는 예수 자신의 가르침에 역행한다고 비난받게 된다.

　반대로 예수가 '여인을 돌로 치지 말고 용서하라'고 한다면 하나님의 율법을 어겼다는 죄목으로 산헤드린 공회에서 재판을 받아야 한다. 어떤 선택도 예수에게는 올무였고, 예수는 그들이 간음한 여인을 미끼로 자기를 체포하려는 것임을 이미 알고 있었다.

그런데 예수는 아무 말도 없이 땅바닥에 글씨를 썼다. 그러나 아는 사람이 없었다. 바리새인들은 자기들의 올무에서 벗어날 방법이 없다는 듯 의기양양했다.

마침내 아무 말이 없던 예수가 입을 열었다

"너희 중에 누구든지 죄 없는 사람이 먼저 저 여인을 돌로 쳐라."

예수 그리스도의 그 한 마디에 아무도 입을 열지 않았다. 누구도 돌을 던질 수 없었다. 살아오면서 전혀 죄를 짓지 않은 사람은 극히 드물며 설령 그런 사람이 있다 한들 유대교와 기독교에서는 모든 인간이 원죄를 가지고 태어난다고 보기 때문에 교리상으로 죄 없는 사람은 존재하지 않는다.

예수는 다시 손가락으로 땅바닥에 무슨 글씨를 썼다. 그리고 서로 눈치만 보던 군중들은 하나둘 그 자리를 떠났다. 여인을 데리고 온 바리새인과 서기관들도 예외 없이 자리를 떠났다. 겉보기에만 거룩한 죄인들은 모두 사라지고, 겉보기에 치욕스러운 죄인은 남아 있었다.

예수가 여인에게 말했다.

"그들은 다 어디 있느냐? 너의 죄를 묻던 사람은 아무도 없느냐?"

여인은 눈물을 보이며 간신히 말했다.

"아무도 없습니다, 주님."

"나도 네 죄를 묻지 않겠다. 어서 돌아가라. 그리고 이제부터 다시는 죄를 짓지 마라."

간음한 여인과 예수 그리스도_란차노의 폴리도로의 작품.

▌눈먼 거지 바디매오

예수께서 그에게 이르시되 보라 네 믿음이 너를 구원하였느니라 하시매 곧 보게 되
어 하나님께 영광을 돌리며 예수를 따르니 백성이 다 이를 보고 하나님을 찬양하니라
–누가복음 18장 42~43절

어느덧 유월절이 다가오고 있었다. '잠든 나사로'를 깨우러 예루살렘
으로 향한 예수와 제자들이 요단강을 건너 여리고 성에 도착했다. 유대
인 최고의 명절인 유월절을 지키려고 예루살렘으로 가는 사람들이 머물
다 가는 여리고 성은 수많은 인파로 북적거렸다. 여리고 성문 앞에는 바
디매오라는 눈먼 거지가 앉아 있었다. 그는 여리고 성을 출입하는 사람
들에게 동냥하고 있었다.

바디매오는 예수에 대해 많은 이야기를 들어 알고 있었다. 예수가 앉
은뱅이를 일으켜 세우고, 문둥병자를 깨끗하게 치료하고, 또 자신 같은
맹인(盲人)의 눈을 뜨게 한 일들을 들으면서 언젠가 예수가 이곳에 온다
면 자기 눈을 뜨게 해 주기를 소망하고 있었다.

여리고 성에 예수가 오고 있다는 소식이 널리 퍼지자 수백 명의 사람
이 그를 맞이하러 성문 입구로 몰려들었다. 바디매오는 간절하였다. '예

◀**예수 그리스도와 소경 바디매오**(192쪽 그림)_ 여리고 성에 살던 바디매오는 앞을 전혀 못 보는 소경이
며, 매우 가난한 거지였다. 이 그림은 바디매오가 눈을 뜨려는 소망과 예수 그리스도에 대한 믿음으로
눈 뜨임을 받고자 용기를 내어 간구하고 있는 장면이다. **칼 하인리히 블로흐의 작품.**

믿음으로 눈을 뜬 바디매오_ 예수 그리스도는 바디매오에게 '네 믿음이 너를 구원하였다' 라고 말씀하며, 그의 눈을 뜨게 하였다. 이 작품은 스페인의 3대 화가로 손꼽히는 엘 그레 코의 종교화 중 하나로, 베네치아 화풍의 채색과 구도로 그려졌다. 원근감으로 그려진 정 돈된 도시 속에 예수 그리스도가 바디매오의 보이지 않는 눈을 치유하고 있는 장면이다. 당시의 전 유럽은 종교개혁의 열풍으로 가톨릭과 개신교의 종교갈등이 심했다. 엘 그레코 는 열렬한 가톨릭 신자로, 그가 가톨릭을 신봉했다는 사실은 그의 행적과 작품에서 나타난 다. 엘 그레코는 베네치아와 로마, 마드리드, 톨레도 등 가톨릭을 신봉하는 도시를 전전했 다. 또한, 가톨릭에서 신봉하는 성인들을 그림으로 그렸는데, 이 작품도 예수 그리스도의 기적을 그려 가톨릭의 정신을 표현하였다. **엘 그레코의 작품.**

수를 만나면 나도 눈을 뜨게 될 것이다.' 그는 그렇게 확신했다.

바디매오는 사람들이 술렁이는 소리를 듣고 무슨 일인지 물었다.

"예수께서 지나가신다."

그러자 바디매오는 힘껏 소리쳤다.

"예수여! 다윗의 자손이여! 저를 불쌍히 여겨 주십시오!"

바디매오가 크게 소리를 지르자 예수의 가까이에 있던 사람들이 조용히 하라고 꾸짖었지만, 그는 오히려 더 크게 소리쳤다.

"다윗의 자손이여! 저를 불쌍히 여겨 주십시오!"

그러자 예수는 걸음을 멈추고 바디매오를 데려오라고 말하였다. 바디매오가 가까이 오자 예수는 물었다.

"내게 무엇을 원하느냐?"

바디매오는 예수의 물음에 대답하였다.

"주님, 다시 보기를 원합니다."

바디매오의 믿음을 본 예수는 말했다.

"다시 보아라! 네 믿음이 너를 구원했고 낫게 했다."

그러자 바디매오는 즉시 눈 고침을 받았다. 그가 고개를 들어서 바라보니 앞이 보였다. 그는 하나님께 영광을 돌리며 예수를 따라갔다. 또한, 길가에서 이 광경을 목격한 사람들도 모두 합류하여 큰 목소리로 하나님을 찬양했다.

예수 그리스도가 소경이자 거지인 바디매오의 눈을 뜨게 하는 모습을 묘사한 조각상.

삭개오의 회개와 결단

예수께서 그곳에 이르사 쳐다보시고 이르시되 삭개오야 속히 내려오라 내가 오늘 네
집에 유하여야 하겠다 하시니
-누가복음 19장 5절

　　예수와 제자들이 여리고 성에 도착했을 때는 해 질 무렵이어서 그들은
여리고 성에서 하룻밤을 묵기로 했다. 여리고 성은 갈릴리와 요르단에
서 예루살렘으로 가는 길에 있는 교통의 요충지로, 평소 상인들과 여행
자의 왕래가 잦았다. 그래서 다른 성들보다 세금 징수액도 훨씬 높았다.
여리고 성의 삭개오는 세리장(稅吏長, 세리의 우두머리로 한 지역의 징수권을 사
서 부하 세리를 두고 세금을 징수하는 사람)으로, 큰 부자였다. 평소 그는 예수를
몹시 만나고 싶었다. 삭개오는 예수가 온다는 소문을 듣고는 바로 거리
로 뛰쳐나갔다. 그러나 이미 예수는 수많은 인파에 둘러싸여 있었고, 유
달리 키가 작은 삭개오는 예수의 얼굴조차 바라볼 수 없었다.

　　그때 삭개오의 눈에 뽕나무(돌무화과나무)가 보였다. 예수가 지나가는 방
향을 봤을 때 분명 뽕나무 밑을 통과할 것 같았다. 삭개오는 즉시 달려가
서 뽕나무 위로 올라갔다. 사람들의 눈초리와 체면, 위험은 상관없었다.
삭개오는 오직 예수를 가까이에서 보고 싶은 소망이 가득했다.

◀**나무에 오른 삭개오를 부르는 예수 그리스도**(196쪽 그림)_ 키가 작은 삭개오는 군중 속에 둘러싸인 예
수 그리스도를 볼 수 없었다. 예수 그리스도를 만나기 위해 뽕나무 위에 올라간 삭개오가 예수 그리스
도의 부름을 받는 장면이다.

잠시 후 예수와 제자들이 뽕나무 아래를 지나갈 때였다. 걸음을 멈춘 예수가 삭개오를 바라보며 말했다.

"삭개오야, 어서 내려오너라. 오늘은 내가 네 집에 머물러야 하겠다."

삭개오는 이 말을 듣고 얼른 나무에서 내려와 기쁜 마음으로 예수를 자기 집에 모셨다.

이 모습을 본 사람들은 모두 못마땅해하였다.

"저런 죄인의 집에 묵으시다니!"

당시 유대 사회에서 세리는 죄인의 상징이나 마찬가지였다. 또 세리의 집은 창기(娼妓, 몸을 팔던 천한 기생)의 집과 다를 것이 없다고 여겼다. 왜냐하면, 세리는 로마제국이 각종 세금을 거두기 위해 고용한 유대인으로, 특히 세리장은 부당한 세금징수와 횡령을 일삼아서 죄인으로 여겨졌다.

그러나 예수는 죄인이라 손가락질받는 삭개오의 이름을 불러 주었다. 이것은 '예수 그리스도 안에서는 죄인과 의인이 따로 없다'라는 것을, '귀하고 천한 신분의 차별 또한 없다'라는 것을 뜻한다.

삭개오는 예수와 제자들을 자신의 집에 모시고 극진히 대접하였다. 또한, 예수의 가르침을 받은 그는 회개의 결단으로 자기의 많은 재산을 나누겠다고 말했다.

"주님, 제 소유의 절반을 가난한 사람들에게 나누어 주겠습니다."

삭개오는 여기에서 멈추지 않았다.

"제가 세금을 부당하게 징수한 게 있으면 그 네 배로 갚겠습니다."

당시 율법에서는 가난한 사람에게 20%를 나누며 속여서 빼앗은 것은 5분의 1만 보상하면 되었다. 그런데 삭개오는 50%를 나누겠다고 했으며 4배나 보상한다고 한 것이다. 당시 기준으로는 있을 수 없는 일이

예수 그리스도와 세리장 삭개오_ 여리고 성에 살던 삭개오는 부정으로 많은 재산을 모아 유대인들의 원성과 멸시를 받던 세리장이었다. 그러나 그는 예수 그리스도를 영접한 후 자신의 죄를 회개하며, 가난한 사람을 돕는 새로운 삶을 살게 되었다. **칼 하인리히 블로흐의 작품.**

었다. 만약 그렇게 되면 삭개오의 재산은 모두 사라질지도 모른다. 하지만 삭개오의 이런 결단은 철저한 회개였고, 곧 하나님 나라를 받아들인다는 뜻이다.

삭개오의 참된 마음을 본 예수는 말하였다.

"오늘 이 집에 구원이 이르렀다. 이 사람도 아브라함의 자손이다."

잃은 사람을 찾는 예수

인자가 온 것은 잃어버린 자를 찾아 구원하려 함이니라 그들이 이 말씀을 듣고 있을 때에 비유를 더하여 말씀하시니 이는 자기가 예루살렘에 가까이 오셨고 그들은 하나님의 나라가 당장에 나타날 줄로 생각함이더라
–누가복음 19장 10~11절

예수의 주변에 죄를 저지른 사람들이 머물며 열심히 가르침을 받는 모습을 본 바리새인들과 율법 학자들은 못마땅하여 예수를 비난하였다.

"율법에는 '악한 사람과는 접촉하지도 말고, 율법도 제시하지도 말라'는 가르침이 있다. 이 사람은 죄인들을 받아들이고 함께 식사하며, 그들을 친구처럼 대한다."

그들이 불평하자 예수는 다음과 이야기를 들려주었다.

먼저 잃어버린 한 마리의 양을 찾는 이야기이다.

"너희 가운데 한 사람에게 양 백 마리가 있는데, 한 마리를 잃어버렸다고 하자. 너희라면 아흔아홉 마리를 들판에 두고서 잃어버린 양 한 마리를 찾아다니지 않겠느냐? 그러다가 찾으면, 너희는 양을 어깨에 메고 즐거워하며 집에 돌아와서는 친구와 이웃들을 불러 이렇게 말할 것이다. '나와 함께 축하합시다. 내가 잃어버린 양을 찾았습니다!' 내가 분명

◀**한 마리의 양을 어깨에 멘 예수 그리스도**(200쪽 그림)_ 예수 그리스도는 '잃어버린 한 마리의 양'의 비유를 통해서 하나님은 회개를 통한 죄인의 구원을 원하심을 설명하였다. **로마 시대의 무명 화가의 작품.**

히 말한다. 구원이 필요하지 않은 아흔아홉 명의 선한 사람보다, 구원받은 죄인 한 사람의 생명으로 인해 천국에는 더 큰 기쁨이 있다."

예수는 '잃어버린 한 마리의 양' 비유를 통해서 하나님은 스스로 올바르다고 생각하는 바리새인과 율법 학자들보다도 자신들이 죄인임을 알고 이를 부끄러워하며 회개하는 세리와 같은 죄인을 더 사랑하신다는 것을 깨우쳐 주려고 하였다.

이어서 예수는 잃어버린 은전(銀錢) 이야기를 들려주었다.

"어떤 여인에게 은전 열 개가 있었는데, 한 개를 잃어버렸다. 그렇다면 그 여인은 잃어버린 동전 한 개를 찾을 때까지 불을 켜고 집을 뒤지며 구석구석 살피지 않겠느냐? 그러다가 찾으면, 은화를 되찾은 기쁨에 친구와 이웃들을 불러 잔치를 열 것이다."

예수는 하나님과 우리의 관계를 '주인과 소유물의 관계'로 비유하였다. 즉 여인이 열 개의 은화를 보물로 여기듯 하나님은 우리를 보물로 여기신다. 잃어버린 은전이 다시 가치를 찾으려면 주인의 손으로 돌아가야 하는 것처럼, 사람의 참된 가치는 하나님께 돌아가서 하나님과 하나 되고, 하나님을 섬길 때 비로소 찾을 수 있다.

끝으로 예수는 잃어버린 아들 이야기를 하였다.

"어느 마을에 아들 형제를 둔 사람이 있었다. 어느 날, 둘째 아들이 아버지에게 말했다. '아버지, 제가 받을 유산을 지금 당장 주십시오.' 아버

▶ **잃어버린 은화 한 닢을 찾은 여인(203쪽 그림)**_ 세리장이나 죄인들에게도 거리낌이 없던 예수 그리스도를 비난하던 바리새인과 서기관들에게 들려준 비유의 한 장면으로, 등불을 켜고 온 집안을 애써서 찾은 끝에 잃어버렸던 은화를 찾은 여인의 모습을 표현했다. 여인은 은화를 찾은 기쁨에 이웃 사람들을 불러 모아 잔치를 열었다. 이처럼 예수 그리스도는 잃어버린 한 사람의 영혼을 구원할 때마다 기뻐하는 자신의 마음을 바리새인과 서기관들에게 설명하였다. **고데프리두스 샬케 킨의 작품.**

지는 재산을 두 아들의 몫으로 나누었고, 둘째 아들은 짐을 싸서 먼 나라로 떠났다. 그곳에서 그는 사치와 향락에 빠져 방탕하게 살면서 가지고 있던 재산을 다 날려 버렸다. 게다가 그 나라에 심한 흉년이 들어서 그는 더욱 구차한 형편에 처했다. 간신히 돼지 치는 일을 얻은 둘째 아들은 너무 배가 고파서 돼지에게 주는 쥐엄나무 열매로 배를 채웠다.

그제야 정신을 차린 둘째 아들은 아버지에 대한 그리움과 죄책감에 빠져 '아버지의 아들이라 불릴 자격도 없으니 품꾼으로 받아 달라 말씀드리고, 잘못했다고 빌어야지' 다짐하고 다시 자기 집을 향해 길을 떠났다. 한편 아버지는 집을 나간 둘째 아들이 마음에 걸려 견딜 수가 없었다. 그러던 어느 날, 그토록 기다리던 아들의 모습이 보이자 맨발로 달려와 아들을 안아 주었다.

그때 아들이 말했다. '아버지, 저는 나쁜 아들입니다. 하나님과 아버지에게 큰 죄를 지었습니다. 이젠 아버지의 아들이라고 할 자격이 없습니다.' 그러나 아버지는 아들에게 말했다. '너무 자책하지 말아라. 넌 나의 소중한 아들이다.' 그다음 하인들에게 말했다. '어서 가서 제일 좋은 옷을 꺼내어 입히고 반지도 끼워 주어라. 그리고 가장 살찐 송아지를 잡아 맛있는 요리를 만들고 사람들을 불러 모아 잔치를 벌여라. 죽었던 아들이 살아왔다. 잃어버린 아들을 다시 찾았다!' 아버지는 둘째 아들이 돌아온 것이 그저 기쁘기만 했다."

예수는 잃어버린 아들을 되찾은 이야기를 통해서 '죄인에게도 내려지는 하나님의 조건 없는 무한한 사랑을 알려 주었다. 이처럼 아버지의 품으로 돌아가기만 하면 누구나 환영받는다는 예수의 이야기는 사람들의 가슴속에 기쁨이 솟아나게 하였다.

OPTIMAM PARTEM
ELEGIT

나사로의 죽음과 부활

예수께서 이르시되 나는 부활이요 생명이니 나를 믿는 자는 죽어도 살겠고 무릇 살아서 나를 믿는 자는 영원히 죽지 아니하리니 이것을 네가 믿느냐
-요한복음 11장 25~26절

   예수와 제자들은 갈릴리와 유대 지역에 복음을 전파하며 베다니에 있는 마르다의 집에서 식사를 하곤 했다. 그런데 마르다의 오빠인 나사로가 병에 걸려 예수에게 사람을 보내어 이 소식을 전했다.
   "주님께서 사랑하시는 나사로가 깊은 병이 들었습니다."
   예수는 그 소식을 듣고 말하였다.
   "그 병은 죽을 병이 아니다. 그것은 하나님의 영광을 드러내는 기회가 될 것이다. 그 일로 하나님의 아들이 영광을 받을 것이다."
   예수는 나사로와 그의 누이 마르다와 마리아를 사랑하였다. 그런데도 나사로가 위독하다는 소식을 듣고 이틀이 지나서야 제자들에게 유대로 돌아가자고 말하였다. 이에 제자들이 걱정하여 말했다.
   "유대인들이 죽이려고 하는데 다시 가시겠습니까?"
   예수가 제자들에게 말했다.
   "내 친구 나사로가 잠들었다. 내가 가서 깨워야겠다."

◀**마르다와 마리아 자매의 집을 찾은 예수 그리스도**(206쪽 그림)_ 절친한 나사로의 여동생들과 이야기하는 장면으로, 이후 나사로의 위독한 소식을 전해 듣는다. **알렉산드로 알로리의 작품.**

예수는 나사로가 죽은 것을 알고 있었지만, 잠든 나사로를 깨우러 간다고 말하였다.

여리고 성을 떠나 예루살렘으로 향한 예수와 제자들은 이틀 만에 베다니에 도착했다. 그러나 나사로는 이미 세상을 떠난 지 나흘째였다. 마르다와 마리아는 만약에 예수가 함께 있었다면, 나사로가 죽지 않았을 것이라는 믿음이 있었기에 즉시 오지 않았던 예수에게 섭섭한 마음도 있었다. 많은 사람이 마르다와 마리아를 위로했고, 자매는 슬픔에 젖어 지내고 있었다. 마침내 예수가 오신다는 소식에 마르다는 마중하러 나갔고, 마리아는 집에 있었다.

마르다는 설움이 북받쳐 예수에게 말했다.

"주님, 조금만 빨리 오셨더라면 오빠가 죽지 않았을 것입니다. 그러나 지금이라도 주님이 구하시면, 하나님께서 무엇이든지 들어주실 것을 알고 있습니다."

예수가 마르다에게 말하였다.

"네 오빠는 다시 살아날 것이다."

마르다는 슬퍼하며 말했다.

"마지막 날 부활 때에 제 오빠가 다시 살아날 것을 제가 압니다."

이에 예수는 다시 마르다에게 말하였다.

"마지막 날까지 기다리지 않아도 된다. 나는 부활이요 생명이니 나를 믿는 사람은 죽어도 살 것이고, 살아서 나를 믿는 사람은 절대로 죽지 않을 것이다. 네가 이것을 믿느냐?"

그러자 마르다는 서슴없이 대답했다.

"믿습니다. 주님은 메시아이시며, 이 세상에 오신 하나님의 아들이십

마르다_ 예수 그리스도는 베다니에 사는 세 남매인 나사로와 마르다와 마리아를 지극히 사랑하였다. 베다니에 갈 때는 세 남매의 집을 친히 방문하기도 하였다. 그런데 마르다와 마리아는 자매지간이었으나, 예수 그리스도를 따르는 모습에 차이가 있었다. 동생 마리아는 주님의 말씀을 듣는 것에 충실했지만, 언니인 마르다는 늘 주님을 섬기고 봉사하는 일에 힘썼다. 마르다는 '여주인' 또는 '숙녀'라는 뜻이다.

이 작품은 예수 그리스도를 위해 주방에서 식사를 준비하고 있는 마르다의 모습을 표현한 스테인드글라스이다. 마르다는 예수 그리스도가 마리아도 집안일을 돕는 것을 타이르기를 바랐다. 그러나 예수 그리스도는 오히려 마르다에게 '가장 중요한 것을 택한 마리아를 그냥 두라'고 말씀하였다.

물론 자매 간의 차이는 있지만, 마르다의 믿음이 부족한 것은 아니었다. 마르다는 나사로가 이미 죽어서 무덤에 있을 때, 마지막 때의 부활을 믿고 있었다. 또한, 예수 그리스도를 향하여 '주는 그리스도이시며 세상에 오시는 하나님의 아들이신 줄 내가 믿나이다'라고 신앙 고백을 하기도 했다.

니다."

이 말을 한 뒤에 마르다는 동생 마리아를 부르러 가겠다며 달려갔다. 마르다와 마리아가 동네 어귀에 도착했을 때 예수는 그 자리에 그대로 서 있었다. 마리아는 예수를 보자 그의 발 앞에 엎드리며 말했다.

"주님이 여기 계시기만 했어도 제 오빠가 죽지 않았을 것입니다."

예수는 마리아에게 물었다.

"그를 어디에 묻었느냐?"

마르다와 마리아 자매와 그녀를 따라온 사람들은 앞장서서 예수를 나사로의 무덤으로 인도했다.

"주님, 와서 보십시오."

예수는 눈물을 흘리며 슬퍼하였다. 그러자 사람들은 말했다.

"보시오, 저분이 그를 얼마나 사랑하셨는지……."

"눈먼 사람의 눈을 뜨게 해 준 분이 왜 나사로가 죽지 않도록 하지 않았을까?"

예수와 나사로의 관계를 아는 사람들은 여러 말로 수군거렸다. 당시 유대의 무덤은 동굴인데, 입구가 돌로 막혀 있었다. 예수는 큰 돌을 가리키며 말했다.

"저 돌을 치워라."

곁에 있던 마르다가 대답했다.

"주님, 이미 악취가 납니다. 오빠는 죽은 지 벌써 나흘이 되었습니다."

낙심한 마르다에게 예수가 말했다.

"네가 믿으면 하나님의 영광을 볼 것이라고 말하지 않았느냐?"

사람들이 돌을 치우자 예수는 하늘을 우러러 기도하기 시작했다.

"아버지, 제 청을 들어주시니 감사합니다. 아버지께서 언제나 제가 원

죽은 나사로의 무덤 돌문을 여는 예수 그리스도_ 예수 그리스도는 절친한 나사로의 죽음에도 '그가 자고 있다'라고 표현하였다. 이 작품은 죽은 나사로를 부활시키기 위해 그의 무덤 돌문을 열라고 명하는 장면이다. **칼 하인리히 블로흐의 작품.**

죽은 나사로를 살리는 예수 그리스도_ 죽은 나사로에게 예수 그리스도가 '깨어나라'하고 명하자, 나사로가 장사 지낼 때 베를 감았던 상태로 무덤 밖을 나오고 있는 장면이다. **레옹 조제프 플로랑탱 보나의 작품.**

하는 것을 들어주시는 것을 압니다. 지금 여기 있는 사람들을 위하여 청합니다. 아버지께서 저를 보내신 것을 이 사람들로 믿게 하여 주십시오."

그런 다음 예수는 무덤을 향하여 큰소리로 외쳤다.

"나사로야, 나오너라!"

바로 그 순간 놀라운 일이 벌어졌다. 무덤에서 나사로가 걸어 나오고 있었다. 그는 장사 지낸 모습 그대로 머리끝에서 발끝까지 베로 감고, 얼굴에는 수건을 덮은 모습이었다.

"마음대로 움직이게 그를 풀어 주어라."

예수의 말에 사람들은 나사로를 감싸고 있는 베를 풀어 주었다.

나사로의 부활은 많은 유대인에게 전환점이 되었다. 예수의 능력을 보고 그가 하나님의 아들이라는 것을 믿게 된 사람들이 많았다. 그러나 이 소문을 들은 바리새인들과 대제사장은 더욱 초조해져만 갔다.

나사로의 부활_ 예수 그리스도는 복음을 전하면서 온갖 병든 환자들을 치유하였다. 그중에서 죽은 나사로를 살린 것은 기적 중의 기적으로 여겨졌다. 즉 나사로의 부활은 앞으로 있을 그리스도 부활의 예시이자 최후의 심판 때 죽은 자들이 부활하는 원형으로 여겨지며, 기독교 예술 작품에서 자주 다루어진 소재였다.

이 작품은 14세기 초, 지오토가 파도바의 스크로베니 예배당에 프레스코로 그린 것이다. 작품 속에는 서로 마주 보고 있는 예수 그리스도와 나사로를 중심으로 여러 다양한 인물이 등장한다. 왼쪽의 예수 그리스도는 오른손을 들어 기적을 행하는 자세를 취하고 있으며, 그의 발아래 나사로의 여동생인 마르다와 마리아가 무릎을 꿇고 있다.

또한, 예수 그리스도의 뒤에는 그의 제자들이 뒤따르고 있는 모습이다. 반대편에 있는 나사로는 장례 때 모습 그대로 베를 감고 있으며, 그의 얼굴에는 부패의 징후가 보인다. 예수 그리스도와 나사로의 사이에 있는 사람들은 마르다, 마리아 자매를 위로하러 온 유대인들로, 나사로의 부활에 놀란 모습을 표현하고 있다.

그런데 무엇보다도 파란 하늘이 가장 충격이었을 것이다. 중세의 화가들은 그림의 배경을 흔히 황금색으로 칠했다. 지오토는 배경으로 동굴 무덤을 그렸을 뿐 아니라, 돌문을 치우는 사람들까지 등장시켜 성경 말씀을 생생하게 재현하였다. **지오토의 작품.**

▌예수를 향한 유대인들의 음모

이에 대제사장들과 바리새인들이 공회를 모으고 이르되 이 사람이 많은 표적을 행하니 우리가 어떻게 하겠느냐
-요한복음 11장 47절

예수가 죽은 나사로를 부활시키자 더욱 많은 사람이 예수의 복음을 추종하기 시작했다. 한편 바리새인들과 대제사장은 한자리에 모여 예수를 어떻게 할지 의논을 거듭했다. 그들은 산헤드린(Sanhedrin, 유대 최고 의회로 법원 역할을 하는 재판 기관) 회의를 소집했다.

"어떻게 하면 좋겠습니까? 예수가 계속해서 일을 벌이며 하나님의 표적을 일으키고 있으니 말입니다."

"이대로 두면 조만간 모든 사람이 예수를 믿게 될 테고, 그러면 로마 사람들이 와서 우리의 권력과 특권을 뺏고 말 것입니다."

"그런데도 예수를 따르는 사람들이 날이 갈수록 많아지고 있습니다."

그러자 그들 가운데서 대제사장인 가야바가 말했다.

"여러분은 아무것도 모르겠소? 한 사람이 백성을 위해 죽는 것이 민족 전체가 멸망하는 것보다 우리에게 낫다는 것을 알지 못한단 말이오? 이제는 예수를 죽이는 수밖에 없소."

이것은 가야바가 스스로 한 말이 아니라, 대제사장으로서 뜻하지 않게

산헤드린 회의_ 유대인들의 최고 의결 기관인 산헤드린 회의는 구약 시대에 모세가 임명한 70인의 장로회에 그 기원을 둔다. 대제사장이 의장으로, 공회원은 바리새인과 사두개인(제사장), 그리고 서기관과 장로 등 유대인들의 대표들로 구성되었다. 로마제국의 통치하에서도 정치 문제(사형권)를 제외한 이스라엘의 입법과 사법을 총괄했으며, 모든 안건은 만장일치로 의결했다.
산헤드린은 주로 율법을 해석하고, 종교 재판을 주관하며, 성전의 치안을 유지하는 문제들을 다루었다. 예수 그리스도가 죽은 나사로를 부활시키자 산헤드린은 민심이반(民心離反)을 걱정하며, 예수 그리스도의 문제를 다루기 시작했다.

예언한 것이다. 그는 예수가 민족을 위해서뿐만 아니라 흩어져 있는 하나님의 자녀들을 모아서 한 백성으로 만들기 위해 죽을 것을 예언했다.

그날부터 그들은 예수를 죽이기로 모의했고, 유월절 전에 예수를 잡아 죽이자는 데 의견이 일치하였다. 유월절이 다가오고 있었고, 이미 예루살렘은 많은 사람이 모여들어서 붐비기 시작했다. 예수의 소문을 들은 그들은 예수에 대해 궁금해했다. 그러나 예수와 제자들의 모습은 보이지 않았으며, 예수는 광야에 인접한 에브라임에서 제자들과 머물렀다.

한편 대제사장과 바리새인들은 누구든지 예수에 대한 소문을 듣거든 자신들에게 알리라는 명령을 내렸다. 그들은 예수를 붙잡을 만반의 준비를 하고 있었다.

예수는 그들을 피한 것이 아니라 죽을 때가 아니라서 떠났을 뿐이다. 구약 시대 이스라엘 백성이 이집트에서 탈출하던 전날 밤에 어린 양을 잡아 그 피를 출입문에 발라 죽음의 사자가 그 집을 지나친 것을 기념하는 유월절에, 예수는 만인의 죄를 대속하는 피를 흘리고 죽게 되어 있었다.

나사로의 집을 방문한 예수 그리스도_ 마리아가 예수 그리스도를 맞이하고 있고, 마르다는 음식 준비에 한창이며, 나사로는 화덕의 불을 살피고 있다. 갖가지 음식 그릇들이 즐비하게 늘어져 있는 것으로 보아 나사로의 부활에 감사하는 잔치임을 알 수가 있다.
이 그림은 르네상스 시대 베네치아 화파인 야코포 단 폰테의 작품으로, 예수 그리스도가 나사로의 집에 방문하는 장면을 묘사했다. 그는 명암의 강한 효과로 그림에 생기를 넣어주는 '절대 명암법'의 창조에 선구자적인 역할을 했다. **야코포 단 폰테의 작품.**

향유 옥합을 깨뜨린 마리아

마리아는 지극히 비싼 향유 곧 순전한 나드 한 근을 가져다가 예수의 발에 붓고 자기 머리털로 그의 발을 닦으니 향유 냄새가 집에 가득하더라
-요한복음 12장 3절

　유월절 엿새 전에 예수는 베다니에 갔다. 그곳에는 얼마 전에 죽었다가 살아난 나사로가 살고 있었다. 예수와 제자들이 도착하자 나사로와 그의 누이는 예수와 제자들을 비롯해 많은 사람을 저녁 식사에 초대했다. 죽었던 오빠를 다시 살려 낸 예수를 위하여 마르다는 정성을 다하여 식탁을 준비했다. 동생 마리아도 기쁜 마음으로 음식 만드는 것을 도왔다.

　식탁에는 온갖 음식이 즐비하게 놓였다. 예수는 모인 사람들과 함께 식탁에 앉아 즐거운 식사를 하였다. 그들은 당시 유대의 식사문화에 따라 발을 뒤쪽으로 길게 뻗은 비스듬한 자세였다.

　식사가 한창일 때 마리아가 옥합(玉盒)을 들고 왔다. 아름다운 옥으로 만들어진 옥합은 여인들이 향유(Nad, 쉽게 구할 수 없는 고가의 향수) 같은 귀중한 것을 담아서 보관하는 데 사용한다. 옥합을 소중히 안고 들어온 마리아는 갑자기 예수의 뒤쪽으로 갔다. 그러고는 예수의 뒤에서 향유를 조심스럽고 정성스럽게 머리에 부었다. 예수의 머리를 적신 향유는 발까지 흘러내렸고, 마리아는 자기의 긴 머리로 닦았다.

　진한 향유의 냄새가 집 안에 가득했다. 향유의 황홀한 냄새만큼이나

집 안에는 감동이 가득했다. 처음 맡아 보는 진한 향내에 모두가 황홀해
하였다.

그러나 예수의 제자들 가운데 가룟 유다만은 불만과 분노에 가득한 표
정이었다.

가룟 유다가 마리아에게 말했다.

"이 향유를 팔아서 그 돈을 가난한 사람들에게 주었다면 3백 데나리온
은 충분히 받을 텐데……."

당시 향유의 가치는 노동자가 1년 동안 일해야 벌 수 있는 300데나리
온 정도로, 가난한 사람들은 상상도 못 할 거액이었다.

하지만 가룟 유다가 이렇게 말한 것은 그가 정말 가난한 사람들을 위해
서가 아니었다. 오히려 그는 도둑이었다. 일행에서 재정(財政)을 맡고 있
던 유다는 몰래 공금(公金, 단체가 공동으로 소유하는 돈)을 빼돌리기도 했다.

예수가 말하였다.

"마리아를 가만두어라. 오늘 마리아는 내 장례식을 준비하기 위해 기
름을 부은 것이다. 가난한 사람들은 너희와 항상 함께 있지만, 나는 너희
와 항상 함께 있는 것이 아니다."

예수는 다시 모두에게 말했다.

"온 세상에 복음이 전해지는 곳마다 지금 마리아가 행한 일도 기억되
고 기려질 것이다."

이처럼 예수는 스스로 죽음을 준비하고 있었다. 반면 예루살렘의 대
제사장을 중심으로 산헤드린 회의와 율법 학자들은 예수를 죽이려는 준

◀**예수 그리스도의 발에 향유를 바르는 마리아(218쪽 그림)**_ 마리아가 예수 그리스도의 발에 향유를 바른
후, 자신의 머리로 그의 발을 닦아 내는 장면이다. **필립 드 샹페뉴의 작품.**

비를 철저히 했다. 또한, 열두 제자 중 한 명인 가룟 유다는 예수를 배반할 작정으로 대제사장 무리에게 갔다. 그들은 두둑한 보상을 약속했다. 이때부터 가룟 유다도 그들에게 예수를 넘겨줄 기회를 노리고 있었다.

향유 옥합을 들고 있는 마리아_ 유월절 엿새 전, 마리아는 예수 그리스도의 장사할 날을 위해 그의 발에 귀한 향유를 부었다. 이에 예수 그리스도는 기뻐하였다. **카를로 돌치의 작품.**

제4장

예루살렘에 입성한
예수 그리스도

예수의 공생애 마지막 한 주간은 '예루살렘 입성'으로 시작한다. 예루살렘 입성은 구속사(救贖史) 적으로도 매우 중요한 의미를 지닌다. 예루살렘 입성은 구약 성경의 선지자 스가랴가 예언한 메시아 (Messiah) 예언의 성취이다. 즉 예수 그리스도가 온 인류를 구원하실 메시아인 것을 만민에게 선포한 것이다. 또한, 이후 예수의 부활을 예견한다는 점에서도 더욱 그렇다.

나귀를 타신 왕, 예수

그들이 예루살렘에 가까이 가서 감람산 벳바게에 이르렀을 때에 예수께서 두 제자를 보내시며 이르시되 너희는 맞은편 마을로 가라 그리하면 곧 매인 나귀와 나귀 새끼가 함께 있는 것을 보리니 풀어 내게로 끌고 오라 만일 누가 무슨 말을 하거든 주가 쓰시겠다 하라 그리하면 즉시 보내리라 하시니

-마태복음 21장 1~3절

예수와 제자들은 베다니에서 안식일을 보낸 후 예루살렘으로 향했다. 베다니에서 죽은 나사로가 다시 살아난 일이 알려지면서 예루살렘은 물론 곳곳에서 예수가 메시아인 것을 믿는 사람들이 늘어났다. 그리고 예루살렘에 온 수천 명의 사람은 메시아라고 믿고 있는 예수를 만나기를 고대하고 있었다.

예수는 예루살렘 근처의 올리브산 벳바게에 도착했을 때 두 제자를 보내며 지시하였다.

"벳바게 마을에 가거라. 가기에 아직 사람이 타지 않은 나귀 새끼가 있을 것이다. 내게로 끌고 오너라. 만일 '왜 그러느냐'고 누가 묻거든, '주님께서 필요로 하신다'라고 하여라. 그러면 보내 줄 것이다."

두 제자가 마을로 들어가니 과연 예수의 말대로 어미 나귀와 새끼 나귀가 매여 있었다. 예수의 지시대로 나귀 새끼를 풀자 그 주인이 놀란 얼

◀예수 그리스도가 예루살렘 성에 입성하는 모습을 묘사한 부조 작품(222쪽 그림).

굴로 물었다.

"왜 남의 나귀 새끼를 푸는 것이오?"

두 제자가 그 주인에게 말하였다.

"주님께서 쓰시겠다고 하십니다."

그러자 주인은 흔쾌히 승낙하였다.

드디어 예수가 예루살렘에 입성할 때가 왔다. 한 제자가 자기 겉옷을
벗어 나귀 등에 얹었다. 예수는 나귀 새끼에 올라탔다. 그러자 다른 제자
들도 겉옷을 벗어 길 위에 펼쳤다. 구약 시대 선지자 스가랴의 예언대로
나귀 새끼를 타고 예루살렘에 입성하시는 것이다.

수많은 인파가 몰려와 길 위에 자기 옷을 펼쳐 놓고는 예수를 왕으로
맞이했다. 군중들은 예수를 '유대인의 왕'이라고 생각했다. 예수가 전능

예수 그리스도의 예루살렘 입성_ 유월절을 맞이해 예수 그리스도가 어린 나귀를 타고, 그의 제자들
과 함께 유대인들의 환호를 받으며 예루살렘 성에 입성하는 모습이다. **장 히폴리테 플랑드린의 작품.**

자의 능력과 권세로 로마 제국을 물리치고 자신들을 해방해 줄 것이라고 기대하는 사람들도 있었다. 예수를 환영하는 예루살렘 사람들의 모습은 그야말로 열광적이었다. 그들은 깃발을 대신하여 나뭇가지를 꺾어 흔들며 예수를 환영했다.

그리고 사람들은 일제히 소리쳤다.

"다윗의 자손('메시아'를 뜻함)이여, 호산나(Hosanna, '구원하소서'라는 의미로, 찬양의 표현임)!"

"복되도다, 하나님의 이름으로 오시는 이여!"

"하늘 가장 높은 곳에서, 호산나!"

왕을 맞이하는 듯한 열광적인 모습에 예루살렘 전체가 크게 동요했다. 그러나 군중 속에서 예수를 싫어하는 바리새인들은 걱정하면서 분노하였다. 몇몇 바리새인들이 예수에게 다가가 말을 건넸다.

"당신의 제자들을 단속하십시오."

그러자 예수가 대답하였다.

"이 사람들이 잠잠하면 돌들이 대신 소리쳐 찬양할 것이다."

나귀를 탄 예수 그리스도_ 전쟁을 하는 왕은 말을 타고 입성했지만, 평화와 우호의 사명을 가진 왕은 나귀를 타고 입성한다. 예수 그리스도는 말을 탄 왕의 모습이 아닌 하나님의 아들이자 사람의 아들로서 선한 뜻을 품은 채 나귀를 타고 평화롭게 예루살렘에 입성하였다.

예루살렘 입성_ 예수 그리스도가 예루살렘에 입성할 때 수많은 사람의 환영을 받는 장면
이다. 작품 속에는 예수 그리스도의 뒤를 따르는 제자들, 자신의 겉옷을 벗어 길에 펼쳐 놓
는 사람들, 종려나무 위에 올라가 나뭇가지를 흔드는 사람들 등 열렬한 환영의 모습이 담
겨있다. 뒷배경의 나뭇가지를 꺾으려는 사람들의 모습이 그림을 더욱 생기가 넘쳐나게 한
다. 종려나무는 승리를 상징하는데, 이것은 죽음으로부터의 승리, 즉 예수 그리스도의 부
활을 암시하고 있다.

또한, 예수 그리스도와 그를 뒤따르는 제자들의 머리에는 황금색 후광이 있는데, 예수 그
리스도의 후광에만 십자가가 그려져 있다. 이 작품은 이탈리아 파도바의 스크로베니 경당
에 그린 지오토 디 본도네의 프레스코화이다. 지오토 디 본도네는 파도바의 부유한 상인
엔리코 스크로베니의 의뢰를 받고, 그의 가족 경당에 예수 그리스도의 생애를 다룬 프레스
코화를 그렸다. 예루살렘 입성은 그중에서 한 부분이다.

마치 왕처럼 예루살렘에 입성한 예수는 곧바로 성전으로 갔다. 그러나 성전은 환전상들의 호객과 제물에 바칠 짐승을 거래하는 소리로 북적였다. 화가 난 예수는 그들에게 소리쳤다.

"내 집은 기도하는 집이지 시장터가 아니다. 그런데 성전을 도둑의 소굴로 만들어 버렸다."

그러면서 예수는 환전상들의 상을 뒤엎으며 그들을 모두 쫓아냈다. 그제야 눈먼 사람과 다리를 저는 사람들 등 병자들이 들어설 자리가 생겼다. 예수는 그들을 모두 치유해 주었다. 예루살렘에 입성한 예수를 줄곧 지켜보던 대제사장과 서기관들은 아이들이 '다윗의 자손께 호산나!'하고 외치는 소리를 듣고는 예수에게 따져 들었다.

이에 예수는 그들에게 말했다.

"너희는 '내가 아이들과 아기들의 입에서 나오는 말로 찬양의 집을 꾸미겠다'고 하신 말씀을 읽어 보지 못했느냐?"

책망이 섞인 예수의 답변에 대제사장 무리는 할 말을 잃었다. 예수는 진저리를 내며 예루살렘을 떠나 베다니로 갔다.

예수 그리스도를 비난하는 바리새인_ 진리의 말씀을 깨닫지 못한 바리새인들에게 예수 그리스도는 눈엣가시였다. 결국 예수는 그들의 모함을 받아 십자가형을 당했다.

예수의 말씀과 비유

예수께서 대답하여 이르시되 내가 진실로 너희에게 이르노니 만일 너희가 믿음이 있고 의심하지 아니하면 이 무화과나무에게 된 이런 일만 할 뿐 아니라 이 산더러 들려 바다에 던져지라 하여도 될 것이요. 너희가 기도할 때에 무엇이든지 믿고 구하는 것은 다 받으리라 하시니라
-마태복음 21장 23절

베다니에서 하룻밤을 쉰 예수는 이튿날 다시 예루살렘으로 향했다. 길을 가던 중에 잎이 무성한 무화과나무 한 그루를 본 예수는 무화과를 따려고 가까이 다가갔다. 그러나 무화과나무에는 잎사귀밖에 없었다.

예수는 돌아서며 말했다.

"이제부터 이 나무에 영원히 무화과가 열리지 않을 것이다."

그러자 열매는 없고 잎만 무성했던 무화과나무는 즉시 말라 버렸다. 이 모습을 본 제자들이 놀라워하자 예수는 말했다.

"너희가 하나님을 믿고 의심하지 않으면, 내가 무화과나무에 한 것처럼 작은 일을 행할 뿐만 아니라 더 큰일도 해낼 수 있을 것이다. 너희가 산을 향해 '바다로 가서 뛰어들어라'하고 말하면 그대로 될 것이다."

예수가 성전에 도착하자 수많은 사람이 몰려왔다. 예수는 이미 자기가 죽을 것을 알고 있었기에 남은 시간 동안 많은 사람에게 많은 가르침

을 주려고 했다. 예수가 성전에서 가르치고 있을 때 대제사장과 유대 장로들이 다가와서 따졌다.

"도대체 무슨 권한으로, 또 누구의 권한으로 여기서 가르치는 것입니까?"

그들은 자신들이 성전을 관리하기 때문에 예수가 성전에서 가르치는 것은 부당하다고 우겼다. 이에 예수 그리스도가 대답했다.

"먼저 한 가지 묻겠다. 너희가 내 물음에 대답하면 나도 너희 물음에 대답하겠다. 요한의 세례는 누구에게서 온 권한이냐? 하늘이냐, 사람이냐?"

예수의 물음에 당황한 그들은 뒤로 물러 나와 의논했다. '하늘'이라고 하면 '왜 요한을 믿지 않았느냐'고 할 것이고, '사람'이라고 하면 많은 사람이 요한을 예언자로 떠받드니 그들이 난처해진다.

그들이 예수에게 대답했다.

"요한의 세례에 대해 우리는 모르오."

예수가 그들에게 말하였다.

"그렇다면 나도 너희의 물음에 대답하지 않겠다."

그러고 나서 예수는 그들에게 '두 아들의 비유'를 들려주었다.

"어떤 사람에게 두 아들이 있었다. 아버지가 큰 아들에게 '오늘은 포도원에 가서 일하여라'고 말했다. 큰 아들은 '싫습니다'하고 대답했지만, 나중에 생각을 바꿔 포도원에 가서 일했다. 아버지는 작은 아들에게도 똑같이 말했다. 그런데 작은 아들은 대답은 '그럼요, 가서 일하겠습니다' 하고는 일하러 가지 않았다."

이야기를 듣던 무리들에게 예수가 물었다.

▶**예수 그리스도를 시험하는 바리새인**(231쪽 그림)_ 유대 사회의 기득권층인 바리새인들은 온갖 방법을 동원해 예수 그리스도를 시험했다. 이에 예수는 위선적인 그들을 심하게 책망했다. **제임스 티소의 작품**.

"두 아들 가운데 아버지에게 순종한 사람은 누구냐?"

그들이 말했다.

"큰 아들입니다."

그러자 예수는 다시 그들에게 말하였다.

"맞다. 내가 너희에게 말한다. 세리들과 창녀들이 너희보다 먼저 하나님 나라에 들어갈 것이다. 세례 요한이 너희에게 바른 길을 보여 주었을 때 너희는 그 말을 듣지 않았지만, 세리와 창녀들은 그 말을 믿었다. 너희는 그들의 달라진 삶을 보고서도 그를 믿고 달라질 생각이 없었다."

이어서 예수는 '혼인 잔치의 비유'를 들려주었다.

"하나님 나라는 자기 아들을 위해 혼인 잔치를 베푼 왕과 같다. 어떤 왕이 왕자의 혼인 잔치에 많은 사람을 초대했다. 그런데 초대받은 손님들이 오려고 하지 않았다. 왕은 신하를 보내어 이렇게 말하라고 지시했다. '살진 송아지를 잡는 등 진수성찬을 차려 놓았으니 오셔서 드시기만 하면 됩니다. 혼인 잔치에 오십시오!'

그러나 손님들은 신하의 말을 무시했다. 어떤 사람들은 밭에 김매러 갔고, 어떤 사람들은 장사하러 갔다. 심지어 어떤 사람들은 왕의 신하를 붙잡아 두들겨 패서 죽였다. 이에 격노한 왕은 군대를 보내 그 살인자들을 죽이고, 그들의 마을을 불살라 버렸다.

그러고 나서 왕은 다시 신하들에 명령을 내렸다. '혼인 잔치는 다 준비되었는데 손님들이 없구나. 내가 초대했던 사람들은 자격이 없는 자들이었다. 그러니 너희는 거리에 나가 아무나 만나는 대로 잔치에 초대하여라.'

신하들은 거리로 나가 착한 사람, 나쁜 사람 할 것 없이 보이는 대로 사람들을 데려왔다. 잔칫집은 손님으로 가득 찼고 드디어 잔치가 시작되었다. 이때 왕이 들어왔다가 예복을 입지 않은 사람을 보았다. 왕이 그 사람에게 물었다.

'자네는 왜 예복도 입지 않고 그런 모습으로 여기에 들어왔느냐?'

그 사람은 아무 말도 하지 못했다. 그러자 왕이 신하들에게 명했다.

'이 사람의 손발을 묶어 바깥으로 끌어내라. 그리고 절대로 다시 들어오지 못하게 하여라. 거기서 가슴을 치며 통곡할 것이다.'"

비유를 마친 예수는 이어서 말하였다.

"이처럼 초대받은 사람은 많지만, 오는 사람은 얼마 되지 않고 택함을 받은 사람은 적다. 내 말이 바로 이런 뜻이다."

혼인 잔치의 비유를 통해서 예수는, 누구나 초대를 받았지만 자기 죄를 회개하지 않으면 안 되며, 죄를 지은 채 천국 잔치를 즐길 수 없다는 가르침을 주었다.

혼인 잔치의 비유_ 예수 그리스도는 혼인 잔치의 비유를 통해 하나님의 초대(말씀)에 응하지 않았던 유대인들의 회개를 촉구했다. **요하임 우테웰의 작품.**

▌예수와 유대 지도자들의 논쟁

이에 예수께서 이르시되 가이사의 것은 가이사에게 하나님의 것은 하나님께 바치라
하시니 그들이 예수께 대하여 매우 놀랍게 여기더라
-마가복음 12장 17절

　예수의 가르침과 기적을 일으키는 능력에 예수를 믿고 따르는 사람들
은 늘어 갔다. 반면에 대제사장과 서기관, 율법 학자 등 유대 지도자들
의 입지는 점점 좁아져 갔다. 유대 지도자들이 보기에 예수는 율법을 어
기는 자로, 한시라도 빨리 그를 잡아 죽이고 싶었다. 하지만 아무 이유
없이 예수를 잡는다면, 그를 믿는 수많은 사람이 폭동이라도 일으킬 기
세였다. 따라서 유대 지도자들에게는 예수를 죽일 명백하고 합당한 이
유가 필요했다.

　이때 바리새인들이 예수가 로마법을 어기는 발언을 유도해서 그를 잡
아 죽일 음모를 꾸몄다. 당시 유대를 지배하던 로마는 예수가 자신을 하
나님의 아들이라고 하거나 말거나 아무 관심이 없었다. 그래서 바리새
인들은 예수가 로마법을 어기게 하여 로마의 총독인 빌라도에게 고발할
심산이었다.

◀번제를 올리는 사두개인(234쪽 그림)_ 사두개인은 유대의 귀족계층으로 제사장직을 독점하여 세력을
펼쳤다. 그들은 바리새인과 대립하였는데, 바리새인이 종교적인 것에 비하여 사두개인은 정치적인 욕
망이 강했다. 또한, 사두개인은 산헤드린 회의에서 법관의 역할을 행하며 부와 권력을 장악했다. 이런
그들에게 세례 요한은 '독사의 자식들'이라고 비난했다.

바리새인들이 예수에게 물었다.

"당신은 진실하고, 하나님의 말씀을 가르치며, 다른 사람들의 비위를 맞추지 않습니다. 그러니 우리에게 솔직히 말해 주십시오. 로마의 황제에게 세금을 내는 것이 옳습니까, 옳지 않습니까?"

예수는 바리새인들이 왜 그런 질문을 하는지 이유를 알고 있었다. 당시 로마의 지배를 받는 나라들은 모두 로마 화폐를 사용했고, 로마에 세금을 내야만 했다. 만약 예수가 세금을 내야 한다고 하면 유대 사람들의 반감을 보일 것이고, 로마에 세금을 내지 말라고 하면 로마에 대한 반역으로 몰리게 된다. 당시 반역은 로마 총독이 사형에 처하는 큰 죄였다. 예수가 바리새인들에게 말했다.

"왜 나를 속이려고 드느냐? 왜 나를 함정에 빠뜨리려고 하느냐? 너희가 세금 내는 돈을 내게로 가져와라."

그들은 예수에게 로마의 화폐인 데나리온 한 닢을 건넸다.

다시 예수가 바리새인들에게 말했다.

"이 동전에 새겨진 얼굴이 누구의 얼굴이냐? 그리고 이 위에 새겨진 이름은 누구 이름이냐?"

이에 바리새인들이 대답했다.

"로마 황제입니다."

그러자 예수가 그들에게 단호히 말했다.

"그렇다면 황제의 것은 황제에게 주고, 하나님의 것은 하나님께 드려라."

예수의 대답은 로마에도 유대인에게도 책잡힐 게 없는 절묘한 답변이었다. 말문이 막힌 바리새인들은 그 자리를 떠났다.

이번에는 지식이 풍부한 사두개인들이 예수에게 다가와 물었다.

가이사의 것과 하나님의 것_ 예수 그리스도는 로마의 세금 문제로 시험하는 바리새인들에게 '가이사의 것은 가이사에게, 하나님의 것은 하나님께 바치라'고 말씀하였다. **루벤스의 작품.**

"모세는 말하기를, '남자가 자식 없이 죽으면 그 동생이 형수와 결혼해서 자식을 낳아 줄 의무가 있다'고 했습니다. 여기 일곱 형제의 사례가 있습니다. 첫째 형이 결혼했는데 자식 없이 죽어서 그 아내가 동생에게 넘어갔습니다. 그런데 둘째도 자식 없이 죽었고, 셋째부터 일곱째까지 전부 죽었습니다. 마지막에는 여자도 죽었습니다. 이 여자는 일곱 형제 모두의 아내였는데, 부활 때에는 누구의 아내입니까?"

사두개인들은 부활의 가능성을 부인하는 사람들이었다. 그들의 질문에 예수가 대답하였다.

"너희는 성경을 모르고, 하나님이 일하는 방식도 모른다. 부활 때에는 결혼할 일이 없으며, 사람들은 천사들처럼 되어서 하나님과 기쁨을 나눌 것이다. 성경에 이르되 하나님은 '나는 아브라함의 하나님, 이삭의 하나님, 야곱의 하나님이다'라고 말씀하셨다. 현재도 살아 계신 하나님은 '죽은 자의 하나님'이 아닌 '산 자의 하나님'이라고 말씀하신다."

예수의 대답을 들은 사두개인들은 더는 질문하지 못하였으며, 이들의 대화를 들은 모든 사람은 예수의 가르침과 지혜에 크게 감동하였다.

가장 중요한 계명

예수께서 이르시되 네 마음을 다하고 목숨을 다하고 뜻을 다하여 주 너의 하나님을 사랑하라 하셨으니 이것이 크고 첫째 되는 계명이요 둘째도 그와 같으니 네 이웃을 네 자신 같이 사랑하라 하셨으니. 이 두 계명이 온 율법과 선지자의 강령이니라
－마태복음 22장 37~40절

예수에 압도당한 사두개인들의 소식을 들은 바리새인들이 다시 예수를 공격했다. 그들 중에 한 율법 학자가 예수를 궁지에 몰고자 질문을 던졌다.

"하나님의 율법에서 가장 중요한 계명이 무엇입니까?"

이에 예수는 말하였다.

"'네 마음을 다하고, 목숨을 다하고, 생각을 다하여 주 너의 하나님을 사랑하라' 이것이 가장 중요한 계명이다. 또 이에 못지않게 중요한 계명은 '네 이웃을 네 몸과 같이 사랑하라'는 계명이다. 하나님의 율법과 모든 예언은 이 두 계명으로 요약될 수 있다."

예수의 명쾌한 답변에 질문한 율법 학자가 할 말을 잃자, 이번에는 예수가 바리새인들에게 질문했다.

"너희는 그리스도를 어떻게 생각하느냐? 그가 누구의 자손이냐?"

◀예수 그리스도와 유대 지도자들(238쪽 그림)_ 예수 그리스도가 성전에서 말씀을 가르치는 것을 방해하는 유대 지도자들의 모습이다. 그들은 유대인들의 민심이반을 염려해 예수를 제거할 음모를 꾸몄다. 목조 부조 작품.

기도하는 율법 학자_ 율법 학자들은 '모세의 율법'을 지킴으로써 하나님의 나라를 이룩할 수 있다고 믿었다. 따라서 인간에 대한 무한한 사랑을 실천하는 예수 그리스도와 자주 충돌을 일으켰다.

바리새인들이 대답했다.

"그리스도는 다윗의 자손에게서 태어난다고 예언되었습니다."

예수께서 되받아 물었다.

"그리스도가 다윗의 자손이라면, 다윗은 그리스도를 '나의 주님'이라고 불렀는데 어떻게 그가 동시에 다윗의 자손이 될 수 있느냐?"

예수의 질문에 기가 막힌 바리새인들은 또다시 할 말을 잃었다. 성경 문자주의(文字主義, 성경의 문자 기록만을 절대화하여 기록된 그대로 따르는 것)에 빠진 그들은 예수의 말을 도저히 이해할 수 없었다. 그들은 논쟁에서 또 다시 체면을 잃기 싫어서 더 이상의 질문을 하지 못했다.

예수는 제자들과 그 곁에 모인 사람들에게 말했다.

"율법 학자들과 바리새인들은 하나님의 율법에는 능통하다. 모세의 가르침을 따른다면 너희는 잘못될 일이 없다. 그러나 그들의 행실을 본받는 것은 조심하여라. 그들은 말뿐이요, 그 말을 마음에 새겨 실천하지는 않는다. 모두 겉만 번듯한 가식이다.

그들은 너희에게 무거운 짐을 지게 하면서 자신들은 손가락 하나 까딱하여 도와주지 않는다. 그들은 잔치에 가면 상석에 앉고, 가장 중요한 자리를 차지하며 사람들이 치켜세우는 말을 좋아하고, '랍비'나 '스승'이라고 불리기를 좋아한다.

내가 너희에게 말한다. 누구든지 자기를 높이는 사람은 낮아지고, 자기를 낮추는 사람은 높임받을 것이다. 바리새인들과 율법 학자들은 화를 입을 것이다. 그들은 위선과 가식이 가득한 사람으로, 하나님 나라의 문을 가로막아 자신들도 들어가지 않으면서 다른 사람들도 못 들어가게 하고 있다. 비록 그들의 겉모습은 깨끗하나 그 속은 더럽고 방탕하며 온갖 탐욕으로 가득하다."

예수를 공격하던 바리새인들과 사두개인들은 예수의 답변에 망연자실했다. 그러나 이들과의 논쟁을 듣고 있던 많은 사람은 예수의 가르침을 기쁜 마음으로 받아들였다.

예루살렘에 입성하는 예수 그리스도_ 유월절을 기념하기 위해 유대 지도자들의 위협에도 불구하고 예루살렘에 입성하여 많은 군중의 환영을 받는 장면이다. **페드로 오렌테의 작품.**

▌가난한 과부의 헌금

예수께서 제자들을 불러다가 이르시되 내가 진실로 너희에게 이르노니 이 가난한 과
부는 헌금함에 넣는 모든 사람보다 많이 넣었도다
-마가복음 12장 43절

유대 지도자들과 논쟁하고 그들을 가르친 예수는 피곤하여 잠시 성전
의 헌금함 맞은 편에 앉아 쉬고 있었다. 헌금함은 매일 드리는 제물이나
성전의 비용을 충당하기 위한 돈을 넣기 위해 마련한 것이었다. 예수는
사람들이 헌금함에 돈을 넣는 것을 보고 있었다.

많은 부자들이 자기 소유에 따라 큰돈을 바쳤다. 이 모습을 본 많은 사
람은 부자의 믿음이 좋다고 칭찬하였다. 그때 초라한 옷차림을 한 가난
한 과부가 다가와서 두 렙돈(로마의 화폐단위 중 가장 작은 단위)을 헌금함에
넣었다. 겨우 동전 두 개였다.

과부의 모습을 본 예수는 제자들을 불러 놓고 말하였다.

"이 가난한 과부가 헌금함에 넣은 것이 다른 사람들이 넣은 것을 전부
합한 것보다 크다. 다른 사람들은 아깝지 않을 만큼 헌금했지만, 이 여
자는 자기 형편보다 넘치도록 드렸다. 자신의 전부를 하나님께 드린 것
이다."

예수는 헌금의 액수가 아닌 전체 소유에서 헌금한 비율이 어느 정도
인지를 기준으로 가난한 과부의 헌금을 판단하였다. 물론 부자들은 풍

가난한 과부_ 성전의 헌금함에 두 렙돈을 넣는 모습이다. **제임스 티소의 작품.**
▶ **가난한 과부와 예수 그리스도**(245쪽 그림)_예수 그리스도는 가난한 과부의 행위에 감동하여 '누구보다 큰돈을 헌금하였다'라고 제자들에게 가르쳤다.

족한 만큼 큰돈을 헌금으로 바쳤지만, 그들의 풍족한 재산에 비하면 작은 돈에 불과했다.

그들에게는 여전히 많은 재산이 남아 있었다. 하지만 가난한 과부는 자신이 갖고 있는 전부를 바쳤기 때문에 다른 사람들보다 많이 넣은 것이라고 판단한 것이다.

그런데 예수는 가난한 과부가 자기 전 재산을 바쳤기 때문에 기뻐한 것은 아니다. 바리새인들의 가식을 현란하게 비판한 예수는 그들이 과부의 가산(家産, 한집안의 재산)을 몰수하면서까지 헌금의 액수를 강조한 것을 지적한 것이었다.

'그들은 과부의 가산을 삼키며 외식으로 길게 기도하니 그들이 더 엄중한 심판을 받으리라(누가복음 20장 47절).'

그러나 예수는 오히려 가난한 과부를 크게 칭찬하였다. 즉 예수는 하나님은 헌금의 액수가 아닌 정성스럽게 준비한 마음을 기뻐하신다는 것을 가르친 것이다.

▌성전 파멸을 예언한 예수

대답하여 이르시되 너희가 이 모든 것을 보지 못하느냐 내가 진실로 너희에게 이르노니 돌 하나도 돌 위에 남지 않고 다 무너뜨려지리라
–마태복음 24장 2절

예수는 곧 성전을 떠나 올리브산에 올랐다. 그때 제자들이 웅장한 성전을 가리켜 보이며 그 아름다운 모습에 감탄하고 있었다. 그러자 예수는 제자들에게 말하였다.

"저 성전의 돌 하나하나가 다 무너뜨려질 것이다."

예수의 말에 제자들은 무척 놀랐다. '도대체 어떤 재앙이 일어나기에 저 견고한 성전이 무너진다는 것일까?' 나중에 예수가 올리브산에 앉으셨을 때 제자들이 다가와 물었다.

"우리에게 말씀해 주십시오. 언제 그런 일이 일어나겠습니까? 그때 무슨 징조가 있습니까?"

예수가 대답하였다.

"너희는 자칭 그리스도를 조심하여라. 그들은 정체를 숨기고, '내가 그리스도다, 메시아다'하고 많은 사람을 현혹할 것이다. 전쟁도 많이 일어

◀ **올리브산을 오르는 예수 그리스도**(246쪽 그림)_성전에서 설교를 마친 예수 그리스도가 올리브산의 겟세마네 언덕에 오르는 장면이다. **제임스 티소의 작품.**

나고 나라와 나라가 싸우는 일이 계속될 것이다. 또 곳곳마다 기근과 지진이 있을 것이다. 그러나 이것은 앞으로 닥칠 일에 비하면 아무것도 아니다. 나를 믿으며, 내 이름을 전한다는 이유로 사람들이 너희를 핍박할 것이다. 그 혼란을 틈타 거짓 설교자들이 나와서 많은 사람을 속일 것이다. 악이 퍼져 많은 사람을 파멸할 것이며 사랑은 식고, 배신이 자행되며, 큰 고통이 따를 것이다. 그러나 너희는 그대로 견뎌라. 그것이 하나님이 바라시는 일이다. 끝까지 견디는 사람은 결국 구원을 받을 것이다.”

앞으로 일어날 재난을 다 아는 듯, 예수는 계속해서 말하였다.

“이렇게 큰 환난은 이 세상 전에도 없었고, 앞으로도 없을 것이다. 이 환난의 날들을 그대로 둔다면 아무도 견딜 수 없을 것이다. 그러나 하나님께서 택한 백성을 위해 환난을 덜어 주실 것이다. 나의 재림은 번개가 동편에서 서편까지 번쩍임같이 임할 것이다.”

예수의 말은 앞으로 재림하는 그리스도는 지구의 동서 어느쪽에서도 모두 볼 수 있다는 의미였다. 큰 환난에 대해서 예수는 말을 이었다.

“그 날짜와 시간은 언제인가? 그것은 아무도 모른다. 하늘의 천사도 모르고, 아들인 나도 모른다. 오직 아버지만 아신다. 그러니 너희는 각별히 조심하여라. 이것은 어떤 사람이 집을 떠나면서 종들에게 권한을 주어 임무를 맡긴 것과 같다. 집주인이 언제 돌아올지 너희는 모른다. 그러니 너희는 깨어서 너희 자리를 지켜라. 깨어 있어라.”

예수는 낮이면 성전에서 가르치고, 밤이면 올리브산에서 지냈다. 예수를 따르는 사람은 새벽같이 일어나 성전에 가서 예수의 가르침을 받았다.

▶**복음을 전하는 예수 그리스도**(249쪽 그림)_ 마지막 사역을 감당하기 위해 예루살렘에 입성한 예수 그리스도는 제자들과 유대인들에게 하나님의 말씀을 전하며 가르쳤다. **스테인드글라스 작품.**

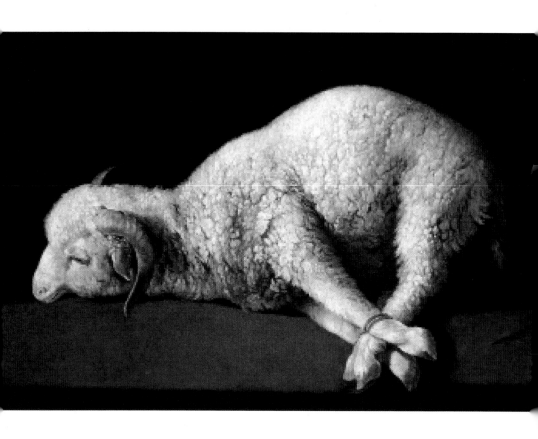

하나님의 어린양_ 예수 그리스도는 '하나님의 어린양'이라고 불린다. 세례 요한은 예수 그리스도에게 '세상 죄를 지고 가는 어린양'이라고 말하였다. 즉 예수 그리스도는 하나님의 아들이시며, 세상의 죄를 대신하여 희생하시는 어린양이라는 의미이다. 기독교인이 전하는 복음이란, '주 예수 그리스도께서 하나님의 어린양으로 오셔서 인류의 모든 죄를 대신 짊어지고 가셨다'라는 것을 믿는 것이다. 예수 그리스도가 유월절 닷새 전에 예루살렘에 입성한 것은, 이미 구약 성경에 예언된 것이었다. 즉 예수 그리스도는 유월절의 어린양으로 선택된 것이다.

이 그림은 예수 그리스도의 희생을 상징하는 '줄에 묶인 양'을 묘사한 것으로, 17세기 스페인 세비야에서 활동한 화가인 프란시스코 데 수르바란이 그렸다. 그는 어두운 배경에 정물과 인물들을 그려 넣어 단순하면서도 명료한 인상을 남기는 작품을 만들었다. 이 그림도 모든 군더더기를 생략하고 양 한 마리만 그려 넣어 강한 여운을 남겼는데, 마치 '겸손한 신앙인'의 자세를 설파하는 듯하다. **프란시스코 데 수르바란의 작품.**

예수와 열두 제자의 최후의 만찬

그들이 먹을 때에 예수께서 떡을 가지사 축복하시고 떼어 제자들에게 주시며 이르시
되 받아서 먹으라 이것은 내 몸이니라 하시고 또 잔을 가지사 감사 기도 하시고 그들
에게 주시며 이르시되 너희가 다 이것을 마시라 이것은 죄 사함을 얻게 하려고 많은
사람을 위하여 흘리는 바 나의 피 곧 언약의 피니라
–마태복음 26장 26~28절

하나님 나라에 대한 가르침을 마친 예수는 제자들에게 말하였다.

"이제 이틀 후면 유월절이다. 그때 내가 배반당하고 넘겨져 십자가에
못 박힐 것이다."

이때 유대 지도자들은 산헤드린의 최고 지도자이며 대제사장인 가바
야의 집에 모여서 예수를 잡아 죽이려는 음모를 꾸미고 있었다. 그들은
폭동이 일어날까 두려워서 유월절 기간에는 조용히 지내기로 했다.

무교절 첫날, 제자들이 예수에게 물었다.

"유월절 식사를 어디에서 준비하기를 원하십니까?"

예수가 대답하였다.

"예루살렘으로 들어가면 한 남자를 만날 것이다. 그에게 가서 '네 집에
서 유월절 만찬을 지키고자 한다'라고 말하여라."

베드로와 요한이 예수의 지시를 따르니 과연 예수가 말한 그대로였다.
유월절 만찬 준비는 순조롭게 진행되었다. 예수는 그날의 만찬이 이 땅

에서의 마지막 만찬이라는 것을 알고 있었다. 온 인류의 죄를 대속하기 위하여 하나님의 아들인 예수 자신이, 또 하나님의 아들이기에 신(神)인 자신이 대신 죽는 것이다.

해가 진 후에 최후의 만찬이 시작되었다. 긴 식탁의 가운데에 예수가 앉았고, 열두 제자는 함께 둘러앉았다. 식탁에는 불에 구운 양고기와 누룩 없이 만들어 부풀지 않은 빵과 쓴나물, 붉은 포도주가 차려져 있었다. 모두가 식사하는 중에 예수가 말했다.

"너희 가운데 한 사람이 나를 배반할 것이다. 내게 음모를 꾸미는 무리에게 나를 넘겨줄 것이다."

예수 그리스도와 마가 요한_ 바나바의 조카로 전도여행을 함께했던 마가(요한)는, 처음에는 무익했으나 나중에는 유익하고 소중한 사람이 되었다. 또한, 마가의 다락방은 '최후의 만찬'과 '오순절 성령 강림'이 있었던 특별한 공간이다. **스테인드글라스 작품.**

제자들은 소스라치게 놀라며 서로의 얼굴을 둘러보았다. 그리고는 한 사람씩 돌아가며 예수에게 묻기 시작했다.

"저는 아니겠지요, 주님?"

모두 '저도 아니지요?'라고 서둘러 물었다. 그때 예수는 조용한 음성으로 말하였다.

"나를 넘겨줄 사람은 식탁에서 내게 음식을 건네주는 사람이다. 내가 배반당하는 것은 성경에 기록되어 있으니 놀랄 일은 아니다. 그러나 나를 배반하여 넘겨줄 그 사람은 차라리 세상에 태어나지 않았더라면 좋았을 것이다."

예수의 말을 가룟 유다도 알아들었다. 그러나 이미 사탄이 그의 마음을 사로잡아 예수를 배반할 준비가 되었다. 이미 배반자로 돌아선 유다가 예수에게 말했다.

"저는 아니겠지요?"

유다를 바라보며 예수는 말하였다.

"유다야, 네가 하려고 한 일을 하여라."

가룟 유다는 예수의 말을 듣고 황급히 밖으로 나갔다. 그는 어둠 속으로 사라졌다. 드디어 때가 왔다. 이제 가룟 유다와 함께 대제사장의 부하들이 올리브산 겟세마네로 와서 예수를 잡으러 올 것이다.

예수는 식탁에서 일어나 겉옷을 벗고 수건을 달라고 하여 허리에 둘렀다. 그다음 대야에 물을 부어 제자들의 발을 씻겨 주고, 수건으로 닦아주었다. 베드로의 순서가 되자 그는 거부하며 말했다.

"주님, 제 발은 절대로 씻지 못합니다."

베드로는 감히 존경하는 스승에게 차마 자신의 발을 닦이는 것이 황송

해서 거절한 것이었다. 그러자 예수가 베드로에게 말하였다.

"베드로야, 내가 너를 씻기지 않으면 너는 나와 아무 상관이 없다."

이에 베드로는 다시 말하였다.

"주님, 그렇다면 제 발만 씻지 말고, 제 손과 머리도 씻어 주십시오!"

"이미 목욕한 사람은 이제 발만 씻으면 된다. 너희는 머리부터 발끝까지 깨끗하다."

베드로에게 답변한 예수는 모든 제자에게 말하였다.

"내가 너희의 발을 씻어 주었으니, 이제 너희도 서로 발을 씻어 주어야 한다. 내가 너희에게 모범을 보였으니, 너희도 그대로 행해야 한다. 복된 삶을 살아라!"

제자들의 발을 씻어 준 예수는 다시 식탁에 앉아 빵을 들어 축복하시고, 떼어서 제자들에게 주었다.

"이것을 받아서 먹어라. 이것은 너희들을 위하여 주는 내 몸이다."

또 잔을 들어 하나님께 감사드린 후 제자들에게 주었다.

"이 잔을 받아 마셔라. 이것은 너희들을 위하여 흘리는 내 피다. 너희들과 새로 맺는 피의 계약이다."

예수는 빵에 이어 붉은 포도주를 잔에 부어 한 사람씩 받게 하였다. 그리고 다시 제자들에게 말했다.

"내 아버지의 나라에서 너희와 함께 마실 새날까지, 내가 이 잔으로 다시는 포도주를 마시지 않을 것이다."

그들은 모두 찬송을 부르며 최후의 만찬을 끝내고, 올리브산으로 갔다.

▶ **최후의 만찬**(255쪽 그림)_ 예수 그리스도가 체포되기 전날 밤에 마가의 다락방에서 열두 제자들과 함께 마지막 식사를 하는 장면이다. 신약 성경의 '사복음서(四福音書, 마태/마가/누가/요한)'마다 조금씩 내용은 다르지만, 예수 그리스도가 빵과 포도주를 들고 기도한 후, 제자들에게 나누어 주면서 이것이 자신의 살과 피라고 말한다. 여기에서 기독교의 성만찬(聖晚餐) 의식이 유래되었다. 또한, 최후의 만찬에 쓰인 잔이 성배(聖杯)라는 전설도 생겨나 〈아서 왕의 전설〉에 등장하기도 했다. **스테인드글라스 작품.**

최후의 만찬_세바스티아노 리치의 작품.

겟세마네의 기도와 예수의 체포

이에 말씀하시되 내 마음이 매우 고민하여 죽게 되었으니 너희는 여기 머물러 나와 함께 깨어 있으라 하시고 조금 나아가사 얼굴을 땅에 대시고 엎드려 기도하여 이르시되 내 아버지여 만일 할 만하시거든 이 잔을 내게서 지나가게 하옵소서 그러나 나의 원대로 마시옵고 아버지의 원대로 하옵소서 하시고

–마태복음 26장 38~39절

예수와 열한 제자들이 만찬을 끝내고 올리브산으로 떠났을 때는 이미 늦은 밤이었다. 먼저 만찬장을 빠져나온 가룟 유다의 모습은 보이지 않았다.

그때 예수는 제자들에게 말하였다.

"오늘 밤에 내게 벌어지는 일 때문에 너희가 나를 버릴 것이다. 이미 성경에 예언되어 있다. '내가 목자를 치리니, 양의 떼가 흩어지리라.' 그러나 내가 부활한 후, 너희보다 먼저 갈릴리로 갈 것이다."

예수의 말에 베드로가 자신만만하게 말하였다.

"다른 사람들이 모두 주님을 버린다고 해도, 저는 그렇지 않습니다."

다시 예수가 베드로에게 말했다.

"베드로야, 너무 자신하지 마라. 오늘 밤, 닭이 울기 전에 네가 나를 세

◀ **겟세마네의 예수(258쪽 그림)_** 체포되기 전, 겟세마네 동산에서 기도하는 예수 그리스도의 모습이다. **하인리히 호프만의 작품.**

번 부인할 것이다."

예수의 말을 들은 베드로는 계속해서 우겼다.

"주님과 함께 죽는 한이 있어도 절대로 주님을 부인하지 않겠습니다."

다른 제자들도 모두 주님을 배반하지 않겠다며 똑같이 말했다.

예수는 제자들과 함께 겟세마네 동산으로 갔다. 제자들에게 예수가 말했다.

"내가 저기에서 기도하는 동안에 너희는 여기 있어라."

예수는 여덟 명의 제자는 잠시 쉬게 하고, 베드로와 요한과 야고보 세 제자를 데리고 조금 더 올라갔다. 자기 죽음이 임박한 것을 안 예수는 몹시 괴로웠다.

세 제자에게 예수가 말했다.

"지금 내 마음이 심히 괴롭다. 너희는 여기서 나와 함께 기도하도록 하여라."

그러고 나서 예수는 조금 더 나아가 무릎을 꿇고 하나님께 기도하였다.

"아버지, 이 잔을 제게서 거두어 주십시오. 아버지께서는 무엇이든지 다 하실 수 있지 않습니까. 그러나 제가 원하는 대로 하지 마시고, 아버지께서 원하시는 대로 하십시오."

구약시대 선지자 이사야가 예언한 것처럼, 그리스도의 죽음은 인간이 감당할 수 없는 고통을 동반한 것이었다.

'그가 찔림은 우리의 허물 때문이요 그가 상함은 우리의 죄악 때문이라 그가 징계를 받으므로 우리는 평화를 누리고 그가 채찍에 맞으므로 우리는 나음을 받았도다(이사야 53장 5절).**'**

예수의 기도는 시간 가는 줄 모르고 계속되었다. 얼마나 절박하고 처

겟세마네에서 기도하는 예수 그리스도_ 예수 그리스도가 십자가에 매달려 죽기 전, 베드로와 야고보와 요한을 데리고 겟세마네 동산에서 기도하는 장면이다. 여기에서 '내 뜻대로 마시고 아버지의 뜻대로 하옵소서'라는 유명한 기도가 나온다. 하늘에는 천사들이 십자가를 들고 예수 그리스도에게 내려오고 있으며, 기도하는 예수 그리스도의 아래에는 함께 온 세 명의 제자가 잠들어 있다. 멀리에는 유다가 무리를 이끌고 예수 그리스도를 체포하러 오는 모습이 보인다.

또한, 작품 속 죽은 나무와 독수리는 죽음을 상징한다. 이 작품은 르네상스 시대의 파도바화파의 예술가인 안드레아 만테냐의 작품이다. 그는 레오나르도 다 빈치의 친구로도 유명하다. 안드레아 만테냐의 프레스코화는 혁신적인 기법으로 동시대는 물론 후대의 화가들에게도 큰 영향을 미쳤는데, 이 작품에서는 뛰어난 원근법과 풍부한 구성, 그리고 드라마적인 요소가 짙으며, 풍경과 인물의 관계가 매우 효과적으로 표현되어 있다. **안드레아 만테냐의 작품.**

절한 기도였는지 피가 땀처럼 흘러나왔다. 잠시 기도를 멈춘 예수는 세 제자에게 돌아왔다. 그런데 세 제자는 곤히 잠들어 있었다. 베드로를 깨우며 예수가 말했다.

"나와 함께 단 한 시간도 깨어 기도할 수 없느냐? 너희는 시험에 들지 않도록 기도하여라."

예수는 세 제자를 깨우고는 다시 기도하던 곳으로 돌아가서 기도하였다.

"아버지여, 만일 제가 이 잔을 마지막 한 방울까지 마시는 것 외에 다른 방법이 없다면, 아버지의 원대로 되기를 원하나이다."

예수는 다시 세 제자에게 돌아갔다. 이번에도 제자들은 잠들어 있었다. 예수는 그들을 자도록 두고 세 번째로 가서 기도하였다. 긴 시간 동안 기도를 끝낸 예수는 여전히 잠들어 있는 제자들을 깨우며 말했다.

"내 때가 되었다. 내가 죄인들의 손에 넘어간다. 일어나라! 함께 가자! 나를 배반할 자가 가까이 왔다!"

예수의 말이 끝나기가 무섭게 횃불을 든 무리가 다가오고 있었다. 이에 놀란 제자들은 예수의 주변으로 모였다. 잠시 후 예수와 열한 제자에게 다가온 무리는 대제사장이 보낸 사람들로 모두 칼과 몽둥이를 들고 나타났다. 그리고 무리의 앞에 가룟 유다가 있었다. 그는 곧장 예수에게 가서 '선생님, 안녕하십니까?'하고 인사하며 예수에게 입 맞추었다. 유다가 미리 자기가 입 맞추는 사람을 잡으라고 무리와 약속한 것이었다.

그러자 무리가 달려들어 예수를 붙잡아 끌고 가려고 하였다. 그 순간 예수를 지키고자 베드로가 칼을 뽑아 무리 가운데 한 명의 귀를 잘라 버렸다. 그러사 예수가 말하었다.

가룟 유다의 입맞춤_ 예수 그리스도가 누구인지 알려 주기 위해 가룟 유다가 입맞춤하는 장면이다. 가룟 유다는 배신을 상징하는 노란색 망토를 입고 있다. 그는 자신의 배신을 거짓된 입맞춤으로 모면하려고 했지만, 이미 가룟 유다의 배신을 알고 있던 예수 그리스도는 침착한 눈길로 그를 대하고 있다. 작품 속에는 두 사람 사이의 극적인 긴장감이 압축되어 표현되어 있다. 예수 그리스도의 뒤편에는 화가 난 베드로가 대제사장의 하인을 공격하여 그의 귀를 자르고 있고, 대제사장은 예수 그리스도를 가리키며 체포하라고 명하고 있다. **조토'디 본도네의 프레스코화.**

체포당하는 예수 그리스도_ 바르톨로메오 만프레디의 작품.

배반의 입맞춤_ 가룻 유다가 예수 그리스도에게 입맞춤한 것은 자신의 죄에 대한 용서를 구하는 것이 아니라, 예수 그리스도가 누구인지 알려 주려는 행위였다. **카라바조의 작품.**

"칼을 거두어라. 칼을 쓰는 사람은 칼로 망한다. 내가 당장이라도 아버지께 구하면 열두 군단 병력만큼의 천사들이 여기로 오게 할 수 있다는 것을 모르느냐? 그러나 내가 그렇게 하면, 내가 어떻게 잡혀가서 죽는단 말이냐?"

베드로를 책망한 예수가 무리에게 말하였다.

"너희가 내가 강도라도 되는 것처럼 칼과 몽둥이를 들고 나를 잡으러 오다니, 무슨 짓이냐? 내가 날마다 성전에서 가르쳤지만, 너희는 나를 잡지 않았다. 그러나 내가 이렇게 잡히는 것은 선지자의 예언을 성취하기 위해서이다."

예수가 저항하지 않자 무리는 예수를 붙잡았다. 이 모습을 본 베드로는 두려움에 휩싸여 뒤로 물러났고, 다른 제자들도 모두 황급히 달아났다.

제5장

예수 그리스도의 죽음과 부활

예수 그리스도는 인류의 죄를 짊어지고 대신 고난을 받았다. 또한, 하나님의 뜻을 위해 자기 목숨을 버렸지만, 하나님의 인정을 받아 부활하였다. 예수의 죽음과 부활은 하나님 계획의 '새로운 계약'의 증거였다. 예수의 부활로 기독교가 탄생했으며, 이로써 각 개인은 예수 그리스도의 죽음과 부활을 통해 하나님과 새로운 계약을 맺을 수 있는 것이다.

▌산헤드린 법정에 선 예수

대제사장들과 온 공회가 예수를 죽이려고 그를 칠 거짓 증거를 찾으매 거짓 증인이 많이 왔으나 얻지 못하더니 후에 두 사람이 와서 이르되 이 사람의 말이 내가 하나님의 성전을 헐고 사흘 동안에 지을 수 있다 하더라 하니

-마태복음 26장 59~61절

  예수를 체포한 무리는, 대제사장 가야바 앞으로 예수를 끌고 갔다. 이미 가야바의 집에는 산헤드린 공회의 재판관들이 모여 있었다. 한밤중에 급하게 모인 그들은 초조한 심정으로 빨리 예수가 잡혀 오기를 기다리고 있었다.

  산헤드린은 유대 최고의 의결 기관이다. 대제사장이 의장이며, 재판관(공회원)은 바리새인과 사두개인(제사장 계급을 독점함), 서기관과 장로 등 유대인의 대표들로 구성되어 있다. 산헤드린은 로마의 지배 아래에서도 입법(立法, 법을 제정함)과 사법(司法, 개인 상호 간의 권리 및 의무관계를 규율함)을 총괄했는데, 모든 안건은 만장일치로 의결했다. 단 정치적인 문제는 로마의 통치를 받았으며(사형권은 로마에 있음), 주로 율법을 해석하고, 종교적인 재판을 주관하며, 성전의 치안을 유지하는 문제를 다루었다.

예수 그리스도와 가야바(268쪽 그림)_ 체포된 예수 그리스도가 대제사장 가야바의 심문을 받는 장면이다. **안토니오 델라 코로나의 작품.**

사실 산헤드린은 재판에 대한 사항을 규율하는 정해진 법이 있었다. 모든 재판은 그 법정에서만 이루어져야 하며, 해가 뜬 후부터 해가 지기 전에 이루어지도록 정해져 있었다. 따라서 대제사장인 가야바의 집에 모인 것이나 한밤중에 예수를 재판한다는 것은 불법이었다. 그들은 법을 잘 아는 재판관인데도 오직 예수를 잡아 죽이기 위한 목적을 달성하는 데 급급하여 불의(不義)한 법정에 그를 세웠다.

대제사장 가야바와 재판관들은 예수에게 사형을 선고하기 위하여 그를 고발할 죄목을 꾸미고자 했다. 많은 사람이 나서서 거짓 증언을 내놓았지만, 도무지 믿을 만한 것이 하나도 없었다. 그러던 중에 이미 짜인 대로 두 사람이 나와 예수를 고발했다.

"저 사람이 '내가 하나님의 성전을 헐고 사흘 만에 다시 지을 수 있다'고 말했습니다."

"예, 저도 분명히 저 사람이 한 말을 똑같이 들었습니다."

대제사장과 재판관들은 두 사람의 증언이 일치하면 증거로 채택하는 법을 악용하여 예수를 신성 모독죄로 몰아 사형에 처할 계획이었다.

대제사장 가야바가 나와 예수에게 말하였다.

"이 증언에 대해 너는 뭐라고 할 말이 있느냐?"

이에 예수는 침묵할 뿐이었다.

그러자 가야바가 다시 말했다.

"내가 살아 계신 하나님의 권세로 너에게 명한다. 네가 정말 그리스도냐?"

예수는 짧게 대답했다.

"네가 말한 대로다. 내가 훗날 하나님의 권능과 보좌 우편에 앉은 것과

예수 그리스도를 심문하는 가야바_ 예수 그리스도를 심문하며 화가 난 대제사장 가야바가 겉옷을 찢고 있는 장면이다. **조토 디 본도네의 작품.**

구름을 타고 다시 오는 것을 네가 직접 보게 될 것이다."

예수의 말에 흥분한 대제사장은 흥분해서 자기 옷을 찢으며 소리쳤다.

"이 사람이 하나님을 모독했소! 무슨 증거가 더 필요하겠소? 이 사람이 하나님을 모독하는 것을 여러분도 다 들었소. 여러분은 이 사람의 신성모독을 그냥 두고 볼 것이오? 여러분, 말해보시오. 이 사람을 어떻게 해야 하겠소?"

그러자 그들이 일제히 말했다.

"사형해야 합니다. 신성모독입니다. 사형선고가 맞습니다."

여기저기서 예수를 사형하자는 소리가 터져 나왔다. 그들은 예수의 얼굴에 침을 뱉고, 주먹으로 쳤다. 그들은 예수를 때리면서 조롱했다.

"네가 정말 그리스도라면, 너를 때린 사람이 누구인지 맞혀 보아라."

그들의 조롱에도 예수는 그 수모와 고통을 묵묵히 견디고 있었다.

▌예수를 부인한 베드로

그가 저주하며 맹세하여 이르되 나는 그 사람을 알지 못하노라 하니 곧 닭이 울더라 이에 베드로가 예수의 말씀에 닭 울기 전에 네가 세 번 나를 부인하리라 하심이 생각 나서 밖에 나가서 심히 통곡하니라
–마태복음 26장 74~75절

예수가 체포되어 대제사장 가야바의 집에 끌려갔을 때, 베드로와 요한 은 가야바의 집에 숨어 들어갔다. 두 제자는 예수가 무리에 심문을 당하 는 동안 집안 뜰에 앉아 모닥불을 쬐고 있었다.

모닥불 주위에는 여러 사람이 둘러서 몸을 녹이고 있었다. 베드로는 그 들이 자기 얼굴을 알아챌까 봐 슬쩍 눈치를 보고 있었다. 그때 그곳을 지 나가던 한 여종이 걸음을 멈추고 베드로에게 다가와서 말했다.

"당신도 갈릴리 사람 예수와 함께 있지 않았나요?"

그 말에 당황한 베드로가 말하였다.

"당신이 무슨 말을 하는지 나는 모르겠소."

그곳에 있는 모든 사람 앞에서 베드로는 예수를 부인했다. 그가 문 쪽으 로 가니 또 다른 사람이 옆에 있는 사람들에게 자신 있게 말하는 것이었다.

◀**안나스의 하인을 공격하는 베드로(272쪽 그림)**_ 예수 그리스도가 체포당하는 현장에서 다혈질적인 성 격을 지닌 베드로가 안나스의 하인을 검으로 내리쳐 그의 귀를 자르는 장면이다. 예수 그리스도는 베 드로를 말리고, 하인의 귀를 만져 낫게 했다. **게라드 그레고이어의 작품.**

예수 그리스도를 부인하는 베드로_ 예수의 제자라는 추궁을 받은 베드로가 예수 그리스도를 모른다고 강하게 부인하는 장면이다. **애덤 드 코스터의 작품.**

"이 사람도 나사렛 예수와 함께 있었소. 예수를 체포할 때 당신을 보았소. 당신은 예수의 제자들 가운데 하나가 아니오?"

베드로는 다시 한 번 예수를 부인하며 맹세까지 하였다.

"무슨 소리요? 맹세하지만, 나는 그 사람을 본 적도 없소."

잠시 후에 곁에 있던 사람들이 베드로에게 다가와 말했다.

"당신도 그들 가운데 하나가 틀림없다. 네 갈릴리 말투를 보면 안다. 너는 예수의 제자가 아닌가?"

그러자 베드로는 완강하게 예수를 부인하며 말했다.

"나는 그 사람을 알지 못하오. 맹세코 그 사람과 아무 관계가 아니란 말이오!"

바로 그때, 닭이 울었다. 베드로는 깜짝 놀랐다. 바로 어젯밤에 '닭이 울기 전에 네가 나를 세 번 부인할 것이다'라고 말한 예수의 말이 생각났기 때문이다. 그는 급히 밖으로 뛰쳐나갔다. 주변은 아직 어둡고 고요했다. 베드로는 길가에 앉아서 하염없이 울고 또 울었다.

예수 그리스도를 외면하는 베드로_예수 그리스도가 끌려가고 있는 모습을 본 베드로가 고개를 돌리고 애써 외면하는 장면이다. **하인리히 호프만의 작품.**

예수 그리스도를 부인한 베드로_ 헤라르트 제헤르스의 작품.

가룟 유다의 죽음

그때에 예수를 판 유다가 그의 정죄됨을 보고 스스로 뉘우쳐 그 은 삼십을 대제사장들과 장로들에게 도로 갖다 주며 이르되 내가 무죄한 피를 팔고 죄를 범하였도다 하니 그들이 이르되 그것이 우리에게 무슨 상관이냐 네가 당하라 하거늘 유다가 은을 성소에 던져 넣고 물러가서 스스로 목매어 죽은지라
―마태복음 27장 3~5절

동이 틀 무렵, 모든 대제사장과 재판관들은 예수를 죽일 모의(謀議)를 마무리했다. 그들은 예수를 산헤드린 법정으로 끌고 갔다. 겟세마네에서 예수를 체포한 후 대제사장 가야바의 집에서 1차 재판을 한 그들은, 다시 산헤드린 법정에서 2차 재판을 한 것이다. 그러나 '예수를 사형(死刑)에 처해야 한다'는 결론은 1차 재판의 내용과 같았다. 그런데 산헤드린은 죄인에게 사형을 선고하거나 집행할 권리가 없었다. 당시 사형권은 로마의 총독에게 있었다. 그들은 예수를 결박해서 빌라도 총독에게 끌고 갔다.

예수를 배반한 가룟 유다는, 그에게 사형 판결이 내려진 것을 알게 된 후 양심의 가책을 느꼈다.

"사형이라니……, 너무 지나친 판결이 아닌가! 그를 죽여야 할 이유는 없지 않은가."

◀산헤드린의 가룟 유다(278쪽 그림)_예수 그리스도를 팔아넘기고 양심의 가책을 느낀 가룟 유다가 산헤드린의 지도자들을 찾아갔으나, 그들에게 무시당하고 있는 장면이다. **칼 하인리히 블로흐의 작품.**

가룟 유다의 후회_ 유대 지도자들에게 예수 그리스도를 팔고 받은 은화 30세겔을 돌려주려고 하지만, 그들은 가룟 유다를 경멸에 찬 시선으로 바라보고 있다. **애드워드 아미티지의 작품.**

그가 지난 3년간 섬기며 따라다닌 예수는 하나님의 능력을 지녔으며, 선지자들 중에 선지자로, 사람들에게 사랑을 가르치고 긍휼을 베푼 위대한 스승이었다. 단지 가룟 유다는 예수가 그의 능력을 사용하여 로마 제국을 물리치고, 그들의 지배에서 벗어나 '독립 왕국'을 이룰 것이라 기대했다. 이런 기대감은 당시 예루살렘 사람들은 물론 모든 유대인도 마찬가지였다.

가룟 유다는 산헤드린이 예수의 사형을 결정하고, 그 절차를 위해 빌라도 총독에게 넘겨졌다는 사실에 괴로웠다. 양심의 가책을 이길 수 없었던 그는 산헤드린으로 달려갔다. 몇몇 대제사장들이 남아 있었고, 유다는 예수를 팔고 그들에게 받은 은화 30세겔을 돌려주며 말했다.

"내가 죄를 지었소. 내가 죄 없는 사람을 배반하였소."

그들은 경멸에 찬 시선으로 유다를 바라보았다. 그리고 그에게 말했다. "우리가 알 바 아니다. 그것이 우리와 무슨 상관인가? 네가 죄를 지었으면 네가 당하면 되는 것이 아닌가? 그것은 너의 문제다!"

그들의 말에 가룟 유다는 들고 있던 은화를 그들에게 던졌다. 그곳을 도망치듯 떠난 가룟 유다는 성 밖으로 나가서 나무에 스스로 목을 매어 죽었다.

한편 유다가 버린 은화를 두고 대제사장은 그것을 어떻게 처리해야 할지 고민이었다. 살인의 대가로 받은 돈을 성전에 헌금으로 바칠 수도 없는 노릇이었다.

"이 돈으로 성 밖, 토기장이의 밭을 사서 비명횡사(非命橫死)한 나그네들의 묘지로 사용합시다."

누군가의 제안에 그들은 그렇게 하기로 결정하였다. 그 후로 그 밭은 '살인의 밭'이라고 불리게 되었고, 지금까지도 그렇게 불리고 있다.

그리하여 구약시대 선지자 예레미야의 예언이 현실이 되었다.

'그들이 은화 서른 개, 이스라엘 자손 중에서 값을 매긴 자의 몸값을 받아서 그것으로 토기장이의 밭을 샀다(마태복음 27장 9절).**'**

그들은 자신도 모르게 하나님의 지시를 그대로 따랐던 것이다.

예수 그리스와 빌라도 총독_ 산헤드린 회의는 예수 그리스도를 처형하기 위해서 온갖 음모를 꾸몄고, 당시 유대를 지배하던 로마 제국의 빌라도 총독에게 예수 그리스도를 넘겼다. **스테인드글라스 작품.**

▌빌라도 총독의 재판

예수께서 총독 앞에 섰으매 총독이 물어 이르되 네가 유대인의 왕이냐 예수께서 대
답하시되 네 말이 옳도다 하시고 대제사장들과 장로들에게 고발을 당하되 아무 대
답도 아니하시는지라 이에 빌라도가 이르되 그들이 너를 쳐서 얼마나 많은 것으로
증언하는지 듣지 못하느냐 하되. 한 마디도 대답하지 아니하시니 총독이 크게 놀라
워하더라
–마태복음 27장 11~14절

양심의 가책을 느낀 가룟 유다가 자살할 무렵, 예수는 로마의 총독인
빌라도에게 넘겨졌다. 빌라도 총독도 익히 예수에 대한 소문을 들어 알
고 있었다. '유대 온 지역을 다니면서 하나님 나라에 대해 가르치고, 온
갖 병자들을 치유하는 등 기적을 일으켜 유대인들의 지지를 받던 갈릴리
사람 예수⋯⋯.' 빌라도 총독이 보기에 예수는 로마에 반역하는 일도 없
었고, 정치적인 인물이 아니었다. 그런데 유대 지도자인 대제사장과 산
헤드린 의회가 그 예수를 죽이려고 음모를 꾸민 후 자기 앞에 끌고 온 것
에 곤혹스러웠다.

빌라도 총독이 유대 지도자들에게 물었다.

"그를 왜 내게 데리고 왔소? 당신들의 율법으로 재판하시오."

이에 대제사장 무리가 대답했다.

"예수는 유대 백성을 미혹하여 선동하고, 로마 황제 폐하께 세금을 내
지 말라고 하였으며, 스스로 '유대인의 왕'이라고 말했습니다. 사형에 해

당하는 중죄인데, 우리에게는 사형권이 없습니다."

물끄러미 예수를 바라보던 빌라도 총독이 예수에게 물었다.

"네가 유대인의 왕이냐?"

예수는 대답하였다.

"네가 한 말이 옳다."

그러자 대제사장과 그 무리가 예수를 향하여 맹렬하게 고발을 퍼부으며 아우성쳤다. 하지만 예수는 아무 말도 하지 않았다. 빌라도 총독이 다시 예수에게 물었다.

"너를 고발하는 저들의 말이 들리지 않는가? 네게 해명(解明)할 기회를 주겠다. 뭐라고 말을 해야 하지 않겠느냐?"

그러나 예수는 침묵을 지킬 뿐, 아무 말도 하지 않았다. 빌라도 총독은 예수가 비범한 사람인 것을 간파하였다. 그는 전혀 주눅 들지 않고 당당하며, 그 얼굴에는 알 수 없는 위엄이 있었다. 예수를 어떻게 처리할지 고민하던 빌라도 총독이 유대 지도자들에게 말했다.

"이 자는 갈릴리 사람이니, 우선 갈릴리의 분봉왕 헤롯 안디바에게 재판권이 있소. 헤롯 안디바에게 보내시오."

헤롯 안디바는 33년 전, 베들레헴에서 태어난 아기 예수를 죽이려고 했던 헤롯 대왕의 아들이다. 그는 세례 요한의 목을 자른 장본인으로, 예수의 소문을 듣고 '세례 요한이 부활한 게 아닌가'하며 두려워했었다. 그 예수가 재판을 받으러 궁으로 왔다는 소식을 들은 헤롯 안디바는 예수를 만났다. 그러나 헤롯 안디바는 예수를 심문하기는커녕 예수에게 기적을 일으켜 보라고 요구했다. 예수가 침묵으로 일관하자, 그는 예수를 조롱하기 시작했다.

빌라도 총독 앞에 선 예수 그리스도_ 빌라도 총독이 예수 그리스도를 심문하는 장면으로, 당시 죄인을 사형하는 권한은 로마 총독에게 있었다.

"유대인의 왕이 너무 초라하다. 이 자를 왕처럼 입혀라. 그리고 죄인을 다시 총독에게 보내라."

그러자 그의 신하들은 예수에게 왕을 상징하는 자주색 옷을 입히고는 '왕이여, 왕이여' 부르며 조롱했다. 재판 결과를 알기 위해 헤롯 안디바의 궁에 따라온 유대인들은 계속해서 예수를 죽이라고 고함쳐 댔다.

예수를 직접 처형하지 않으려고 헤롯 안디바에게 보냈던 예수가 돌아오자 빌라도 총독은 다시 곤혹에 빠졌다. 시간이 흐를수록 '예수를 죽이라'는 유대인의 아우성은 심각한 상황으로 변해 갔다. 만약 유대 지도자들의 요구를 받아들이지 않으면 그들이 유대 백성을 선동할 것이고, 자칫 폭동이라도 발생한다면 로마 황제의 임명을 받아 부임한 총독의 지위가 위태로워질 수도 있었다.

빌라도 총독은 다시 예수를 심문하였다.

"네가 정말 유대인의 왕이냐?"

"네 말이 옳다."

예수는 같은 대답이었고, 빌라도 총독의 심문은 계속 이어졌다.

"네가 무엇을 하였느냐?"

"내 나라는 이 세상에 속하지 않소. 만약 내 나라가 세상에 속하였다면 나의 지지자들이 싸웠을 것이며, 나는 여기까지 보내지지 않았을 것이오."

"네가 왕이 아니라는 뜻이냐?"

이에 예수가 분명하게 말하였다.

"나는 왕이오. 나는 이 세상에 진리에 대해 말하려고 왔소. 무릇 진리에 속한 사람은 내 말을 알아듣소."

빌라도 총독을 설득하는 유대 지도자_ 유대의 지도자들인 제사장과 산헤드린 위원들이 예수 그리스도를 처형해 달라고 빌라도 총독을 설득하고 있는 장면이다.

　계속 예수를 심문하고 있을 때, 빌라도의 아내가 급하게 전갈을 보내왔다.

　"이 고귀한 사람을 재판하는 것에 상관하지 마세요. 어젯밤에 그 사람 꿈으로 밤새 뒤숭숭했습니다. 잊지 마세요!"

　빌라도 총독은 유대 지도자들이 예수를 자기에게 넘긴 것이 악의(惡意)적인 음모에서 시작되고 진행된 것을 알고 있었다. 또 예수는 자기가 재판하고 판결할 사람이 아니리고 확신했다. 그러나 유대인들은 한결 큰 소리로 고함쳤다.

　"예수를 죽여라! 저자는 반역자이며 사형에 처할 자이다!"

　빌라도 총독의 고민은 더욱 커졌고, 유대인들의 상황은 점점 심각해졌다.

예수 그리스도와 대면하는 빌라도 총독_ 예수 그리스도를 심문했지만, 아무런 죄도 찾을 수 없었던 빌라도 총독이 개인적으로 직접 심문하는 장면이다. **니콜라이 게의 작품.**

▮십자가형을 받은 예수

빌라도가 또 대답하여 이르되 그러면 너희가 유대인의 왕이라 하는 이를 내가 어떻게 하랴 그들이 다시 소리 지르되 그를 십자가에 못 박게 하소서 빌라도가 이르되 어찜이냐 무슨 악한 일을 하였느냐 하니 더욱 소리 지르되 십자가에 못 박게 하소서 하는지라 빌라도가 무리에게 만족을 주고자 하여 바라바는 놓아 주고 예수는 채찍질하고 십자가에 못 박히게 넘겨주니라
-마가복음 15장 12~15절

예수의 심문을 끝낸 빌라도 총독은 유대 지도자들과 예수를 고발한 무리에게 말했다.

"나는 이 사람을 심문하였지만, 그에게서 아무 죄도 찾지 못했다. 너희가 말한 죄목이 이 사람에게 있다고 생각하지 않는다. 이 사람을 놓아주는 것이 옳다."

이 말을 들은 유대 지도자들은 크게 화를 내며 동요하였고, 예수를 죽여야 한다고 격렬하게 고함을 질렀다. 그런데 당시 유대의 관례에 따르면, 명절 중에는 유대 무리가 지명하는 죄인 한 명을 사면해 주는 것이 있었다. 때마침 바라바라는 악명 높은 죄인이 있었다. 바라바는 열심당 행동대원을 이끌면서 군중을 선동하여 반(反)로마 무력 항쟁을 일으킨 자였다. 그는 유월절 기간에 예루살렘에서 폭동을 일으켰으나 로마 군대에 진압당하고 생포되어 감옥에 갇혀 있었다.

빌라도가 유대 지도자들과 유대인 무리에게 말했다.

심문받는 예수 그리스도_ 예수 그리스도가 빌라도 총독과 유대 지도자들에게 둘러싸여 심문을 받는 장면이다. 그림의 구도는 인물들의 혼잡으로 인해 이목구비가 일그러지고, 섬뜩한 형상들이 클로즈업되어 있다. 예수 그리스도는 얼굴이 부어 있는데, 이는 그들에게 폭력을 당했음을 알 수 있다. 이 작품은 르네상스 시대의 플랑드르 미술의 신비주의 화가인 히에로니무스 보스가 그렸다. 그는 추악함에 대한 그의 이상미를 잘 표현했으며, 현대의 초현실주의 미술에도 커다란 영향을 주었다. **히에로니무스 보스의 작품.**

"유월절이면 한 사람을 특사로 풀어 주는 전례에 '당신들의 왕'을 당신들에게 놓아주는 것이 좋다고 생각하오. 당신들은 어떤 죄인을 놓아주기를 원하오? 바라바요? 아니면 그리스도라 하는 예수요?"

그러자 유대인 무리는 당장 폭동을 일으킬 듯한 기세로 크게 고함을 질러대며 빌라도에게 요구했다.

"바라바를 특사로 풀어 주시오! 그리고 예수를 처형하시오!"

바라바는 살인자에 폭동을 주도한 중죄인으로, 유대인 무리의 요구는 가당치 않았다. 빌라도 총독이 다시 무리에게 말했다.

"도대체 무슨 까닭이오? 저 사람이 무슨 악한 일을 하였소?"

그러자 대제사장이 빌라도 총독에게 말했다.

"예수를 놓아주면 총독은 로마 황제에게 충성하는 신하가 아닙니다. 스스로 왕이라고 하는 자는 반역하는 자입니다. 그런데도 예수를 석방한다면, 총독 역시 황제에게 반역하는 것입니다."

빌라도 총독은 예수를 놓아주고자 했으나 도무지 그 방법을 찾을 수가 없었다. 빌라도가 유대인 무리에게 말했다.

"나는 이 사람에게 아무 죄도 찾지 못하였소. 그러니 채찍질하여 놓아주겠소."

그는 우선 바라바를 놓아주도록 지시하고, 예수를 채찍질하라고 명령했다. 당시 채찍질은 죄인들의 고통을 더해 주기 위해, 채찍 끝에 뾰족한

군중 앞에 선 예수 그리스도_ 군중들이 살인자 바라바를 석방하고, 예수 그리스도를 처형하라고 외치고 있는 장면이다. **장 레옹 제롬의 작품.**

돌멩이가 달린 세 가닥의 가죽 채찍으로 죄인들의 몸을 각각 열세 차례씩 모두 서른아홉 번을 때리는 가혹한 형벌이었다. 구약시대 선지자 이사야의 말처럼 '그리스도가 채찍에 맞는다'는 예언이 이루어진 것이다.

'나를 때리는 자들에게 내 등을 맡기며 나의 수염을 뽑는 자들에게 나의 뺨을 맡기며 모욕과 침 뱉음을 당하여도 내 얼굴을 가리지 아니하였느니라(이사야 50장 6절).'

채찍질로 예수의 몸은 갈기갈기 찢겼다. 그는 일어설 기력조차 없었다. 한편 대제사장과 유대 지도자들은 무리를 선동하여 예수의 처형을 요구하도록 하였다. 빌라도 총독은 다시 예수를 유대인 무리 앞에 세웠다. 예수의 참혹한 모습에도 무리는 아랑곳하지 않고, 크게 소리 질렀다.

"그를 십자가에 못 박으시오!"

빌라도 총독이 무리에게 따졌다.

"무슨 죄목 때문이오?"

그러자 대제사장을 비롯한 유대인 무리의 함성이 더욱 커졌다.

"십자가에 못 박으시오! 그는 자기가 하나님의 아들이라고 하였소."

그러자 빌라도 총독도 소리쳤다.

"나는 그에게서 아무 죄도 찾지 못하였소. 그러니 당신들이 데려다가 못 박으시오."

빌라도 총독은 자칫 폭동이 나려는 것을 보고 예수의 생명을 포기하였다. 그는 대야에 물을 가져다가 무리가 지켜보는 앞에서 씻으며 말했다.

"나는 이 사람의 피에 대하여 책임이 없소. 지금부터는 당신들의 소관이니 당신들이 책임지시오."

무리가 대답했다.

손을 씻는 빌라도 총독_ 예수 그리스도를 십자가형에 처한 빌라도 총독이 손을 씻고 있는 장면이다. 손을 씻는 행위에서 자신은 이와 무관하다고 여기는 그의 심리를 엿볼 수 있다. **마티아 프레티의 작품.**

　"그의 피에 대하여는 우리와 우리의 자손들이 책임지겠소."

　결국, 빌라도는 바라바를 놓아주고, 예수는 십자가에 못 박히도록 넘겨주었다.

에케 호모(Ecce Homo)_ '이 사람을 보라'는 뜻의 라틴어로, 빌라도 총독이 채찍질당하고, 머리에 가시관을 쓴 예수 그리스도를 가리키며 군중들에게 한 말이다. 에케 호모는 15~17세기의 기독교 미술에 자주 등장한 주제였다. **티치아노의 작품.**

골고다의 십자가와 예수의 수난

나가다가 시몬이란 구레네 사람을 만나매 그에게 예수의 십자가를 억지로 지워 가게 하였더라 골고다 즉 해골의 곳이라는 곳에 이르러 쓸개 탄 포도주를 예수께 주어 마시게 하려 하였더니 예수께서 맛보시고 마시고자 하지 아니하시더라 그들이 예수를 십자가에 못 박은 후에 그 옷을 제비 뽑아 나누고 거기 앉아 지키더라 그 머리 위에 이는 유대인의 왕 예수라 쓴 죄패를 붙였더라

-마태복음 27장 32~37절

예수가 십자가형에 처하도록 허락한 빌라도 총독은 자기 수하의 병사들에게 예수를 넘겼다. 곧 로마 병사들은 예수를 총독 관저로 데리고 가서 부대 전체를 모아 놓고, 예수를 조롱하였다. 그들은 피투성이가 된 예수의 옷은 벗기고 붉은 겉옷을 입혔다. 그리고 가시나무로 만든 면류관을 머리에 씌웠으며, 왕의 홀처럼 오른손에 막대기를 들려주었다.

그리고 나서는 예수 앞에 무릎을 꿇고서 예를 갖추는 시늉을 하며 조롱하기 시작했다.

"유대인의 왕이여, 평안할지어다. 유대인의 왕, 만세!"

병사들은 예수의 얼굴에 침을 뱉고, 막대기로 머리를 때렸다. 실컷 예수를 조롱하던 그들은 다시 겉옷을 벗기고, 본래 그의 옷을 입히고는 십자가에 못 박으려고 끌고 나갔다.

지칠 대로 지친 예수는 빌라도 총독의 법정이었던 안토니아 요새의 문을 나섰다. 요새 앞에는 예수를 구경하려고 많은 사람이 몰려들었다. 그들 중에는 예수의 능력으로 병을 치유받은 사람도 있었고, 예수의 가르침에 믿음으로 그를 따르던 지지자들도 있었다. 또 예수를 반드시 죽이려고 했던 유대 지도자들과 무리도 있는 등 다양한 군중으로 인산인해(人山人海)를 이루고 있었다.

예수는 자기가 못 박힐 십자가를 어깨에 메고 형장(刑場, 사형을 집행하는 곳)으로 향했다. 얼마나 걸었을까? 무거운 발걸음을 옮기던 예수는 힘에 겨워 쓰러지고 말았다. 다시 억지로 일어났지만, 무거운 십자가에 짓눌리며 다시 쓰러졌다. 예수가 일어날 힘이 없다는 것을 확인한 로마 병사가 군중 속에서 구경하던 시몬이라는 구레네 사람에게 말했다.

"네가 저 십자가를 대신 운반하여라."

시몬은 예수의 십자가를 어깨에 메고, 예수는 그 십자가를 뒤따라갔다. 피와 땀으로 얼룩진 예수의 처절한 모습에, 그를 따르던 모친(母親) 마리아와 그를 따르던 여인들이 슬피 울었다.

그러자 예수가 여인들을 돌아보며 말하였다.

"예루살렘의 딸들아, 나를 위해 울지 말라. 너희와 너희 자녀들을 위해 울어라. 사람들이 이렇게 말할 날이 올 것이다. '임신하지 못하는 여자는 복되다! 아이를 낳아 보지 못한 태는 복되다! 젖을 먹인 적 없는 가슴은 복되다!' 그때에는 너희가 그 공포에서 벗어나기 위해 산(山)에다 대고 '우리 위로 무너져 내려라' 하고 외칠 것이다."

▶**십자가를 멘 예수 그리스도**(297쪽 그림)_ 십자가형을 받은 예수 그리스도가 자신이 매달릴 십자가를 짊어지고 골고다 언덕을 향해 힘겹게 걷고 있는 장면이다. **엘 그레코의 작품.**

십자가를 지고 가는 그리스도_ 예수 그리스도가 가시관을 쓴 채 골고다 언덕을 오르는 장면이다. 이 그림은 예수 그리스도의 수난 장면을 담은 작품 중에서 가장 독창적이고 강렬한 인상을 준다. 대각선 구도의 중심에는 십자가를 지고 가는 예수 그리스도가 있으며, 그 주위에는 죄다 악한 존재들이다. 도둑과 살인자, 병사 등의 모습은 악마의 형상을 띠었다. 뒤쪽에는 타락한 성직자의 모습도 보인다.

그 가운데에서 홀로 예수 그리스도만이 묵묵히 고난을 감내하고 있다. 공간감이 전혀 없이 얼굴만 모여 있어 질식할 것 같은 소란함 속에서, 예수 그리스도의 땀을 닦아 준 여인(성 베로니카)이 들고 있는 손수건에 예수 그리스도의 얼굴이 그려져 있다. 손수건 속 예수 그리스도의 얼굴은 정면을 응시하고 있는데 마치 관람자를 바라보며 경각심을 주는 듯하다. **히에로니무스 보쉬의 작품.**

이는 빌라도 총독 앞에서 대제사장과 유대 지도자들이 '예수의 피에 대한 책임을 지겠다'라고 말한 것처럼, 그들과 그들의 자녀들이 겪을 무서운 재앙을 예언한 것이다(이 재앙은 40년 뒤인 기원후 70년, 로마의 장군 티투스 베스파시아누스에 의해 예루살렘이 재함락되는 과정에서 실현되었다.).

형장까지 가는 길은 그야말로 눈물로 얼룩진 '고난의 길(비아 돌로로사/Via Dolorosa)'이었다. 예루살렘 북쪽 교외의 언덕인 골고다('Golgotha' 해골을 뜻하는 히브리어로, 라틴어 '갈보리/Calvary'라고도 함)는 오래전부터 공개 처형장이었다.

이윽고 예수를 포함한 '죽음의 행렬'이 골고다에 도착했다. 이날 처형되는 죄인은 예수와 두 명의 죄인을 포함하여 세 명이었다. 곧 로마 병사들이 십자가형을 시작했다. 십자가 한 개에 네 명의 병사가 한 조를 이루어 십자가에 못을 박았다. 먼저 양쪽 손바닥에 하나씩 못을 박고, 두 발목을 겹쳐 또 하나의 못을 박았다. 두 죄인은 비명을 질러댔다. 그들의 절규하는 비명은 듣는 사람들도 소름이 끼칠 정도로 끔찍했다.

사실 십자가형은 유대인의 처형 방법이 아니다. 너무나 잔인한 탓에 헤롯왕조차도 십자가형을 자주 쓰지 않았다. 로마인들은 페니키아인들에게 이 처형 방법을 배웠는데, 로마 시민에게는 절대로 십자가형을 처하지 않았다. 오직 노예들과 피지배인(被支配人, 다른 나라나 사람에게 지배당하는 사람)들만 십자가형에 처했다.

예수의 십자가 위에 명패(名牌)가 붙었다. 빌라도 총독이 패를 써서 십자가 위에 붙였는데, '나사렛 예수, 유대인의 왕(INRI/Iesus Nazarenus Rex Iudaeorum)'이라고 적혀 있었다. 또 명패는 정복자인 로마 문자(라틴어)와 널리 통용되는 그리스 문자, 그리고 유대인의 히브리어로 적었다. 이에 대제사장과 유대 지도자들이 빌라도에게 요청했다.

골고다 언덕을 오르는 예수 그리스도_ 피테르 브뤼헐의 작품.

"'유대인의 왕'이라고 하지 말고, '자칭 유대인의 왕'이라고 써야 합니다."

그러자 빌라도가 대답했다.

'나는 내가 쓸 것을 썼다.'

십자가형을 당한 죄인이 죽음에 이르기까지는 대략 대여섯 시간이 걸렸다. 예수를 십자가에 못 박은 병사들은 그가 죽기를 기다리며 예수가 입던 옷가지를 나누어 가지려고 제비뽑기를 하며 시간을 보냈다. 십자가에 달린 예수의 손과 발에 박힌 못 자국에서 피가 흘러내렸다.

하지만 예수는 자기를 처형하는 사람들을 내려다보며 기도하였다.

"아버지여, 저들의 죄를 용서하여 주소서. 저들은 자기들이 하는 일이 무엇인지 모르고 있습니다."

이 모습을 본 사람들은 십자가에 달린 예수를 조롱하기 시작했다.

"성전을 헐고 사흘 만에 다시 짓겠다고 말한 네가 아니냐? 그러니 네 능력을 보여라!"

"정말 하나님의 아들이라면 그 십자가에서 내려와 봐라!"

대제사장과 유대 지도자들과 그들을 따르는 무리도 어울려서 예수를 조롱했다.

"그가 다른 사람은 구원하더니 자기 자신은 구원하지 못한다. 네가 정말 유대인의 왕이거든 너를 구원하라! 네가 그 십자가에서 내려오면 우리가 믿겠다."

예수와 함께 십자가에 못 박힌 죄인까지도 심한 고통을 간신히 참으며 조롱했다.

"네가 정말 그리스도라면, 너도 구원하고 우리도 구원해 다오!"

그러나 다른 죄인이 말했다.

십자가에 매달린 예수 그리스도_ 로마 병사들이 십자가에 매달린 예수의 옆구리를 창으로 찌르는 장면이다. 옆에는 예수의 어머니 마리아가 오열하고 있다. **루벤스의 작품.**

십자가에 못 박힌 예수 그리스도_ 골고다의 언덕에서 예수 그리스도가 다른 두 죄인과 함께 십자가에 매달린 장면이다. 이 그림은 풍경과 구도의 입체감을 잘 표현하는 안드레아 만테냐가 투시 원근법을 사용하여 그린 작품이다. 정중앙에 예수 그리스도가 매달려 있고, 그 양옆에는 두 명의 죄인이 매달려 있어 관람객의 시선을 예수 그리스도에게 집중시킨다. 또한, 배경은 예루살렘의 풍경이 산을 따라 펼쳐져 있고, 그 너머로 멀리 보이는 산과 하늘의 지평선을 이루는 장면에서 원근법의 입체감이 더욱 살아나고 있다. **안드레아 만테냐의 작품.**

그러나 다른 죄인이 말했다.

"우리는 우리가 저지른 죗값을 당연히 받아야 한다. 하지만 이 사람은 옳지 않은 것이 없다."

십자가 위의 예수 그리스도_ 로마 병사들이 예수 그리스도를 십자가에 못 박아 세우고 있는 장면으로, 성경 말씀의 생생함이 그대로 전해진다. **틴토레토의 작품.**

그러고는 다시 예수에게 말을 건넸다.

"주님, 당신의 나라에 가실 때 나를 기억해 주십시오!"

그러자 예수가 대답하였다.

"내가 진실로 네게 말하거니와 오늘 네가 나와 함께 낙원에 있을 것이다."

이제 예수는 거의 탈진한 상태였다. 그는 십자가 밑에서 울고 있는 여인들을 바라보았다. 모친 마리아가 보였다. 예수는 마리아를 바라보며 말했다.

"여인이여! 보소서. 당신의 아들입니다."

그리고 그 곁에 있는 요한을 보며 말을 이었다.

"요한, 이제는 너의 어머니이다."

요한에게 어머니를 부탁한다는 소리였다. 이에 요한은 마리아와 함께 골고다를 떠났다. 이후 마리아는 뱃새다로 돌아갔으며, 그곳에 있는 요한의 집에서 남은 생애를 살았다.

예수 그리스도의 수난_ 대(大) 피테르 브뤼헐의 작품

십자가의 예수 그리스도_ 세 개의 십자가에 예수 그리스도와 두 명의 죄인이 매달려 있는 장면이다. 오른쪽으로 성모 마리아와 막달라 마리아가 슬픔에 겨워 흐느끼고 있으며, 말을 탄 로마 병사가 예수 그리스도의 옆구리에 창을 찌르는 모습이 담겨 있다. 창으로 찌른 인물은 카시우스 롱기누스로 '롱기누스의 창'의 전설이 유래되었다.

'예수 그리스도의 수난'은 기독교 미술의 중요한 주제로 많이 사용되었다. 일반적으로 예수 그리스도가 예루살렘에 입성할 때부터 무덤에 묻히기까지가 주제에 포함된다. 이 작품은 티에폴로가 베네치아 산 알비세 교회에 그린 〈예수 그리스도의 수난〉 3부작 중 하나이다. 이러한 연작은 많은 화가가 그렸지만, 티에폴로 작품의 색감과 구도가 가장 뛰어나다고 평가받는다. **티에폴로의 작품.**

▌예수 그리스도의 죽음

제구시에 예수께서 크게 소리 지르시되 엘리 엘리 라마 사박다니 하시니 이를 번역
하면 나의 하나님 나의 하나님 어찌하여 나를 버리셨나이까 하는 뜻이라 곁에 섰던
자 중 어떤 이들이 듣고 이르되 보라 엘리야를 부른다 하고 한 사람이 달려가서 해면
에 신 포도주를 적시어 갈대에 꿰어 마시게 하고 이르되 가만 두라 엘리야가 와서 그
를 내려 주나 보자 하더라 예수께서 큰 소리를 지르시고 숨지시니라
—마가복음 15장 34~37절

어느덧 정오가 되었다. 예수가 십자가에 매달린 지 세 시간이 흐른 무
렵, 이상한 광경이 펼쳐졌다. 갑자기 먹구름이 몰려와 하늘을 가리면서
온 땅이 어두워졌다. 칠흑 같은 어둠이었다. 그 어둠은 세 시간 동안 계
속되었다. 이에 사람들은 하나님이 벌을 내리신다고 느끼며 두려워했다.

예수가 십자가에서 여섯 시간이 흐른 오후 세 시, 예수의 절규에 찬 목
소리가 들려왔다.

"나의 하나님, 나의 하나님, 어찌하여 나를 버리십니까(엘리 엘리 라마 사
박다니)?"

십자가 주변에서 그 말을 들은 몇몇 사람들이 말했다.

"이 사람이 엘리야를 부른다."

"엘리야가 와서 그를 구해 주나 보자."

십자가 아래에서 웅성거리는 소리에 예수가 말했다.

"내가 목마르다."

그러자 한 병사가 신 포도주를 해면(海綿, 솜뭉치)에 적셔서 장대 끝에 달아 올려 예수의 입에 대어 주었다. 예수는 그것으로 목을 축이더니 조용히 말했다.

"내가 다 이루었다."

이어서 예수는 하늘을 우러러 바라보며 마지막 기도를 드렸다.

"내 영혼을 아버지 손에 부탁하나이다."

그리고 예수는 숨을 거두었다. 그 순간, 성전의 휘장이 위에서부터 아래까지 둘로 갈라졌다. 그뿐 아니라 갑자기 지진이 일어났으며, 무덤들이 열리면서 그 속에 있던 죽은 사람들의 몸이 살아났다(이후 예수가 부활한 후에 그들은 무덤을 떠나 도성에 들어가서 많은 사람에게 나타났다.).

십자가 형장에 있던 병사들과 사람들은 지진과 그밖에 일어난 일을 보고는 몹시 두려워했다. 이때 십자가형 집행을 책임 맡은 지휘관이 조용히 말했다.

"저분은 진실로 하나님의 아들이 틀림없다!"

겉으로 보기에 십자가의 죽음은 비참하고 억울한 죽음이다. 하지만 십자가의 죽음이야말로 예수가 이 세상에 온 목적이며, 그는 십자가에 매달려 죽음으로써 자기 사명을 완수했다. 예수의 '다 이루었다'라는 고백은 '구원(救援, 하나님의 자녀가 된 것/죄에서 자유롭게 된 것/그리스도를 믿음으로 거듭남)의 완성자'로서, 모든 사명을 완수했다는 선언이다. 즉 죄와 죽음으로 슬픔뿐인 인류에게 구원의 영광을 선포하는 말로써, 이 세상에 구원

▶**십자가에서 죽음을 맞이한 예수 그리스도**(311쪽 그림)_ 예수 그리스도는 죽기 전 '나의 하나님, 어찌하여 나를 버리셨나이까'라고 말한 후 죽음을 맞이했다. 이는 죽음의 절망을 표현한 것이 아닌, 구약 시대의 예언이 성취된 것을 의미한다. **귀스타브 도레의 작품.**

과 기쁨의 역사가 열렸다.

예수의 죽음으로 적막에 싸였다. 그런데 아직도 대제사장과 유대 지도 자들은 안심할 수 없었다. 예수가 죽은 지 사흘 만에 부활한다고 말했기 때문이다. 그들은 예수를 완전한 주검(죽은 사람의 몸)으로 만들어야만 했다. 대제사장은 빌라도 총독에게 십자가에 매달린 죄인들의 다리를 꺾어 달라고 요청했다.

명을 받은 병사가 함께 처형당한 두 죄인을 십자가에서 내려 다리를 꺾었다. 그러나 예수의 시체는 십자가에 매달린 상태에서 옆구리를 창으로 찔렸다. 피가 쏟아져 나왔고, 다시 살아난다는 것은 절대로 불가능했다. 예수가 죽은 그날, 늦은 오후에 아리마대 사람 요셉이 왔다. 그는 큰 부자로 예수의 추종자였다. 요셉은 빌라도 총독을 찾아서 예수의 시신을 거두게 해 달라고 요청하였다. 빌라도 총독은 그의 청을 들어주었고, 요셉은 하인들을 데리고 골고다에 가서 예수의 시신을 수습했다.

그는 시신을 향유로 닦고 바른 후 깨끗한 세마포로 잘 감쌌다. 그리고 자신이 죽으면 묻히려고 만든 새 무덤에 예수의 시신을 안치한 후, 하인들을 시켜 큰 돌로 입구를 막았다. 당시 유대의 장사는 굴을 파고 그 안에 시신을 안치한 후, 큰 돌로 입구를 막는 것이었다. 예수를 무덤에 안치한 아리마대 요셉과 하인들은 돌아갔지만, 함께 따라온 막달라 마리아와 몇몇 여인들은 남아서 무덤이 잘 보이는 곳에 앉아 있었다.

▶**십자가에서 내려지는 예수 그리스도(312쪽 그림)_** 이 작품은 루벤스의 평생의 역작으로, 예수 그리스도가 십자가에서 운명하고 내려지는 장면을 그린 작품이다. 작품 속의 축 늘어진 예수 그리스도의 시신 주위로 서로 엉켜 있는 한 무리의 인물들이 보인다. 십자가에서 내려지는 예수 그리스도의 시신을 중심으로, 니고데모로부터 시작해 세 명의 마리아까지 이어지는 모습이 놀라울 정도로 역동적이다. 작품 속 모든 인물은 예수 그리스도의 시신을 내리는 일에 동참하고 있을 뿐 아니라, 이 순간의 슬픔과 감정도 공유하고 있다. **루벤스의 작품.**

예수 그리스도의 시신을 무덤에 안장하고 있는 모습을 묘사한 부조 작품.

　한편 대제사장과 바리새인들은 다시 빌라도 총독을 찾아갔다. 그들은 예수가 공언한 '사흘 만의 부활'을 생각하며 마음이 놓이지 않았기 때문이다.

　대제사장이 빌라도 총독에게 말했다.

　"총독님, 예수가 죽기 전 살아 있을 때 '내가 사흘 후에 다시 살아날 것이다' 하던 말이 이제야 생각났습니다. 병사들을 보내어 예수의 무덤을 지켜야 합니다. 그의 제자들이 예수의 시체를 훔쳐다 숨기고는 '예수가 부활하였다'고 하면서 소문을 낼 수 있습니다. 만약 그렇게 되면 우리의 처지가 전보다 더 곤란해집니다. 시체가 없어지면, 예루살렘에 그 파장이 큽니다."

줄곧 대제사장의 말을 못마땅한 표정으로 듣던 빌라도 총독이 대답했다.

"당신들에게 경비대가 있을 것 아니오? 가서 자체적으로 지키도록 하시오."

그날 경비병들이 예수의 무덤으로 가서 돌문을 봉인하고, 사흘 동안 철저하게 무덤을 단단히 지켰다.

안장되는 예수 그리스도_ 아리마대 요셉과 니모데모, 세 명의 마리아가 예수의 시신을 수습하는 장면이다. **외젠 들라크루아의 작품.**

예수 그리스도의 무덤_ 십자가에 매달려 운명한 예수 그리스도의 시신을 수습하여 무덤에 안장하는 장면이다. 아리마대 요셉과 세 명의 마리아의 모습이 보인다. 당시의 무덤은 동굴의 형태였으며, 현재 예수의 무덤으로 추정하는 곳은 예루살렘 다마스쿠스 외곽에 있는 '성묘교회'와 '정원무덤'이라고 한다. **칼 하인리히 블로흐의 작품.**

무덤에서 부활한 예수

천사가 여자들에게 말하여 이르되 너희는 무서워하지 말라 십자가에 못 박히신 예수를 너희가 찾는 줄을 내가 아노라 그가 여기 계시지 않고 그가 말씀 하시던 대로 살아 나셨느니라 와서 그가 누우셨던 곳을 보라
–마태복음 28장 5~6절

안식일이 지나고 새로운 한 주가 시작되는 첫날, 이날은 예수가 죽은 지 사흘째였다. 이른 새벽부터 막달라 마리아와 몇몇 여인들(요안나와 야고보의 모친 마리아로, 예수의 이모)은 예수의 무덤으로 향했다. 여인들은 아리마대 요셉이 예수의 시신을 추슬러 무덤에 안치하는 것을 본 후 미리 향유를 준비해 두었다. 예수의 시신에 향유를 바르기 위해서였다.

무덤 입구의 돌문은 봉인되어 굳게 닫혀 있었고, 경비병들이 지키고 있었다. 그런데 갑자기 지진이 일어나더니 하늘에서 하나님의 천사가 나타났다. 천사에게서 번개 같은 빛이 번쩍였고, 그의 옷은 눈처럼 하얗게 빛났다. 무덤을 지키던 경비병들은 몹시 두려웠다. 천사는 즉시 무덤 입구의 돌문을 옆으로 치웠다.

여인들이 무덤 앞에 도착했을 때는 이미 돌문이 열려 있고, 무덤을 지키던 경비병들의 모습도 보이지 않았다.

"주님의 무덤을 누가 열었지? 큰 돌문을 어떻게 치웠지?"

장정 대여섯 명이 힘을 써야 겨우 움직일 수 있는 돌문이었기에, 마리아와 여인들은 정말 이상한 일이라고 생각했다. 그리고 무덤으로 들어간 여인들은 순간 깜짝 놀랐다. 무덤 속은 낮처럼 환하게 밝았으며, 천사가 앉아 있었다.

여인들에게 천사가 말하였다.

"조금도 두려워하지 마라. 너희가 십자가에 못 박힌 예수를 찾는 것을 안다. 그는 여기 있지 않다. 그가 말한 대로 다시 살아났다. 와서 그가 있던 자리를 살펴보아라."

여인들은 천사의 말대로 예수의 시신이 있던 곳을 살펴봤으나 그곳엔 아무것도 없었다. 이에 천사가 다시 여인들에게 말했다.

"어서 가서 제자들에게 알리거라. '예수께서 죽은 자들 가운데서 살아나셨다. 그는 너희보다 먼저 갈릴리로 갈 것이다'라고 말하여라. 너희는 그곳에서 그를 만날 것이다."

이에 여인들은 한시도 지체하지 않고 무덤을 떠났다. 이 놀랍고 기쁜 소식을 빨리 전하려고 예수의 제자들에게 달려갔다. 먼저 베드로에게 이 사실을 알렸다.

"선생님이 다시 살아나셨다고?"

베드로는 여인들의 말이 쉽게 믿기지는 않았으나, 평소 예수가 '죽은 지 사흘 만에 다시 살아난다'라고 한 말이 기억났다. 베드로와 여인들은 다시 무덤으로 달려갔다. 과연 예수의 시체는 없었고, 시신을 감쌌던 세마포(細麻布, 가는 삼실로 곱게 짠 피륙)는 잘 개켜져 있었다. 예수의 부활을 확인한 그들은 이 소식을 다른 제자들에게도 알리려고 황급히 떠났다.

이때 막달라 마리아는 바로 떠나지 않고 무덤 앞에 서 있었다. 마리아는 예수의 시신이라도 보고 싶은 심정이었다. 그런데 뒤에서 누군가가 말을 건넸다.

"네가 어찌하여 울고 있느냐? 누구를 찾는 것이냐?"

그러자 마리아는 무덤을 관리하는 사람으로 알고 대답했다.

"시신을 옮긴 거라면, 내가 가져갈 테니 어디에 두었는지 알려 주세요." 바로 그때였다.

"마리아야."

순간 마리아는 깜짝 놀랐다. 정말 예수가 아닌가! 기쁨에 겨워 그녀가 예수를 붙잡으려고 하자 예수가 말했다.

"나를 만지지 말라. 내가 아직 아버지께 올라가지 못하였다. 너는 가서 나의 형제들에게 말하라. 내가 내 아버지 곧 너희 아버지, 내 하나님 곧 너희 하나님께로 올라간다고 전하라."

무덤에서 부활한 예수 그리스도_ 막달라 마리아가 예수 그리스도를 알아보고는 가까이 다가가자, 그가 '나를 만지지 마라'고 당부하는 장면이다. 한다. 이것을 통해서 기독교인은 만져 보지 않고도 믿을 수 있는 성숙한 믿음이 필요한 것을 알 수 있다. **알렉산더 이바노프의 작품.**

한편 무덤을 지키던 경비병들은 천사가 나타나 잠시 기절했으나, 일어나 돌문이 열려 있고, 또 예수의 시신이 없어진 것을 보고 모두 달아났다. 그 가운데 몇 사람이 도성으로 들어가서 지금까지 일어난 일을 대제사장에게 말했다.

"지진이 났고, 번개 같은 빛과 흰옷 입은 사람이 나타났습니다. 우리가 놀라서 쓰러졌는데, 일어나 보니 예수의 시신이 없었습니다. 정말 소문처럼 그가 살아났는지도 모릅니다."

대제사장은 급하게 유대 지도자들을 불러 대책을 논의했다.

"예수의 시신이 사라졌소. 분명 그의 제자들이 시신을 훔쳤을 것이오."

예수의 시신이 사라진 것을 알게 된 유대 지도자들은 긴장감 속에 두려워하고 있었다. 그들은 죽은 나사로가 예수의 능력으로 부활한 것을 다시 생각해 냈다.

결국, 그들은 거액의 돈을 경비병들에게 주면서 말했다.

"밤에 너희들이 잠든 사이에 '예수의 제자들이 와서 그의 시체를 훔쳐 갔다'라고 말하거라."

그러자 경비병들이 대답했다.

"우리가 잠들었다고 하면, 총독에게 문책을 받습니다."

다시 대제사장이 말하였다.

"만약 총독에게 '근무 중에 잤다'라는 말이 들어가더라도 우리가 손을 써서 문책을 면하게 해 주겠다."

대제사장과 유대 지도자들의 매수에 넘어간 경비병들은 그들의 지시대로 하였다. 그래서 예루살렘을 비롯한 전역에 '예수의 시체가 도난당했다'는 소문이 나돌게 되었다.

예수 그리스도의 부활_
니콜라 베르텡의 작품.

▌부활 후 제자들에게 나타난 예수

이날 곧 안식 후 첫날 저녁 때에 제자들이 유대인들을 두려워하여 모인 곳의 문들을
닫았더니 예수께서 오사 가운데 서서 이르시되 너희에게 평강이 있을지어다 이 말씀
을 하시고 손과 옆구리를 보이시니 제자들이 주를 보고 기뻐하더라
-요한복음 20장 19~20절

예수가 부활한 그날 아침, 두 사람이 시골길을 걸어가고 있었다. 그
들은 예루살렘 근처인 엠마오로 가는 중으로, 십자가에 매달려 죽은 예
수에 관해 이야기하던 중이었다. 예수를 알고 있으며, 그를 믿고 따르던
두 사람은 십자가에서 무기력하게 죽은 예수를 이해할 수 없었다. 온갖
병자를 치유하고, 귀신을 쫓아내며, 수많은 기적을 일으킨 예수…… 심
지어 죽은 나사로를 무덤에서 살려 낸 그가 왜 십자가에 못 박혀 죽어
야 했을까?

바로 그때, 예수가 다른 모습으로 그들에게 나타나 말을 건넸다.

"무슨 이야기를 열심히 하시오?"

◀**피렌체의 피에타**(322쪽 그림)_ 르네상스의 거장인 미켈란젤로가 노년의 나이에 조각한 작
품이다. 예수 그리스도의 등 뒤에 니고데모가 있으며, 왼팔에는 어머니 마리아가, 오른팔
에는 막달라 마리아가 있다. 조각상에 표현한 것처럼, 미켈란젤로에게는 니고데모가 아
리마대 요셉보다 중요한 인물이었다. 이것은 니고데모가 예수 그리스도의 부르심에 응하
지 못하고 떠난 후, 뒤늦게 그의 매장 때 동참한 점 때문으로 여겨진다. 또한, 미켈란젤로
가 스물세 살의 젊은 시절에 조각한 〈로마의 피에타〉와 이 작품을 비교하면, 마리아에 대
한 묘사가 달라진 것을 알 수 있다. 이를 통해서 미켈란젤로의 예술적 사고에 큰 변화가
생겼음을 알 수 있다.

엠마오로 가는 길_ 부활한 예수 그리스도가 엠마오로 가던 두 명의 제자를 만나 동행하고 있는 장면이다. 얀 와일덴스의 작품.
▶**엠마오로 가던 두 명의 제자에게 나타난 예수 그리스도를 표현한 스테인드글라스 작품**(325쪽 그림).

두 사람 중 글로바라는 사람이 침통한 표정으로 말하였다.

"당신도 예루살렘에서 오는 것 같은데 그곳에서 일어난 놀라운 사건을 모른단 말이오?"

예수는 모른 척하며 그에 다시 물었다.

"그곳에 무슨 일이 있었습니까?"

"나사렛 예수를 모른단 말이오? 그는 하나님의 사람이자 예언자였소. 그런데 사흘 전에 대제사장과 그 무리가 로마 총독에게 넘겨 십자가형을 받았소. 우리는 그가 이스라엘을 구원할 것이라고 믿었소."

다른 사람이 말을 이었다.

"그런데 오늘 새벽에 몇몇 여인들이 예수의 무덤에 갔는데 그의 시신

이 없어졌다고 하였소. 또 천사가 나타나서 예수가 부활하셨다고 말했다는데……, 다른 제자들이 무덤에 가 보니 역시 시신이 없었소."

두 사람의 말은 들은 예수가 그들에게 말하였다.

"당신들이 머리가 둔하고 마음이 무딘 것이오? 예언자들이 말한 것을 믿지 못하는 것이오? 그리스도가 고난을 겪고서 자기 영광에 들어가야 한다는 것을 알지 못하는 것이오?"

그러고 나서 예수는 그들에게 그리스도를 언급한 모든 성경 구절을 짚어 주었다. 어느덧 그들은 엠마오에 도착했다. 그러나 예수는 그대로 길을 떠나려고 하자 그들이 간청했다.

"우리와 머물면서 함께 저녁을 드십시오. 날이 저물어 저녁입니다."

그래서 예수는 그들과 함께 머물렀다. 그날 저녁, 예수는 그들과 함께 식탁에 앉아 빵을 들어 축복한 후 그들에게 떼어 주셨다. 바로 그 순간 두 사람의 눈이 열렸다. 비로소 자신들과 함께한 나그네가 예수인 것을 알았다. 그러나 그 순간 예수는 사라졌다. 두 사람은 감격하여 서로 말을 주고받았다.

"길에서 우리와 대화를 나누며 성경을 풀어 주실 때, 우리 마음이 뜨거워지지 않았소?"

다음 날 새벽, 그들은 일어나서 급하게 예루살렘으로 되돌아갔다. 그들이 만난 예수에 대해 제자들에게 빨리 전하고 싶었다. 예루살렘에 도착하니 열 명의 제자들과 그 친구들이 함께 모여 있었다.

"주님께서 살아난 것은 사실이다! 베드로도 주님을 보았다!"

"엠마오로 가는 중에 부활한 주님을 만났다. 이 소식을 전하려고 돌아왔다!"

두 사람은 엠마오로 가는 길에서 있었던 일과 예수가 빵을 떼어 줄 때 자신들이 알아본 일 등을 모두 이야기했다. 이처럼 그들이 부활의 소식을 전하고 있을 때, 갑자기 예수가 그들 앞에 나타났다.

예수가 제자들에게 말하였다.

"너희에게 평안이 있기를!"

그러자 그들은 놀라고 무서워하며 자신들이 영(靈, 유령)을 보는 줄로 알고 겁을 먹었다. 이에 예수께서 다시 말하였다.

"어찌하여 두려워하며, 어찌하여 마음에 의심하느냐? 내 손과 발을 보아라. 정말로 나다. 나를 만져 보아라. 영은 살과 뼈가 없지만, 나는 여기 있다."

예수는 그들에게 자기 손과 발을 보여 주었으나, 제자들은 여전히 믿을 수가 없었다. 너무 기뻐서 믿기지 않았다.

엠마오의 예수 그리스도 _ 부활한 예수 그리스도는 엠마오로 가던 두 명의 제자에게 나타나 그들과 동행했다. 이 작품은 엠마오의 저택에서 예수 그리스도가 그들과 함께 식사하는 장면이다. '최후의 만찬'으로부터 '엠마오의 저녁'까지의 일주일은 예수 그리스도의 수난이었다. 두 제자는 부활한 예수 그리스도를 알아보지 못했으나, 그가 빵을 나누어 줄 때 주님의 부활을 알고 놀라게 된다. 식탁 밑 강아지의 모습이 이채롭다. **파올로 베로네세의 작품.**

엠마오의 예수 그리스도와 제자들_ 루벤스의 작품.

제자들에게 예수가 말하였다.

"여기에 먹을 것이 조금 있느냐?"

제자들이 구운 생선 한 토막을 예수에게 드렸다. 그러자 예수는 그것을 받아 그들이 보는 앞에서 맛있게 먹었다.

이어서 예수는 제자들에게 말하였다.

"내가 너희와 함께 있을 때 '나에 대해 기록한 모세의 율법과 예언서와 시편의 모든 것이 이루어진다'라고 한 말대로 된 것이다."

계속해서 예수는 제자들이 하나님의 말씀을 깨닫고 이해할 수 있도록 설명하였다.

"너희가 아는 것처럼, 그리스도가 고난을 받고 사흘째 되는 날에 죽은 자 가운데서 살아날 것과 내 이름으로 죄 사함을 얻게 하는 회개가 예루살렘에서부터 온 민족에게 선포될 것이다! 너희는 그것을 보고 들은 첫 증인들이다."

예수가 제자들에게 나타났을 때 도마는 그 자리에 없었다. 나중에 다른 제자들이 도마에게 부활하신 예수를 만난 사실을 말하였다. 그러나 도마는 그 말을 믿을 수가 없었다.

도마가 다른 제자들에게 말했다.

"내가 그분 손에 난 못 자국을 보고, 그 못 자국에 내 손가락을 넣어 보고, 그분의 옆구리에 내 손을 넣어 보기 전까지는 그 말을 믿지 못하겠소."

그로부터 여드레 후에 제자들이 다시 방에 모였다. 이번에는 도마도 함께 있었고, 문이 닫혀 있었다. 그런데 예수는 닫힌 문을 그대로 지나 방으로 들어와서는 제자들에게 말하였다.

"너희에게 평강이 있기를 바란다!"

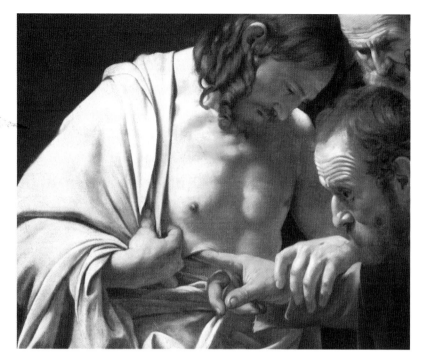

의심하는 도마_ 예수 그리스도의 부활을 의심한 도마가 창에 찔린 그의 옆구리 상처를 손가락으로 찔러 보면서 확인하는 장면이다. 작품 속에는 어떤 소품이나 장소를 암시하는 배경도 없이 예수 그리스도와 제자만 등장한다. 예수 그리스도는 왼쪽에 있으며, 제자들은 그의 오른쪽에 모여 있다. 이들의 시선은 옆구리의 상처와 도마의 손가락을 향해 있다. 또한, 강렬한 빛이 예수 그리스도의 몸 위로 쏟아지고 있지만, 반대편은 어둠 속 의심의 눈초리를 한 제자의 모습이 대비된다. **카라바지오의 작품.**

그런 다음, 예수는 도마를 향해 말하였다.

"네 손가락을 내밀어 내 손에 대어 보아라. 네 손을 내 옆구리에 넣어 보아라. 의심하는 사람이 되지 말고, 믿는 사람이 되어라."

예수의 모습에 도마가 말했다.

"나의 주님! 나의 하나님이십니다!"

이에 예수가 다시 말하였다.

"너는 네 두 눈으로 나를 보았기에 믿는구나. 보지 않고도 나를 믿는 사람들에게는 더 큰 복이 있다."

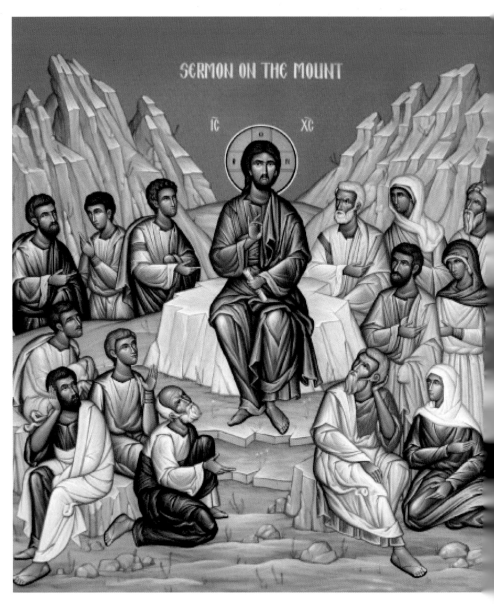

SERMON ON THE MOUNT

예수 그리스도의 승천_ 예수 그리스도가 하나님의 나라로 승천하기 전에 그의 제자들과 올리브 산에 함께 있는 장면을 표현한 작품이다. 부활한 예수 그리스도는 40일 동안 제자들에게 나타났다가 승천 했다. 예수 그리스도의 승천은 지상에서 그의 생애 가운데 마지막 사건이다.

▌예수 그리스도의 승천

오직 성령이 너희에게 임하시면 너희가 권능을 받고 예루살렘과 온 유대와 사마리아
와 땅끝까지 이르러 내 증인이 되리라 하시니라 이 말씀을 마치시고 그들이 보는데 올
려져 가시니 구름이 그를 가리어 보이지 않게 하더라 올라가실 때에 제자들이 자세히
하늘을 쳐다보고 있는데 흰옷 입은 두 사람이 그들 곁에 서서 이르되 갈릴리 사람들아
어찌하여 서서 하늘을 쳐다보느냐 너희 가운데서 하늘로 올려지신 이 예수는 하늘로
가심을 본 그대로 오시리라 하였느니라
–사도행전 1장 8~11절

예수는 부활한 후에 사십일 동안 여러 상황에서 제자들에게 나타나서
하나님 나라에 관한 일들을 말해 주었다. 그리고 예수는 지난 3년 동안
제자들에게 가르친 내용을 다시 가르쳤다. 이제 그의 제자들은 '예수는
하나님의 아들이며, 그리스도입니다'라고 확신하게 되었다.

예수가 부활한 지 40일이 되던 날, 그는 마지막으로 올리브 산에 나타
났다. 그곳에는 예수의 열한 제자들과 수백 명의 주님을 믿는 사람들이
모여 있었다. 그들에게 예수가 말하였다.

"지금부터 예루살렘을 떠나지 말아라. 아버지께서 약속하신 것, 즉 내
가 너희에게 말한 약속을 기다려야 한다. 요한은 물로 세례를 주었으나
너희들은 성령으로 세례를 받을 것이다."

마지막으로 예수와 함께 있을 때 제자들이 물었다.

"주님, 이스라엘 나라를 회복할 때가 지금입니까?"

예수가 그들에게 말하였다.

"때는 너희가 알 수 없다. 때를 정하는 것은 아버지의 권한이다. 너희가 받을 것은 성령(聖靈, 하나님을 이루는 '성삼위'의 하나로, 성령이 강림하여 본격적인 기독교가 시작되었다.)이다. 성령이 너희에게 임하면 너희는 권능을 받고, 예루살렘과 유대와 사마리아와 땅끝까지 이르러 내 증인이 될 것이다."

이것이 예수의 마지막 말씀이었다. 예수는 제자들이 보는 가운데 하늘로 들려 올라가 구름 속으로 사라졌다. 그들은 주님이 모습이 사라져간 하늘을 바라보며 서 있었다. 그때 갑자기 흰옷을 입은 천사 둘이 나타나 그들에게 말하였다.

"너희 갈릴리 사람들아! 어찌하여 서서 빈 하늘을 쳐다보고 있느냐? 너희 가운데서 하늘로 들려 올라가신 이 예수는 떠나신 그대로 영광 중에 다시 오실 것이다."

예수의 제자들은 올리브 산을 떠났다. 그들은 승천(昇天, 하늘로 오름)하신 모습 그대로 다시 오실 주님을 간절히 바랐다. 그날이 속히 오기를 갈망하며 예루살렘으로 돌아갔다.

◀**예수 그리스도의 변용**(334쪽 그림)_ 이 작품은 르네상스 전성기에 레오나르도 다 빈치와 미켈란젤로와 함께 '3대 거장'으로 불리는 라파엘로의 작품이다. 예수 그리스도의 승천을 묘사한 장면은 크게 세 부분으로 나눠서 볼 수 있다. 먼저 그림의 윗부분에는 예수 그리스도와 모세와 엘리야가 있는데, 정숙하고 조용한 분위기가 하나님의 음성을 느낄 수 있도록 표현했다. 가운데 부분에는 예수 그리스도의 제자들이 놀라워하는 모습과 경탄하는 모습을 그렸으며, 아랫부분에는 세상 사람들의 갈등과 혼돈을 표현했다.
라파엘로는 이 작품에서 밝고 평화로운 천상의 모습과 어지럽고 혼란스러운 지상의 모습을 대비시키는 자유로운 구도(S 자형)를 사용해 동적인 표현을 시도했다. 이는 르네상스 미술의 고전양식을 해체하고 바로크 미술의 시작을 예고하는 것이었다. **라파엘로의 작품.**

승천하는 예수 그리스도_ 예수 그리스도가 옷을 휘날리며 하늘로 올라가는 장면으로, 두 팔을 뻗어 그의 제자들을 축복하는 한편 복음을 전하라고 명하고 있다. 사도와 제자들은 예수 그리스도의 승천에 놀라워하면서도 두 손을 올려 그를 경배하고 있다. 또한, 이 그림 은 승천 장소로 올리브 산이 아닌 베다니 근처로 묘사하고 있는데, 베다니는 예수 그리스 도가 지냈던 정든 마을이었다. **존 싱글턴 코플리의 작품.**

제6장

복음을 전하는
예수 그리스도의 제자들

예수 그리스도의 부활을 체험한 사도들은 오순절
성령 강림 이후 교회를 설립하며 복음을 전파하였
다. 순교를 두려워하지 않은 사도들의 헌신과 희생
으로 '예수 그리스도 구원의 복음'은 예루살렘을 벗
어나 온 세상에 선포될 수 있었다.

성령의 임재와 방언

오순절 날이 이미 이르매 그들이 다 같이 한곳에 모였더니 홀연히 하늘로부터 급하고 강한 바람 같은 소리가 있어 그들이 앉은 온 집에 가득하며 마치 불의 혀처럼 갈라지는 것들이 그들에게 보여 각 사람 위에 하나씩 임하여 있더니 그들이 다 성령의 충만함을 받고 성령이 말하게 하심을 따라 다른 언어들로 말하기를 시작하니라
-사도행전 2장 1~4절

예수 그리스도의 부활과 승천을 목격한 제자들은 올리브 산을 떠나 예루살렘으로 돌아갔다. 그들은 옛날 다윗의 궁전 주변 마을에 사는 마리아와 그 아들 마가의 집으로 갔다. 그 집의 다락방은 제자들이 예루살렘에 있을 때 모임 장소로 사용하던 곳으로, 예수와 열두 제자가 최후의 만찬을 한 뜻깊은 장소이기도 했다.

예수는 공생애 사역의 중반기에 들어서면서 직접 열두 사람을 선택해 사도로 임명했다. 그중에서 예수를 배반하고 자살한 가룟 유다를 제외하고 남은 열한 사도는 베드로, 요한, 야고보, 안드레, 빌립, 도마, 바돌로매, 마태, 알패오의 아들 야고보, 열심당원 시몬, 야고보의 아들 유다였다. 열한 사도는 가룟 유다를 대신할 후임자로 맛디아를 선택해 열두 사

◀**부활한 예수 그리스도의 승천**(338쪽 그림)_ 예수 그리스도의 부활과 승천을 목격한 제자들이 그를 경배하고 있는 모습이다. **스테인드글라스 작품.**

도에 들게 했다. 그들은 끝까지 예수 그리스도를 따르기로 뜻을 모았다. 열두 사도와 예수 그리스도를 믿고 따르는 사람 120명은 다락방에 모여 '다시 오신다'라는 주님이 속히 오기를 기다리며 기도하였다. 그들은 온전히 하나가 되어 열심히 기도하였다.

오순절(五旬節, 밀과 보리 수확의 감사절로, 이후 모세가 하나님의 율법을 받은 날로 기념함. 신약 성경은 성령강림과 기독교 공동체 탄생의 의미를 지님.)이 되었다. 오순절에도 그들은 다 함께 한곳에 모여 기도에 열중하였다. 시간이 흐를수록 기도의 열기는 더해졌다.

그러던 어느 순간, 갑자기 강한 바람이 불어오는 듯하더니 성령(하나님의 영)이 뜨거운 불처럼 그들에게 퍼졌다. 그들은 처음 경험하는 현상에 알 수 없는 기쁨으로 가슴이 뜨거웠다. 그들은 성령이 시키는 대로 여러 다른 언어로 말하기 시작했다. 지금까지 그들의 언어로 기도를 하던 그들의 입에서 그들이 알지 못하며 사용하지 않던 다른 언어들이 기도 소리로 나오는 것이었다. 그들의 기도는 계속되었다.

기도하던 120명은 알 수 있었다. 예수가 약속한 성령, 즉 하나님의 영이 그들 각 사람에게 임한 것이다. 성령이 임한 그들은 기쁨이 가득했으며, 하나님의 영이 함께 한다는 사실에 담대해졌고, 더는 세상에 두려운 것이 없었다. 곧 그들은 예수의 구원과 복음을 전하고 싶은 마음이 들었다. 한편, 그들이 모인 다락방은 무척 시끄러워졌다. 그리고 집 밖에 사람들이 모여들기 시작했다. 마침 그때 예루살렘에는 많은 유대인이 머물고 있었다. 그들은 세계 각지에서 모인 경건한 순례자로, 기도 소리를 듣고는 서둘러 달려왔다. 그런데 각자의 모국어로 들려오는 소리를 듣고 깜짝 놀라 말하였다.

오순절에 임한 성령_ 마가의 다락방에 모여 기도하던 제자들에게 성령이 임하는 장면이다.

"이들은 다 갈릴리 사람들인데……, 이들이 하는 말이 우리 각 사람의 모국어(母國語)로 들리니 어떻게 된 일인가? 이들이 우리 언어로 하나님의 말씀을 전하고 있지 않은가!"

그런가 하면 성령을 비웃으며 조롱하는 사람도 있었다.

"이 사람들이 싸구려 술에 취한 것이 분명하다."

바로 그때 성령을 비웃는 것을 용납할 수 없었던 베드로가 일어났다. 그는 모여 있는 사람들을 향해 담대하게 말하였다.

"내 말을 잘 들으시오, 이 사람들은 술에 취한 것이 아닙니다. 이제 겨우 아침 아홉 시인데 취할 시간이나 있었겠습니까? 이것은 선지자 요엘이 장차 일어날 것이라고 알려 준 일입니다."

베드로는 집 밖의 사람들이 이미 수천 명에 이른다는 것을 알고, 그들 앞에 나와 계속해서 말을 이었다.

"나사렛 예수는 하나님께 온전히 인정받은 분입니다. 하나님께서 그

분을 통해 행한 기적과 표적들은 이미 여러분도 알고 있습니다. 예수가 하나님의 아들이자 바로 우리가 고대하던 그리스도이십니다. 이 예수는 하나님의 뜻에 따라 배반당하고, 십자가에 못 박혀 죽었습니다. 여러분도 그분을 죽이는 일에 동참하였습니다. 그러나 하나님은 그분을 다시 살리셨습니다. 죽음은 그분의 상대가 되지 못합니다. 우리는 다시 살아나신 예수 그리스도를 뵈었습니다. 그분은 하나님 아버지께 성령을 받아서 우리에게 부어 주셨습니다. 누구든지 주님의 이름을 부르는 사람은 구원을 얻는다고 하였습니다."

베드로의 말에 군중은 두려움을 느꼈다. 그리고 베드로와 다른 사도들에게 물었다.

"그러면 우리가 이제 어떻게 해야 합니까?"

그러자 베드로가 대답하였다.

"여러분, 회개하십시오. 여러분 각자가 예수 그리스도의 이름으로 세례를 받으십시오. 그러면 여러분의 죄가 용서받으며, 여러분도 성령을 선물로 받을 것입니다. 이 약속은 여러분과 여러분의 자녀는 물론 멀리 있는 사람들과 우리 주 하나님께서 부르시는 사람들에게 하신 약속입니다!"

그러자 그 자리에서 회개하고 세례를 받는 사람들이 많아졌다. 그날 오순절, 120명에게 성령이 임했는데 세례를 받은 사람이 3천 명에 달하였다. 그들은 사도들의 가르침을 받으며 자신들의 삶을 예수 그리스도께 헌신하였다.

◀ **비둘기 같은 성령(342쪽 그림)**_ 성령이 충만해진 사도 베드로는 '예수 그리스도의 이름'으로 사람들에게 복음을 전파하였다. 그림 속 비둘기는 성령을 상징한다. **후안 바우티스타 미노의 작품.**

앉은뱅이를 고친 베드로

그가 그들에게서 무엇을 얻을까 하여 바라보거늘 베드로가 이르되 은과 금은 내게 없거니와 내게 있는 이것을 네게 주노니 나사렛 예수 그리스도의 이름으로 일어나 걸으라 하고 오른손을 잡아 일으키니 발과 발목이 곧 힘을 얻고 뛰어 서서 걸으며 그들과 함께 성전으로 들어가면서 걷기도 하고 뛰기도 하며 하나님을 찬송하니 모든 백성이 그 걷는 것과 하나님을 찬송함을 보고 그가 본래 성전 미문에 앉아 구걸하던 사람인 줄 알고 그에게 일어난 일로 인하여 심히 놀랍게 여기며 놀라니라

─사도행전 3장 5~10절

어느 날 오후, 베드로와 요한이 '오후 세 시 기도 시간(유대의 기도 관습으로, 이른 아침과 오후 3시와 해 질 무렵임.)'에 맞춰 성전에 올라가고 있었다. 그때 사람들이 앉은뱅이 한 사람을 메고 왔다. 그는 태어나면서부터 걷지 못했으며, 성전 문에 앉아서 지나가는 사람들에게 구걸하던 사람이었다. 그가 베드로와 요한이 성전에 들어가려는 것을 보고 말했다.

"가련한 불구자를 지나치지 마시고 적선하여 주십시오."

베드로와 요한이 그를 쳐다보며 말했다.

"우리를 보시오."

그러자 그는 뭔가 얻을 줄로 생각하고 기대하는 표정이었다.

베드로가 그를 바라보며 말했다.

◀ **베드로와 요한의 복음 전파**(344쪽 그림)_ 베드로와 요한이 예수 그리스도 구원의 복음을 전하기 위해 이동하는 모습이다. 왼쪽에 앉은뱅이의 가련한 모습도 보인다. **마사초의 작품.**

"내가 당신에게 줄 돈은 없소. 하지만 내게 있는 것을 당신에게 주겠소. 나사렛 예수의 이름으로 일어나 걸으시오!"

베드로가 그의 오른손을 잡아 일으키자 놀랍게도 그의 발과 발목에 힘이 생겼다. 그리고 그는 벌떡 일어나 걸었다. 그는 베드로와 요한과 함께 성전으로 들어가며 하나님을 찬양했다.

"하나님, 감사합니다! 하나님의 은혜로, 나사렛 예수의 이름으로 제가 고침 받았습니다!"

그곳에 있던 모든 사람이 그가 걸어 다니며 하나님을 찬양하는 것을 보았다. 그런데 그가 성전 문에 앉아 구걸하던 앉은뱅이였던 것을 알아보고 몹시 놀랐다. 그들은 몹시 놀라며 수군거렸고, 모인 사람의 수가 늘어나자 솔로몬 행각으로 이동하였다.

사람들이 모인 것을 보고 베드로가 그들에게 말하였다.

"이 일에 놀라워하지 마십시오. 이 사람이 걷게 된 것이 우리의 능력과 경건함 때문인 것처럼 우리를 쳐다보십니까? 아브라함과 이삭과 야곱의 하나님, 곧 우리 조상의 하나님이 그 아들 예수를 영화롭게 하셨습니다. 그런데 여러분은 거룩하고 의로우신 예수를 빌라도 총독에게 넘겨주고, 그 대신에 살인자를 놓아 달라고 했습니다. 그러나 하나님은 죽은 자들 가운데서 예수를 다시 살리셨습니다. 우리가 그 증인입니다. 예수의 이름을 믿는 믿음이 이 사람을 일으켜 세운 것입니다."

이처럼 앉은뱅이가 고쳐진 기적과 함께 베드로의 회개를 촉구하는 설교가 계속되자 수많은 사람이 예수 그리스도를 믿으며 회개하는 사람들이 늘어났다.

▶**앉은뱅이를 치유하는 베드로**(347쪽 그림)_ 베드로가 예수 그리스도의 이름으로 앉은뱅이를 세우는 기적을 일으키는 장면이다. 그가 행한 기적으로 예수 그리스도를 믿는 사람들은 점점 늘어났다. **카렐 뒤자르댕의 작품.**

베드로와 요한이 예수의 부활이 사실이라고 외치며 수많은 사람을 전도하는 것을 알게 된 대제사장과 유대 지도자들은 분개하였다. 게다가 예수의 이름으로 앉은뱅이가 일어나 뛰고 걷는 모습을 예루살렘의 많은 사람이 알고 있다는 사실에 그들은 곤혹스러웠다. 그들은 베드로와 요한을 체포하고 감옥에 가두었다. 그러나 이미 베드로의 설교를 듣고 믿음으로 받아들이는 사람이 더욱 늘어나 그 수가 대략 오천 명에 달하였다. 이튿날, 산헤드린은 베드로와 요한을 끌어내 재판을 하였다. 앉은뱅이였던 사람도 증인으로 나와 있었다. 곧 재판관들이 두 사도를 심문하기 시작했다.

"너희가 무슨 능력과 누구의 이름으로 이런 일을 하였느냐?"

그 말에 베드로가 성령이 충만하여 담대하게 말하였다.

"이 사람을 고친 일로 받는 재판이라면 솔직히 말하겠습니다. 하나도 숨길 것이 없습니다. 여러분이 십자가에 못 박아 죽였으나 하나님께서 다시 살리신 나사렛 예수, 그리스도의 이름으로 이 사람이 건강한 모습으로 여러분 앞에 서 있습니다. '너희 석공들이 버린 돌이 이제 모퉁잇돌(건물의 기초를 튼튼히 하기 위해 기둥 밑에 괴는 돌.)이 되었다'는 말씀은 예수를 두고 한 말씀입니다. 오직 예수의 이름 외에는 구원받을 다른 길이 없습니다."

재판관들은 베드로와 요한이 학식(學識, 정식으로 배워서 얻은 지식)이 없는 것으로 알았지만, 그 당당하고 자신 있는 모습에 놀랐다. 게다가 고침받은 앉은뱅이를 보고서는 뭐라고 반박할 말을 찾지 못했다. 결국, 두 사람을 잡아 둘 방법이 없었던 대제사장과 산헤드린은 베드로와 요한을 풀어준 후 다시 불러서 경고했다.

설교하는 베드로_ 예수 그리스도가 승천할 때 '내 증인이 돼라'고 명한 것처럼, 베드로는 온 지역을 다니면서 복음을 전하는 사역을 감당했다. **니콜라 푸생의 작품.**

"이후로 다시는 예수의 이름으로 말하거나 가르치지 말라."

그러자 두 사도가 되받았다.

"하나님의 말씀보다 여러분의 말을 듣는 것이 하나님이 보시기에 옳은지 판단해 보십시오. 우리의 입장은 분명합니다. 우리는 우리가 보고 들은 것을 말하지 않을 수 없습니다."

베드로와 요한은 풀려나자마자 다른 사도와 동료들에게 가서 대제사장과 유대 지도자들의 경고를 전했다. 그러나 그들은 경고에도 아랑곳하지 않았다. 오히려 더욱 합심(合心)하여, '어떤 위험과 핍박이 오더라도 담대하게 예수 그리스도의 복음을 전파하게 해 달라'고 기도하였다.

이처럼 사도들의 전도와 헌신으로 예루살렘 교회는 급속히 부흥했다. 이것은 모두 하나님이 보내신 성령의 역사와 능력으로 말미암은 일이었다. 물론 초기 교회의 부흥과 더불어 문제가 생기기도 하였다. 그때마다 사도들은 지혜롭게 해결하였으며 교회의 부흥은 계속되었다.

최초의 순교자, 스데반

스데반이 성령 충만하여 하늘을 우러러 주목하여 하나님의 영광과 및 예수께서 하나님 우편에 서신 것을 보고. 말하되 보라 하늘이 열리고 인자가 하나님 우편에 서신 것을 보노라 한대 그들이 큰 소리를 지르며 귀를 막고 일제히 그에게 달려들어 성 밖으로 내치고 돌로 칠새 증인들이 옷을 벗어 사울이라 하는 청년의 발 앞에 두니라 그들이 돌로 스데반을 치니 스데반이 부르짖어 이르되 주 예수여 내 영혼을 받으시옵소서 하고 무릎을 꿇고 크게 불러 이르되 주여 이 죄를 그들에게 돌리지 마옵소서 이 말을 하고 자니라
-사도행전 7장 54~60절

사도들의 담대한 믿음을 기반으로 여러 기적과 표적이 일어나면서 예루살렘 교회는 부흥에 부흥을 거듭하였다. 처음 오순절에 120명이 모여 기도하다가 성령을 받은 후, 예수 그리스도를 믿는 이가 3천 명으로 늘어나더니, 5천 명이 더 늘어났다. 그리고 예수 그리스도를 믿고 따르는 사람은 시간이 지날수록 더욱더 증가했다. 이렇게 교인(敎人)의 수가 급격하게 늘어 가면서 문제들도 생겨났는데, 유대인 교인과 다른 나라에서 출생한 이방(異邦)인 교인 간의 갈등이 일어났다.

특히 헬라(Hellas, 성경에서 그리스를 뜻함)계 교인들의 불만이 심해졌다. 매일 양식을 배급받을 때 헬라계 과부들이 차별을 받고 있었기 때문이다. 당시 교회는 과부와 고아 등 가난한 사람들에게 구제하는 일이 중요

◀스데반 집사(350쪽 그림)_ 예루살렘 초대교회의 집사로 선출된 스데반은 하나님을 경외하며, 예수 그리스도의 복음을 전하는 신실한 신앙인이었다. **모자이크화 작품.**

한 일이었다. 워낙 교인들의 수가 많아져 사도들은 그들을 관리하는 것만으로도 벅찼다. 그러면서 교인들을 가르치고 기도하는 일에 열중하기가 어려웠다.

그래서 사도들은 회의를 소집하고 교인들에게 말하였다.

"우리가 하나님 말씀을 전하고 가르치는 것을 저버리고 가난한 사람을 돌보는 것은 옳지 않습니다. 그러니 여러분 가운데서 모두에게 신임받고, 성령과 지혜가 충만한 사람 일곱 명을 뽑으십시오. 그러면 그들에게 구제하는 일을 맡기고, 우리는 우리가 맡은 기도와 복음을 전하는 일에 전념하겠습니다."

그러자 교인들은 일곱 사람을 뽑았으니, 스데반, 빌립, 브로고로, 니가노르, 디몬, 바메나, 니골라가 그들이다. 사도들은 기도하고 안수하여 그들을 집사(執事, 각 기관의 일을 맡아 봉사하는 교회 직분의 하나)로 임명했다.

일곱 집사 중에서 스데반은 하나님의 은혜와 능력이 넘쳐났다. 그는 사람들이 모이는 곳이면 어디든 예수 그리스도와 구원의 복음을 전하였다. 그러던 어느 날, 회당에서 온 몇몇 사람들이 스데반을 시기하여 그를 반대하며 논쟁을 걸어왔다. 그러나 스데반이 말하자, 그들은 지혜와 성령이 충만한 스데반을 당해 내지 못하였다. 그러자 그들은 몰래 사람들을 매수해 거짓말을 퍼뜨렸다.

"이 사람이 모세와 하나님을 모독하는 소리를 우리가 들었다."

그들은 거짓 주장으로 스데반을 모함하고, 그를 잡아서 산헤드린으로 끌고 갔다. 대제사장과 산헤드린 재판관들은 예수에 이어 사도들과 이제

▶**스데반 집사의 전도(353쪽 그림)_** 예수 그리스도 구원의 복음을 전하고 있는 스데반 집사의 모습이다. 유대인들은 예수 그리스도를 믿지 않았으며, 복음을 전하는 기독교인을 박해하는 경우가 많았다. **후**

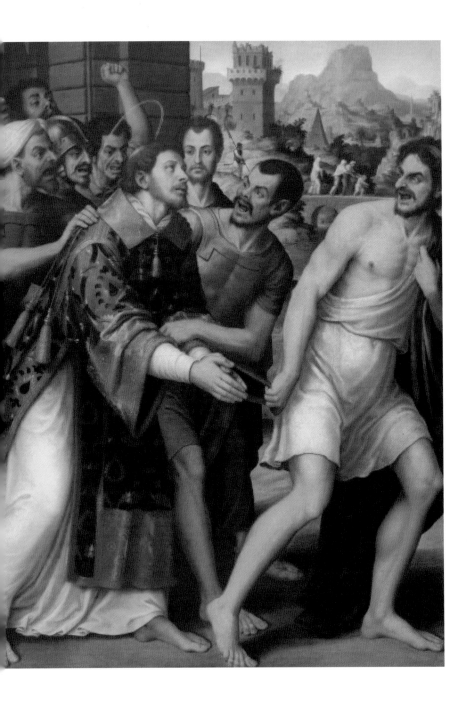

그 제자들까지 나서는 것에 분노하면서도 난감했다.

그들에게 매수당한 사람이 나와 증언했다.

"이 사람은 하나님의 율법을 욕하고 있습니다. 나사렛 예수가 이 성전을 무너뜨릴 것이며, 모세가 우리에게 준 율법을 전부 내버릴 것이라고 말하는 것을 우리가 분명히 들었습니다."

증언을 들은 대제사장이 스데반에게 말했다.

"너 자신을 변호할 말이 있느냐?"

그가 무슨 말을 할지 궁금하여 산헤드린에 있던 모든 사람이 스데반을 쳐다보았다. 그런데 그의 얼굴에서 광채가 나오는 것이 천사의 얼굴 같았다.

그리고 스데반이 담대하게 말하였다.

"여러분, 하나님께서 아브라함을 부르시고, 모세를 세워 율법을 주시고, 여러 선지자를 보내 하나님의 뜻을 우리에게 알려 주셨습니다. 그리하여 '우리의 오늘'이 있게 되었습니다. 그런데 우리 조상들은 하나님의 선지자들을 박해하였습니다. 그래서 모세와 다윗과 많은 선지자가 '하나님께서 우리에게 그리스도를 보내 주신다'라고 약속하셨습니다."

스데반은 계속해서 말을 이어 갔다.

"그분이 바로 나사렛 예수입니다. 그런데 여러분은 그를 죽였습니다. 우리 조상들이 그랬던 것처럼 성령을 거슬러 의인을 죽인 것입니다. 여러분은 모두 배반자이며 살인자입니다. 천사들이 하나님의 율법을 전해 주었지만, 여러분은 그것을 함부로 써 버렸습니다."

◀**체포되는 스데반 집사**(354쪽 그림)_ 스데반 집사가 복음을 전하는 것에 반감을 지닌 유대인들이 그를 체포하여 압송하는 장면이다. **후안 데 후아네스의 작품.**

그러자 스데반의 말을 듣고 있던 사람들이 화를 내며 난폭해지더니 폭도로 변하였다. 그러나 스데반은 더욱 성령으로 충만하여 하나님밖에 보이지 않았다.

스데반이 하늘을 우러러 바라보며 말하였다.

"보십시오. 하늘이 활짝 열리고 예수 그리스도가 하나님의 우편에 앉은 것이 보입니다!"

그의 말에 산헤드린에 있는 모든 사람은 분노와 증오에 휩싸였다. 그들의 야유는 스데반의 목소리를 삼켜 버렸고, 길길이 뛰며 고함쳤다.

"저놈을 끌어내다가 돌로 쳐죽여라!"

그들은 사정없이 스데반에게 달려들어 그를 성 밖으로 끌어냈다. 그리고는 맹렬하게 그에게 돌을 던졌다. 이때 주동자들은 겉옷을 벗어 놓고 사울이라는 청년에게 지키게 하였다. 돌이 비 오듯 쏟아지는 중에 스데반이 기도했다.

"주 예수여, 내 생명을 받아 주십시오."

그래도 돌은 계속해서 날아왔다. 스데반은 무릎을 꿇고 다시 큰소리로 기도했다.

"주님, 이 죄를 저들에게 돌리지 마십시오."

이것이 그의 마지막 기도였다. 그리고 스데반은 숨을 거두었다. 스데반은 복음을 전하는 사람 중에 첫 번째로 순교(殉敎, 자기 신앙을 지키기 위해 목숨을 바침)하였다. 그런데 스데반이 순교하는 그 자리에 사울이 있었다. 사울은 주님을 만나기 전까지는 예수를 믿는 사람을 박해하는 일에 앞장섰던 사람이었다.

▶**스데반 집사의 순교**(357쪽 그림)_ 복음을 전하던 스데반 집사가 이를 반대하며 분노한 유대인들이 던진 돌에 맞아 순교하는 장면이다. 그는 예수 그리스도가 직접 뽑은 열두 사도는 아니었지만, 예수 그리스도 구원의 복음을 전하다가 죽임당한 첫 번째 순교자였다. **후안 데 후아네스의 작품.**

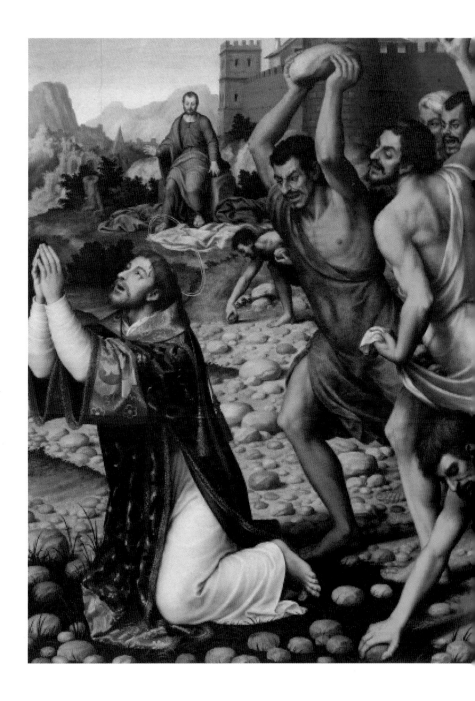

기독교 박해와 사울의 회심

사울이 주의 제자들에 대하여 여전히 위협과 살기가 등등하여 대제사장에게 가서 다메섹 여러 회당에 가져갈 공문을 청하니 이는 만일 그 도를 따르는 사람을 만나면 남녀를 막론하고 결박하여 예루살렘으로 잡아오려 함이라 사울이 길을 가다가 다메섹에 가까이 이르더니 홀연히 하늘로부터 빛이 그를 둘러 비추는지라 땅에 엎드러져 들으매 소리가 있어 이르시되 사울아 사울아 네가 어찌하여 나를 박해하느냐 하시거늘 대답하되 주여 누구시니이까 이르시되 나는 네가 박해하는 예수라
–사도행전 9장 1~5절

스데반의 순교를 계기로 예루살렘 교회에 무서운 박해가 시작되었다. 열두 사도들을 제외하고 예수 그리스도를 믿는 사람들은 유대와 사마리아 전역으로 흩어졌다. 이후 대제사장을 비롯해 산헤드린 공회와 율법주의자들은 예수의 이름을 함부로 말하지 못하도록 압박하였다.

또한, 교회(敎會, 그리스도인의 신앙공동체)를 박해하는 젊은 율법주의자들이 점점 늘어 갔다. 그들은 오직 율법을 지키는 것이 진리라고 믿으며 율법 외적인 가르침은 절대 용납하지 않았다. 그런 사람들 가운데 가장 열심히 기독교(基督敎, 예수 그리스도를 구세주로 믿는 종교)를 박해하는 사람이 사울이었다. 그는 바리새파 사람으로, 당시 유대 사회에서 존경받는 대학자 가말리엘의 제자였다.

◀**예수 그리스도를 만나는 사울**(358쪽 그림)_ 예수 그리스도를 믿는 기독교인을 박해하는 데 앞장섰던 사울(바울)이 다마스쿠스(다메섹)로 가는 중에 예수 그리스도를 만나는 장면이다. 이후 그는 예수그리스도의 제자가 되어 기독교 복음 전파에 한평생 헌신하였다. **스테인드글라스 작품.**

사울은 율법에 대한 해박한 지식을 가진 학자로, 그에게 '예수가 그리스도이며 부활했다'라는 주장은 거짓이었다. 게다가 그는 로마 시민권이라는 특권마저 갖고 있었다. 이런 사울에게 기독교 박해는 지극히 정당했다. 그는 예루살렘에서 수많은 기독교인을 체포하였다. 이제 예수 그리스도 구원의 복음을 전하려면 죽음을 각오해야 했다.

그러나 '예루살렘과 사마리아와 땅끝까지 가서 복음을 전하라'는 예수의 마지막 명령이 있었다. 이에 빌립은 사마리아에 가서 예수 그리스도의 복음을 전파하였다. 그곳에서 예수 그리스도를 믿는 사람이 빠른 속도로 늘어났다. 이처럼 온갖 박해를 받으면서도 사도들과 제자들은 예루살렘 밖으로 복음의 무대를 옮겼을 뿐, 여러 지역을 다니며 복음 사역을 하였다.

한편 사울은 기독교인들을 죽이려고 계속 추적하고 있었다. 그는 다마스쿠스(Damascus, 히브리어로 '다메섹'임)에 기독교인들이 많다는 정보에 대제사장에게 가서 공문을 받았다. 그곳에서 기독교인을 발견하면 모두 체포해서 예루살렘으로 데려오라는 내용이었다. 모든 준비를 끝낸 사울은 성전 경비병들을 이끌고 다마스쿠스로 향했다.

이윽고 다마스쿠스성이 보이기 시작했다. 그런데 성문에 가까워졌을 때 갑자기 눈부시게 환한 빛이 사울에게 비쳤다. 그는 앞이 잘 보이지 않았고, 눈을 뜰 수가 없었다. 그가 바닥에 쓰러졌는데, 그 빛 속에서 음성이 들려왔다.

사도 바울(361쪽 그림)_ 사도 바울은 기독교 역사를 통틀어 가장 중요한 인물로 손꼽힌다. 그의 복음 전파로 기독교는 세계적인 종교로 발전할 수 있었다. 또한, 사도 바울이 쓴 서신들은 신학적인 탁월함과 목회적인 이해가 뛰어나 현재까지 기독교인의 생활과 사상에 큰 영향을 미치고 있다. **엘 그레코의 작품.**

"사울아, 사울아, 네가 어찌하여 나를 핍박하느냐?"

웅장한 목소리에 겁에 질린 사울은 떨리는 목소리로 되물었다.

"주님, 누구십니까?"

그러자 그 목소리가 다시 들려왔다.

"나는 네가 핍박하는 예수다."

사울은 너무 놀라서 아무 말도 못 했다. 십자가에 못 박혀 죽은 그 예수가 정말 살아났단 말인가? 그 예수가 정말 하나님의 아들이며 그리스도란 말인가? 지금까지 예수를 믿는 기독교인을 핍박하던 그로서는 모든 것이 혼란스러웠다. 그러나 빛 속에서 들려온 목소리는 하나님이 아니고서는 불가능한 일이었다.

"사울아, 너는 일어나 성안으로 들어가거라. 네가 무엇을 해야 할지 알려 줄 사람이 거기 있다."

바닥에서 일어난 사울은 자기 눈이 완전히 먼 것을 알았다. 그를 비췄던 그 빛에 시력을 잃은 것이다. 일행이 그의 손을 잡고 다마스쿠스로 들어갔다. 그는 유다라는 사람의 집에 머물렀다. 그로부터 사흘 동안 사울은 눈이 먼 채로 있었다. 그는 아무것도 먹고 마시지 않았다. 오직 깊은 사색에 빠져 있었다. 그리고 구약 성경의 예언서들이 예고한 메시아, 그리스도가 나사렛 예수였다는 사실을 깨달았다.

'나사렛 예수, 그분이 우리 죄를 대신하여 죽은 희생양이었어. 그분이 부활하셨으며, 하늘로 승천하셨고, 다시 오신다고 예언되어 있으니 분명 그렇게 될 거야. 그런데 내가 예수 그리스도를 믿는 사람들을 핍박하

◀**사울의 회심(362쪽 그림)**_ 예수 그리스도의 음성을 듣고 놀란 사울이 말에서 떨어지는 장면이다. 뒤편에 마부로 보이는 인물이 말을 잡고 있다. 이 사건으로 사울은 회심하여 '바울'이라는 이름으로 사역한다. 이 그림은 17세기 로마의 산타마리아 델 포폴로 성당에 그려진 작품이다. **카라바조의 작품.**

였으니…….'

사울은 자신의 잘못을 회개하였다. 그리고 늦게라도 진리를 알게 한 하나님께 감사의 기도를 했다.

그때 다마스쿠스에는 예수 그리스도를 믿는 아나니아라는 제자가 있었다. 주님께서 그에게 말하였다.

"아나니아야, 유다의 집에 가서 다소 출신 사람 사울을 찾아라. 그가 그곳에서 기도하고 있다. 그는 네가 자기에게 안수(按手, 다른 사람의 머리 위에 한 손 또는 두 손을 얹고 하는 기도)하여 눈을 뜨는 꿈을 꾸었다."

이에 아나니아가 두려워하며 말하였다.

"주님, 모두가 이 사람이 지금까지 행한 악랄한 일들을 알고 있으며, 예루살렘에 있는 성도(聖徒, 기독교 신자를 높여 부르는 말)에게 저지른 만행에 대해 말하고 있습니다. 그는 이 도시에 있는 성도들까지 똑같이 할 수 있는 권한이 적힌 문서를 대제사장에게 받아서 여기 나타난 것입니다."

그러자 주님이 다시 말하였다.

"아나니아야, 사울에게 가라. 내가 그를 이방인과 유대인들 앞에 세울 나의 대리인으로 택했다. 그 과정에서 그가 혹독한 고난을 받게 된다는 것도 그에게 알려 줄 것이다."

비로소 주님의 뜻을 알게 된 아나니아는 곧바로 유다의 집으로 찾아갔다. 그는 눈이 먼 사울에게 주님의 분부와 함께 안수하고 말하였다.

"사울 형제여, 당신이 여기 오는 길에 만난 주님이신 예수께서 나를 보내셨소. 이제 당신 눈이 다시 보이고, 성령으로 충만하게 될 것이오."

아나니아의 안수하여 기도하자 사울의 눈에서 비늘 같은 것이 떨어져 그가 다시 보게 되었다. 그리고 사울은 일어나 세례를 받고, 다마스쿠스

사울과 아나니아_ 사울의 눈을 치유하는 아나니아의 모습이다. 그는 자신의 꿈속에 나타
난 예수 그리스도의 명에 따라 사울을 찾아가 안수하고 세례를 베풀었다. 또한, 다마스쿠
스의 기독교인들에게 사울을 소개하는 역할도 감당했다. **치로 페리의 작품.**

복음 사역을 시작한 바울_ 기독교 박해자에서 복음을 전하는 사역자로 회심한 바울이 사람들에게 예수 그리스도의 말씀을 전하는 장면이다.

의 성도들과 함께 음식을 먹고 힘을 얻었다.

그 후 사울은 곧바로 복음 사역을 시작했다. 그는 여러 회당에서 예수가 하나님의 아들이심을 전했다. 많은 사람이 그의 말에 놀라서 그를 믿어야 할지 분간이 서지 않았다.

"이 사람은 예루살렘에서 기독교인을 박해하던 자가 아닌가? 그가 이곳에 온 것도 똑같은 일을 하려고 온 것이 아닌가?"

그러나 그들의 의심에도 불구하고 사울은 더욱 힘을 내어 복음을 전하였다. 그의 이런 변화는 유대인들에게 큰 충격을 주었으며, 두 가지 결과로 나타났다. 첫째, 많은 유대인이 예수를 믿게 되었다. 둘째, 예수의 부활을 부인하는 유대인들이 그를 증오했다. 그들은 과거 사울이 그랬던 것처럼 그가 복음을 전하는 것을 막아야 했으며, 몇몇 유대인들은 사울을 죽이기로 하였다.

"배신자 사울을 죽여야 합니다. 더는 두고 볼 수 없습니다. 그의 영향력이 더 커지기 전에 한시라도 빨리 그를 제거해야 합니다."

그런데 그들의 살해 계획이 사울의 귀에 들어갔다. 유대인들은 그를 죽이려고 그가 성 밖으로 나가지 못하도록 성문마다 감시하고 있었다. 그러던 어느 날 밤, 다마스쿠스의 성도들이 사울을 광주리에 담아 굵은 밧줄을 매어 성 밖으로 탈출시켰다. 그는 예루살렘으로 돌아와 성도들의 무리에 들려고 했으나 예루살렘 교회는 그를 두려워했다.

사울이 그들에게 진심으로 말했다.

"나는 부활하신 예수를 만났습니다. 그분이 그리스도임을 믿습니다. 이제부터 부활의 증인으로 복음을 전하며 살아갈 것입니다."

그러나 그동안 사울이 기독교인들에게 저지른 악랄한 모습을 기억하는 성도들이 많았다. 그들은 사울을 전혀 믿지 않았다. 그때 바나바가 사울을 감싸 주었다. 바나바는 예루살렘의 많은 성도가 존경하는 인물이었다. 바나바는 사도들에게 사울을 소개하며 말했다.

"사울은 이제 그리스도를 박해하는 사람이 아닙니다. 그 반대로, 다마스쿠스에서 많은 유대인이 사울을 통해 구원받았습니다. 사울은 이제 우리와 한뜻으로, 복음을 전하려고 우리에게 온 것입니다."

바나바는 그가 들은 대로 사울이 다마스쿠스를 가는 길에서 주님을 만난 것과 다마스쿠스에서 목숨을 걸고 예수의 이름을 전한 것, 또 다마스쿠스의 성도들이 위기에 빠진 사울을 탈출시킨 것 등을 말하며 사울을 옹호했다. 그 후로 사울은 사도와 제자들에게 받아들여져 아무 의혹도 사지 않고 예루살렘에 드나들며 주님의 이름을 전했다.

그러나 그것으로 사울이 안전한 것은 아니었다. 사울은 헬라어(그리스말)를 사용하는 유대인 무리와 잇단 논쟁을 벌였다. 그들은 해박한 지식으로 하나님의 율법과 예언자들의 말을 인용하며 예수 그리스도를 전하는 사울을 좌시할 수 없었다. 또한, 대제사장과 산헤드린 그리고 율법주의자들도 사울을 죽이려는 음모를 꾸몄다.

결국, 예루살렘 교회는 사울을 피신시키기로 하였다. 그는 몇몇 성도들의 도움으로 예루살렘 성을 나와 가이사랴(Caesarea, 예루살렘 북서쪽, 로마 총독부가 있는 해안 도시)로 갔다. 그리고 거기서 배를 타고 그의 고향인 다소(Tarsus, 지금의 터키 남부 지역)로 갔다.

사울의 기독교적 회심(悔心, 회개와 같은 말로 죄를 뉘우치고 성령에 의한 변화된 삶을 사는 것)은 기독교 부흥에 크게 이바지했다. 이제 예수 그리스도 구원의 복음은 유대와 사마리아와 갈릴리 지역으로 번져 나가 많은 교회가 설립되고 크게 부흥하였다.

복음 서신을 쓰는 바울_ 바울의 복음전파에서 가장 특징은 교회를 설립한 후 정착이 되면, 이후 권면이 가득한 서신을 보낸 것이다. 그는 교회의 질서 유지를 위한 목회 방법이나 구체적인 지침을 전하면서 기독교인들이 자신의 삶 속에서 올바른 신앙을 지킬 수 있도록 인도하였다. **렘브란트의 작품.**

몰타의 사도 바울_ 로랑 드 라 이르의 작품.

사도 베드로의 능력과 기적

사울이 길을 가다가 다메섹에 가까이 이르더니 홀연히 하늘로부터 빛이 그를 둘러 비추는지라 땅에 엎드러져 들으매 소리가 있어 이르시되 사울아 사울아 네가 어찌하여 나를 박해하느냐 하시거늘. 대답하되 주여 누구시니이까 이르시되 나는 네가 박해하는 예수라
-사도행전 7장 54~60절

기독교 복음은 놀랍도록 번성(蕃盛)했다. 사도들은 교회와 성도들이 있는 곳이면 어디든 찾아가서 가르치고 전도하였다. 성령이 그들과 함께 있어서 그들에게 힘을 주었다. 이제 복음은 팔레스타인(Palestine, 현재 이스라엘과 팔레스타인국이 있는 지중해 동안 지역으로, 고대 이스라엘 왕국과 유다 왕국이 있었던 지역, 히브리어로 '플레셰'임) 전역으로 퍼져서 사도들은 매우 바빴다.

베드로가 모든 교회를 방문하는 사명을 가지고 길을 떠났다. 예루살렘 교회 외에 다른 지역은 순회하며 돌아보지 않을 수 없었다. 베드로는 여러 지역에서 전도하고 가르치다가 룻다에 도착했다. 이곳에도 기독교인들이 여럿 있었는데, 이미 베드로가 앉은뱅이를 일으킨 기적과 그의 그림자만 스쳐도 병이 나았다는 소문이 나 많은 사람이 베드로에게 몰려왔다.

◀**사도 베드로**(372쪽 그림)_베드로는 예수 그리스도가 직접 부른 첫 번째 제자들 가운데 한 명으로, 열두 제자 중에서 으뜸으로 손꼽힌다. 예수 그리스도의 부활 승천 후 베드로는 초대교회의 지도자가 되었으며, 이후 교회 공동체를 구성하여 기독교 복음을 전파하는 데 앞장섰다. **엘 그레코의 작품.**

룻다의 성도들은 먼저 애니아라는 사람을 고쳐 달라고 요청했다. 그는 몸이 마비되어 팔 년째 병상에 누워만 있었다. 예수 그리스도의 이름으로 병을 낫게 하는 것은 제자들이 할 일이자 주님의 뜻이었다.

베드로가 애니아에게 말하였다.

"애니아야, 예수 그리스도께서 너를 낫게 하신다. 어서 일어나 자리를 정돈하여라."

그러자 애니아는 즉시 몸을 일으켰다. 이 놀라운 기적은 룻다에 퍼져 더욱더 많은 사람이 예수 그리스도를 믿게 되었다.

룻다에서 북서쪽에 있는 항구 도시 욥바에도 '룻다의 기적'은 전해졌다. 욥바에는 다비다라는 제자가 있었다. 다비다는 예수의 말씀을 실천하는 믿음의 여인으로, 그녀의 선행과 구제는 잘 알려져 있었다. 그런데 베드로가 룻다에 있는 동안 다비다가 병이 들어 죽었다. 게다가 이미 장례를 치르려고 시신을 안치한 상황이었다.

어느 날, 욥바에서 두 사람이 베드로를 찾아와 그들이 있는 곳으로 와 주기를 요청하였다. 베드로는 즉시 그들과 함께 욥바에 갔다. 베드로는 곧 다비다의 시신을 안치한 방으로 들어갔다. 그 방에는 평소 다비다에게 많은 도움을 받은 가난한 과부들이 슬프게 울고 있었다. 그들은 다비다가 살아 있을 때 만들어 준 옷가지들을 베드로에게 보여 주며 안타까워했다. 베드로는 과부들을 방에서 내보내고 무릎을 꿇고 기도하였다.

사실 베드로는 죽은 사람을 살린 경험이 없었다. 그러나 예수 그리스도가 죽은 나사로를 살려 낸 현장에 함께 있었으며, 지금까지 '예수 그리스도의 이름'으로 수많은 병자를 고친 그였다. 베드로는 전능하신 주님께 이 여인을 살려 달라고 간구하였다. 그리고 시신에 대고 명령했다.

"다비다야, 일어나라!"

그러자 다비다가 눈을 떠서 베드로를 보더니 일어나 앉았다. 베드로는 그녀의 손을 잡아 일으켰다. 그리고는 믿는 성도들과 과부들을 방으로 불러들여 살아난 다비다를 보여 주었다. 그들은 매우 기뻐서 어쩔 줄을 몰랐다. 죽은 다비다를 살린 베드로의 능력과 '욥바의 기적'은 순식간에 널리 퍼졌고, 그만큼 예수를 믿는 사람은 더욱 증가하였다.

죽은 다비다를 살리는 베드로_ 병에 걸려 죽은 다비다를 위해 베드로가 기도하고 '일어나라'고 명하자 죽은 다비다가 살아나는 장면이다. 베드로는 예수 그리스도의 능력에 힘입어 온갖 병자들을 살리며 복음을 전하였다. **마사초의 작품.**

기독교 복음의 확산

그가 시장하여 먹고자 하매 사람들이 준비할 때에 황홀한 중에 하늘이 열리며 한 그릇이 내려오는 것을 보니 큰 보자기 같고 네 귀를 매어 땅에 드리웠더라 그 안에는 땅에 있는 각종 네 발 가진 짐승과 기는 것과 공중에 나는 것들이 있더라 또 소리가 있으되 베드로야 일어나 잡아먹어라 하거늘 베드로가 이르되 주여 그럴 수 없나이다 속되고 깨끗하지 아니한 것을 내가 결코 먹지 아니하였나이다 한대
―사도행전 10장 10~14절

욥바에서 북쪽으로 올라가면 또 다른 항구 도시 가이사랴(Caesarea)가 나온다. 이 도시는 팔레스타인 지역의 모든 유대인을 통치하는 로마의 행정수도로, 로마의 황제 카이사르(Caesar)의 이름을 따서 도시명을 지었다. 그런 만큼 로마군을 비롯해 로마인, 로마 시민권자들이 살고 있었다. 가이사랴에 살고 있던 고넬료는 로마의 백부장(百夫長, 로마 군대에서 백 명 단위로 조직된 부대의 지휘관)으로, 이 도시에서 오래 살아와 유대인의 형편과 사정을 잘 알고 있었다. 특히 고넬료는 로마인이었음에도 하나님을 믿었다. 그는 유대인처럼 하루 세 번 기도하며, 어렵고 가난한 사람을 도와주는 선한 이방인(異邦人, 다른 나라 사람)이었다.

하루는 오후 세 시 기도 시간에 고넬료가 하나님께 기도하고 있었다. 그때 갑자기 천사가 그를 찾아와 말했다.

◀**고넬료에게 세례를 주는 베드로**(376쪽 그림)_ 하나님의 계시를 받은 베드로가 고넬료를 찾아가 복음을 전하고, 이방인인 고넬료에게 세례를 주는 장면이다. **프란체스코 트레비사니의 작품.**

백부장 고넬료_ 하나님께 기도하고 있던 고넬료에게 하나님의 천사가 나타나 계시를 전하는 장면이다. **헤르브란트 반 덴 데크하우트의 작품.**

"고넬료야, 하나님은 네가 드리는 기도와 어려운 이웃을 도와주는 네 행실을 모두 아신다. 너는 지금 욥바에 사람을 보내서 시몬 베드로를 데려오너라. 그는 해변에 있는 가죽가공업자 시몬의 집에 묵고 있다."

하나님의 계시를 전해 준 천사는 사라졌다. 고넬료는 곧바로 하나님을 잘 섬기는 부하 병사 한 명과 하인 둘을 욥바로 보냈다.

한편 베드로는 욥바에서 복음을 전하고, 또 제자들을 가르치며 지냈다. 어느 날 정오 무렵, 베드로는 그가 묵고 있는 시몬의 집 옥상에 기도하러 올라갔다. 시장기가 있던 베드로는 음식이 먹고 싶었다. 음식이 준비되는 동안 그는 하나님께 기도하기 시작했다. 그런데 하늘에서 네 귀퉁이를 줄에 매단 커다란 보자기 같은 것이 내려오는 것이 보였다. 그 안에는 여러 짐승과 파충류, 새들이 들어 있었다.

그때 하늘에서 주님의 음성이 들려왔다.

"베드로야, 어서 잡아먹어라."

이에 베드로가 대답했다.

"주님, 안 됩니다. 지금까지 저는 부정한 음식은 입에 대 본 적이 없습니다."

두 번째 주님의 음성이 들려왔다.

"하나님께서 깨끗하게 한 것을 네가 부정하다고 하느냐?"

그래도 베드로가 '먹지 않겠다'라고 말하자 세 번째 똑같은 음성이 들려왔다. 하나님께서 괜찮다고 하시면 괜찮은 것이니 먹으라는 것이었다. 베드로가 세 번 다 먹지 않겠다고 대답하자 보자기가 다시 하늘도 올라갔다.

모세의 율법에는 동물의 '정(淨)한 것(깨끗한 동물)'과 '부정(不淨)한 것(더러운 동물)'을 철저히 구분하여 먹게 했다. 그런데 보자기 안에는 모두 금식 목록에 있는 동물들뿐이었다. 베드로는 자신에게 왜 부정한 것을 먹으라고 했는지 이해할 수 없었다.

그때 베드로를 찾는 낯선 목소리가 들렸다. 그는 생각에 잠겨 자기를 찾는 목소리를 듣지 못했다. 성령이 베드로에게 속삭였다.

"너를 찾는 손님이 왔다. 의심하지 말고 그들과 함께 가거라. 내가 보낸 사람들이다."

베드로는 즉시 세 사람을 맞이하며 말했다.

"여러분이 찾는 사람이 나인 것 같습니다. 무슨 일입니까?"

그러자 그들이 말했다.

"고넬료 백부장은 의로우며 하나님을 경외하는 분입니다. 그런데 천사가 그분에게 나타나 당신을 찾아가 집으로 모신 후 당신의 말을 들으라고 명했습니다."

그들의 말을 들은 베드로는 부정한 것이 이방인(異邦人, 다른 나라 사람)을 뜻한다는 사실을 깨달았다. 즉 유대인만 구원하는 것이 아니라 이방인에게도 복음을 전하라는 의미였다. 당시 유대인들은 예수 그리스도는 '유대인만의 구세주(Messiah)'로 알고 있었다. 베드로는 그들을 집 안으로 들여 편히 쉬게 했다. 그들은 하루를 묵고 다음 날 가이사랴로 일찍 출발했다.

다음 날, 고넬료는 베드로가 올 것을 기대하며 친척과 가까운 친구들을 불러 함께 기다리고 있었다. 그는 기다리다 못해 집 밖으로 나갔고, 마침 베드로가 문에 들어서고 있었다. 고넬료는 기쁘고 반가운 마음에 베드로에게 엎드려 경배하듯이 큰절을 올렸다.

이에 베드로가 고넬료를 잡아 일으키며 말했다.

"나도 당신과 다를 바 없는 사람일 뿐입니다. 이러지 마십시오."

베드로는 고넬료의 안내를 받으며 집으로 들어갔다. 고넬료는 모여 있는 사람들을 소개했다. 그들은 모두 로마군 장교와 병사들, 그리고 그들의 가족들이었다. 예상외로 많은 사람이 모여 있었다.

베드로가 그들에게 말했다.

"여러분도 아시다시피 유대인들은 절대로 다른 민족 사람들과 편하게 어울리지 않습니다. 그러나 어느 민족도 다른 민족보다 나을 게 없다는 것을 하나님께서 제게 보여 주셨습니다. 제가 여기 온 것도 하나님께서

사도 베드로와 백부장 고넬료_ 하나님의 계시를 받은 고넬료가 욥바에 있는 베드로에게 부하를 보내 초대한 후 만나고 있는 장면이다. **렘브란트의 작품.**

가라고 지시하셔서 아무것도 묻지 않고 따라왔습니다. 여러분이 왜 나를 불렀는지 들어 보고 싶습니다."

그러자 고넬료가 대답하였다.

"나흘 전 오후 세 시쯤, 제가 기도하는 중에 하나님의 천사가 나타났습니다. 그는 하나님께서 제 기도와 구제를 아신다면서 욥바에 사람을 보내 당신을 데려오라고 하셨습니다. 고맙게도 당신은 이렇게 와 주셨습니다. 이제 우리가 모두 하나님 앞에 모여 있습니다. 우리는 하나님께서 당신에게 명하신 말씀을 들을 준비가 되어 있습니다."

고넬료의 말을 들은 베드로는 크게 감격하였다. 유대인을 정복하고 지배하는 로마의 군인들과 그 가족들이 유대인 못지않게 하나님을 경외(敬畏, 공경하고 두려워함)하며, 또 하나님께서도 그들을 기뻐하시어 오늘 이런 자리를 만들어 주신 것이다.

한자리에 모인 사람들을 둘러본 베드로가 그들에게 말하였다.

"여러분, 이보다 더 확실한 하나님의 진리는 없습니다. 하나님은 차별하지 않으십니다. 여러분이 누구이며 어느 나라, 어느 민족인지는 중요하지 않습니다. 여러분이 하나님을 원하고, 그 말씀대로 행할 각오가 되어 있다면 하나님은 다 받으십니다."

계속해서 베드로는 그들에게 예수 그리스도가 한 일과 가르친 내용을 비롯해 그가 십자가에 못 박혀 죽었으나 부활하여 하늘로 들려 올라가셨고, '다시 오신다'라는 복음을 전하였다. 또한, 예수 그리스도는 이미 구약시대 선지자들이 예언한 것임을 알려 줬다.

베드로가 그들에게 말하였다.

"누구든지 예수 그리스도를 믿는 사람은 죄 사함을 얻고 구원을 받습니다."

베드로의 말이 끝나자마자 그의 말을 듣고 있던 사람들에게 성령이 임하였다. 그들의 입에서 방언이 나오고, 기뻐하며 하나님을 찬양하였다. 마치 오순절 마가의 다락방에 모인 제자들과 같은 광경이었다.

그때 베드로가 말했다.

"이 사람들도 우리와 똑같은 성령을 받았으니 물로 세례를 주어야 하겠소."

베드로는 그들에게 예수 그리스도의 이름으로 세례를 받게 했다. 그는 가이사랴에 더 머물면서 이방인들에게 복음을 전하고 가르쳤다. 그런데 로마인 고넬료와 그 집에 모인 사람들이 복음을 받아들이고 성령을 받았다는 소식이 예루살렘에 전해지자 사도들과 많은 유대 기독교인들은 놀라는 한편으로 의문에 빠졌다.

"하나님이 이방인도 사랑하신단 말인가? 이방인에게도 성령을 주신단 말인가?"

베드로에게 세례를 받는 고넬료_ 베드로가 '이방인에게도 복음을 전해야 한다'라는 계시를 깨달은 후, 이방인이지만 신실한 고넬료에게 세례를 주는 장면이다. **니콜라 푸생의 작품.**

"하나님이 이방인도 사랑하신단 말인가? 이방인에게도 성령을 주신 단 말인가?"

베드로가 예루살렘에 돌아오자 유대 기독교인들의 비난이 쏟아졌다. 그들은 하나님은 아브라함의 후손인 유대인만의 하나님으로 믿고 있었다. 게다가 이방인은 사람 취급을 하지 않던 그들이었다. 베드로는 그들에게 욥바에서 그가 본 환상과 하나님께서 직접 가라고 하신 사실, 그리고 고넬료가 본 환상을 차근차근 설명했다.

그들에게 베드로가 말하였다.

"여러분, 내가 고넬료의 집에서 주님의 복음을 전할 때에 우리에게 임한 성령이 그들 모두에게 똑같이 임하였습니다. 이 일은 하나님께서 하신 것입니다."

베드로의 설명을 듣고나서야 그들은 수긍했다. 또한, 주님은 이방인도 우리와 똑같이 보시고 구원하신다는 사실을 받아들였다. 이제 예수 그리스도의 복음이 이방인에게도 전해지게 된 것이다.

한편 스데반의 순교 이후로 여러 지역으로 흩어진 성도들은 각자 자신들이 있는 곳에서 복음을 전하였다. 북쪽으로는 가이사랴 위쪽 레바논의 해안 평야 지대와 그 서쪽의 구브로 섬(키프로스)에 이르렀고, 큰 도시인 안디옥에도 많은 기독교인이 생겼다. 안디옥에 있는 헬라인들도 예수 그리스도를 믿었으며, 이런 안디옥의 소식은 예루살렘에 전해졌다. 이에 예루살렘 교회는 새 신자들에게 말씀을 가르치기 위하여 성령이 충만한 바나바를 안디옥 교회로 파송하였다.

　　바나바의 전도로 수많은 안디옥 사람들이 예수 그리스도를 믿게 되었지만, 혼자서 사역을 감당하기에는 역부족이었다. 바나바는 다소에 있는 사울에게 연락하였고, 두 사람은 협력하여 안디옥 교회를 이끌었다. 그 결과 안디옥 교회는 대부흥을 이루었다.

▌헤롯의 박해와 베드로의 탈옥

헤롯이 잡아 내려고 하는 그 전날 밤에 베드로가 두 군인 틈에서 두 쇠사슬에 매여 누워 자는데 파수꾼들이 문 밖에서 옥을 지키더니 홀연히 주의 사자가 나타나매 옥중에 광채가 빛나며 또 베드로의 옆구리를 쳐 깨워 이르되 급히 일어나라 하니 쇠사슬이 그 손에서 벗어지더라 천사가 이르되 띠를 띠고 신을 신으라 하거늘 베드로가 그대로 하니 천사가 또 이르되 겉옷을 입고 따라오라 한대 베드로가 나와서 따라갈새 천사가 하는 것이 생시인 줄 알지 못하고 환상을 보는가 하니라
-사도행전 12장 6~9절

그 무렵 헤롯(아그립바 1세) 왕의 기독교인에 대한 박해가 심해졌다. 그는 예수가 베들레헴에 탄생했을 때 예수를 죽이기 위해 베들레헴의 두 살 이하 남자 아기를 죽인 헤롯 대왕의 손자였다. 가이사랴 총독부에서 유대 땅을 다스리던 헤롯 왕은 유대를 평안하게 통치하기 위해 유대 사회의 지도층, 즉 대제사장과 산헤드린의 재판관들, 율법 학자들의 환심을 얻을 필요가 있었다. 헤롯 왕은 열두 사도 중 한 사람인 야고보를 체포한 후 처형하였다. 그러자 유대인들은 헤롯 왕을 크게 칭찬했고, 이를 알게 된 헤롯 왕은 사도 베드로를 잡아들여 감옥에 가두었다. 베드로는 열두 사도의 대표이자 교회의 중심인물로 그 상징성이 더욱 컸다.

베드로는 유월절 주간에 체포되었는데, 헤롯 왕은 그를 유월절이 지난 후에 공개 처형할 작정이었다. 베드로가 감옥에 있을 때 유대인들은 빌라도 총독 시절에 베드로가 성전 감옥을 탈옥한 사건을 헤롯 왕에게 알려 주었다. 이번에는 반드시 베드로를 죽일 심산이었다. 이에 헤롯 왕

은 베드로의 탈옥을 막기 위하여 네 개 조 16명의 병력을 배치하였다. 또한, 그중 두 명의 병사는 베드로의 양옆에 함께 쇠사슬로 묶어 두었고, 두 명의 병사는 옥문을 지켰다. 게다가 감옥은 이중삼중의 철문으로 잠겨 있고, 곳곳에 경비병들이 감시하고 있어서 그 누구도 탈옥할 수 없는 상황이었다.

이처럼 베드로가 삼엄한 경비를 받는 동안에 교회는 그를 위하여 더욱 맹렬히 기도하였다. 곧 처형당할 교회의 최고 지도자인 베드로의 생명을 보호해 달라는 기도였다.

드디어 헤롯 왕이 베드로를 끌어내어 처형할 때가 왔다.

그날 밤, 베드로는 양쪽에 한 명씩 두 병사에게 쇠사슬로 묶여 있으면서도 '잘 자고 있었다.

'복음을 위한 순교는 이 땅에서 가장 거룩한 죽음이며 명예로운 죽음이 아닌가.'

그는 평안한 마음으로 마치 아기처럼 잘 잤다. 여전히 옥문은 경비병들이 지키고 있었다. 바로 그 순간 하나님의 천사가 베드로 곁에 나타났고, 감옥에 빛이 가득했다.

천사가 베드로를 흔들어 깨우며 말했다.

"급히 일어나라!"

베드로가 일어나자 그의 양손에 묶인 쇠사슬이 저절로 풀어졌다.

천사가 다시 베드로에게 말했다.

"어서 띠를 띠고, 신발을 단단히 신어라. 서둘러라! 네 겉옷을 들고 여기서 나가자."

베드로는 천사가 하라는 대로 하고 따라가면서도, 그가 정말 천사라고 믿기지 않을 만큼 비몽사몽(非夢似夢) 지경이었다. 베드로는 자신이 꿈을

베드로를 구출하는 천사_ 예수 그리스도 구원의 복음을 전하다가 감옥에 갇힌 베드로가 하나님이 보낸 천사의 도움으로 감옥을 탈출하는 장면이다. **후안 데 발데스 레알의 작품.**

꾸고 있다고 생각했다. 천사와 베드로가 지나갈 때마다 철문이 저절로 활짝 열렸다. 경비병들은 눈을 뜨고 있었지만, 그들을 막지 않았다. 이렇게 첫째 경비병을 지나고, 둘째 경비병을 지나 성안으로 들어가는 마지막 철문 앞에 이르렀다. 마지막 철문도 소리 없이 활짝 열렸다. 그리고 천사는 베드로를 두고 홀연히 사라졌다. 그제야 베드로는 이것이 꿈이 아닌 사실인 것을 알았다.

감옥을 탈출하는 베드로_ 르네상스의 거장 라파엘로가 로마 바티칸 박물관 엘리오도로의 방에 그린 프레스코화 작품이다.

"주님이 천사를 보내셔서 헤롯왕의 악하고 옹졸한 수작과 유대인들에게서 나를 구해 주셨구나."

놀라움과 동시에 감격한 베드로는 요한 마가의 어머니 마리아의 집으로 갔다. 이곳은 교회의 본부 역할을 하는 곳으로, 기도하는 성도들로 가득 차 있었다. 베드로가 마당으로 난 문을 두드리자 로데라는 젊은 여인이 나왔다.

"문을 열어 주시오."

"이 밤중에 누구세요?"

"로데, 나 베드로다."

베드로의 목소리를 확인한 로데는 너무 놀란 나머지 베드로에게 문을 열어 주는 것도 잊은 채 그가 왔다는 사실을 모두에게 알렸다.

로데가 말하였다.

"베드로가 오셨습니다! 문을 두드린 사람이 베드로입니다."

"네가 제정신이냐? 감옥에 있는 베드로가 어떻게 나오느냐?"

로데의 말을 사람들은 믿으려 하지 않고 그녀의 말을 모두 무시해 버렸다. 그러나 로데는 뜻을 굽히지 않았다. 베드로가 틀림없다고 말했다. 그동안에 베드로는 계속 바깥에 서서 문을 두드리고 있었다. 문을 열라는 베드로의 목소리도 들려오자 마침내 그들이 문을 여니 과연 베드로였다. 그들은 몹시 흥분했다. 베드로는 그들을 진정시키며 집 안에 들어가 주님이 어떻게 자신을 감옥에서 빼내 주셨는지 설명하였다. 그리고 다른 사도들에게 이 사실을 알려 주라고 말하였다.

"야고보와 형제들에게 이 일을 알리십시오."

그러고는 그들을 떠나 다른 곳으로 갔다. 몸을 숨겨야 했기 때문이다. 동이 트자 감옥에서는 난리가 났다.

"베드로는 어디에 있지? 베드로가 어떻게 된 거지?"

철저하게 경비하던 베드로가 사라진 사실에 모두가 어안이 벙벙했다. 두 병사와 함께 묶은 쇠사슬을 어떻게 풀었으며, 경비병들은 어떻게 통화했으며, 또 굳게 잠긴 철문은 어떻게 열었는지 도무지 알 수가 없었다. 탈옥의 흔적도 없었고, 베드로의 흔적도 남아 있지 않았다.

헤롯 왕은 베드로를 데려오라고 난리였지만, 감옥의 간수들도 별다른 방법이 없었다. 그들이 베드로를 데려오지도 못하고 이유도 대지 못하자 헤롯 왕은 그들을 사형에 처하라고 명령했다.

"베드로를 지키던 병사들의 머리를 쳐라!"

유대와 유대인들이 지긋지긋해진 헤롯왕은 가이사랴로 돌아갔다. 그러나 헤롯 왕의 상황은 악화일로(惡化一路)로 치달았다. 당시 북부에 있는 두로와 시돈 사람들은 헤롯 왕의 분노를 사고 있었다. 그들은 유대로부터 식량을 공급받고 있어서 사태를 원만하게 해결하고자 대표단을 소집해 헤롯 왕을 찾았다. 그들을 접견하기로 한 헤롯 왕은 화려하게 차려입고 보좌에 앉아 잔뜩 허세를 부렸다. 헤롯왕에게 잘 보여야 했던 그들은 소리 높여 아첨했다.

"폐하의 말씀은 신의 목소리입니다."

이에 헤롯의 교만을 더는 볼 수 없었던 하나님은 천사를 보내어 헤롯 왕을 급사하게 하였다. 뼛속까지 부패했던 헤롯 왕은 그렇게 쓰러져 죽었다. 그는 어떤 일에도 하나님께 영광을 돌린 적이 없었다. 그의 할아버지인 헤롯 대왕이 아기 예수를 죽이려다가 죽은 것처럼, 헤롯 왕은 베드로를 죽이려다가 죽은 것이다.

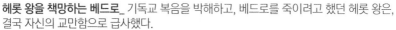

헤롯 왕을 책망하는 베드로_ 기독교 복음을 박해하고, 베드로를 죽이려고 했던 헤롯 왕은, 결국 자신의 교만함으로 급사했다.

▌바울의 전도와 기독교인이 된 간수

간수가 등불을 달라고 하며 뛰어 들어가 무서워 떨며 바울과 실라 앞에 엎드리고 그들을 데리고 나가 이르되 선생들이여 내가 어떻게 하여야 구원을 받으리이까 하거늘 이르되 주 예수를 믿으라 그리하면 너와 네 집이 구원을 받으리라 하고 주의 말씀을 그 사람과 그 집에 있는 모든 사람에게 전하더라
–사도행전 16장 29~32절

예수 그리스도 구원의 복음은 하루가 다르게 크게 성장했다. 바나바와 바울('사울'은 부활한 예수를 만나기 전에 사용했던 이름이며, '바울'은 예수를 만난 이후 자신을 낮추어 가진 이름임)은 예루살렘 교회에 구제 헌금을 전달하고 나서 안디옥으로 돌아갔다. 이처럼 예루살렘은 심한 박해로 위축되었지만, 안디옥 교회는 바나바와 바울을 중심으로 계속 부흥하였다. 안디옥 교회에는 예언의 은사(恩賜, 하나님이 주신 재능)를 받은 사람들도 있었고, 말씀을 가르치는 설교자와 교사들도 많아졌다.

하루는 그들이 금식하며 하나님께 기도하는데 성령께서 말씀하셨다.

"바나바와 바울을 따로 세워 내가 그들에게 명하는 일을 맡겨라."

그리하여 안디옥 교회는 바나바와 바울을 선교사로 파송하였다. 두 사람은 교회가 공식적으로 파송한 최초의 선교자였다. 또한, 두 사람을 도와줄 동료로 마가(요한)가 동행하였다. 이렇게 세 명의 선교사는 실루기아로 내려가 구브로(키프로스)로 가는 배에 올랐다. 그들은 살라미에 도착

눈이 멀게 된 바예수_ 복음을 전하는 것을 방해하던 바예수가 바울의 꾸짖음에 눈이 멀게 되는 장면이다. **라파엘로의 작품.**

해 곧바로 유대인의 여러 회당에서 하나님의 말씀을 전했다.

섬 전역을 다니며 복음을 전하던 중에 로마의 총독이 있는 바보에 이르렀다. 총독인 서기오 바울은 웬만해서는 협잡꾼에게 넘어가지 않는 지혜로운 사람이었다. 그러나 바예수라는 유대인 마술사는 비뚤어진 사람으로, 선지자 행세를 하는 박수무당이었다. 바나바와 바울에게서 하나님의 말씀을 직접 듣고 싶었던 총독은 그들을 불러들였다. 하지만 바예수가 총독이 믿지 못하게 하려고 애를 썼다.

이에 성령이 충만한 바울이 바예수의 눈을 똑바로 보며 말했다.

"너는 사람들을 속여 하나님을 믿지 못하게 하려고 악한 꾀와 악행을 저지르는 마귀의 자식이다. 그러나 이제 하나님과 직접 부딪쳤으니, 너는 눈이 멀어서 오랫동안 햇빛을 보지 못한 것이다."

그러자 바예수는 앞이 보이지 않아 주변을 더듬거렸다. 이 모습을 본 총독은 예수 그리스도를 믿게 되었다.

바보를 떠난 바나바와 바울은 배를 타고 버가(현재 터키 서남부에 위치한 항구 도시)로 갔다. 그들은 육로를 이용해 북쪽으로 올라가 비시디아 지역의 안디옥('안디옥'이라는 도시는 여러 개가 있었음)으로 갈 예정이었다. 이때 마가는 예루살렘으로 돌아가겠다고 하였다. 복음을 전파하며 겪은 고생이 마가를 지치게 한 것이다. 바울과 바나바는 버가에서 마가와 헤어진 후 비시디아 안디옥에 도착하였다. 힘든 여정이었지만, 두 사람은 성령에 의지해 여러 회당을 다니면서 복음을 전하였다.

"나사렛 예수, 그분이 진정 그리스도입니다. 누구든지 예수 그리스도를 믿으면 죄 사함을 받고 구원을 얻습니다. 그러나 그를 믿지 않으면 하나님의 심판이 임합니다!"

바울과 바나바는 가는 곳마다 예수 그리스도의 복음을 전하였다. 복음을 받아들이는 사람도 많았지만, 이를 거부하는 유대인들도 적지 않았다. 유대인 사회는 복음을 지지하는 사람과 반대하는 사람으로 분리될 지경이었다. 바울과 바나바는 성령으로 충만하여 담대히 복음을 전할 뿐이었다. 이후 유대인 지도층의 핍박이 심해져 더는 버틸 수 없었던 그들은 이고니온으로 선교지를 옮겼다. 이고니온에서도 회당에서 복음을 전하였지만, 역시 유대인 반대자들은 두 사람을 핍박하였으며 심지어 돌로 쳐죽일 기세였다. 이에 바울과 바나바는 루가오니아와 루스드라, 더베와 인근 성으로 갔다.

바울과 바나바는 계속해서 복음을 전하였다. 어느 날이었다. 루스드라 회당에서 복음을 전하던 중에 그 자리에 앉은뱅이 한 사람이 바울의 설교를 듣고 있었다. 그는 바울이 전하는 말씀을 들으며 은혜받는 모습이 역력했다. 바울은 그가 하나님의 일을 위해 준비되었고, 구원받을 믿음이 있다는 것을 알았다.

바울이 모두가 들을 수 있게 큰 소리로 말했다.

"당신 발로 지금 일어서시오!"

그러자 앉은뱅이는 순식간에 일어나 걷기도 하고 껑충껑충 뛰기도 하였다. 이 모습을 본 사람들이 흥분해서 루가오니아 말로 외쳤다.

"신들이 내려오셨다! 이 사람들은 신이다!"

그들은 바나바를 제우스(Zeus, 그리스 신화에 나오는 신들의 제왕) 신으로, 바울을 헤르메스(Hermes, 제우스 신의 대변인) 신이라고 불렀다. 그러자 제우스 신전의 제사장이 두 사람에게 달려와 제사를 지내려고 하였다. 사태를 파악한 바울과 바나바는 그들을 말리며 말했다.

"우리는 신이 아닙니다. 우리는 여러분에게 복음을 전하러 여기에 온 사람입니다. 이제 미신을 버리고 살아 계신 하나님을 믿으십시오."

바울과 바나바의 열변에 그들을 신으로 모시려는 그들의 제사를 막을 수 있었다.

그 후 이전에 선교 활동을 하던 안디옥과 이고니온에서부터 바울과 바나바를 쫓아온 유대인 반대자들이 회당에 모인 사람들을 부추겨 바울을 심하게 때린 후 성 밖으로 끌고 가 죽도록 내버려 두었다. 한참 후 의식을 되찾은 바울은 간신히 일어났고, 다음 날 바나바와 함께 남쪽의 더베로 떠났다. 두 사람은 그곳에서도 복음을 전하였으며 많은 사람이 구원을 받았다.

이후 바울과 바나바는 그들을 선교사로 파송한 안디옥 교회로 복귀하여 1차 선교 여행을 마무리했다. 고난과 위험이 따른 선교 여행이었지만, 그 결과는 대성공이었다.

이단을 질타하는 바울과 바나바(395쪽 그림)_ 이방 신을 믿는 사람들에게 바울과 바나바가 하나님의 말씀을 전하며, 그들과 설전을 벌이는 장면이다. **니콜라스 베르험의 작품.**

바나바_ 본명은 요셉이지만, 바나바('위로의 아들'이란 뜻)로 불리었다. 바나바는 바울의 동역자로서 1차 전도여행을 함께 했지만, 2차 전도여행 때는 바울과 갈라져 마가와 함께 구브로에 가서 복음을 전하였다. 바나바는 회심한 바울을 변호하기도 했으며, 기독교 복음의 세계적인 전파에 힘쓴 주역이었다.

바울과 바나바는 안디옥에 머물면서 하나님의 말씀을 가르치고 전했다. 며칠 후에 바울이 바나바에게 말하였다.

"이전에 우리가 하나님 말씀을 전하던 각 도시로 돌아가서, 거기 있는 동료들을 만나 보고 어떻게 지내는지 알아봅시다."

바울의 제안에 바나바도 동의하며 말했다.

"이번에도 마가를 데리고 갑시다."

그러자 바울이 대답했다.

"끝까지 견디지 못하고 중도에서 돌아가는 것은 복음을 전하는 전도자로서 잘못입니다."

첫 선교 여행에서 두 사람을 수행한 마가는 예루살렘 마리아의 아들로 바나바의 조카였다. 바나바는 젊고 사회 경험이 미숙하여 실수를 저지른 마가를 받아들이지 못하는 바울을 이해할 수 없었다. 두 사람은 이전에 선교한 지역에 가서 잘 믿고 있는지 살펴보고, 또 새로운 사람들을 구원해야 한다고 생각했다. 하지만 두 사람의 생각에 차이가 있었다.

결국, 심하게 다툰 두 사람은 각각 선교 여행을 떠나기로 하였다. 바나바는 마가를 데리고 배편으로 키프로스 섬으로 갔다. 반면 바울은 실라를 데리고 시리아와 길리기아로 갔다. 바울은 먼저 더베로 갔다가 그 후에 루스드라로 갔다. 그리고 그곳에서 디모데라는 청년을 만났다. 그는 유대인 어머니와 헬라인 아버지 사이에서 태어났는데, 어머니는 예수를 잘 믿는 사람이었다. 독실한 기독교인으로 어려서부터 성경을 배우며 바르게 자란 디모데는, 그 지역에서 훌륭한 청년이라고 소문이 자자했다. 바울은 그를 선교 사역에 영입하고 싶었다. 이번 선교 여행에 디모데를 데리고 가서 좋은 경험과 훈련을 겸하게 하는 것이 유익하다고 판단한 것이다.

바울이 디모데에게 말하였다.

"디모데야, 우리와 함께 가겠느냐? 우리는 소아시아 해안을 따라 북으로 올라가서 드로아까지 갈 것이다. 멀고 험한 길이지만, 주님은 땅끝까지 복음을 전할 것을 명하셨다."

디모데는 바울과 함께 가기로 하였다. 바울과 실라와 디모데 세 명의 선교사는 안디옥을 거쳐 서쪽 소아시아를 향해 가면서 여러 성읍에서 복음을 전하였다. 그들의 계획은 서쪽으로 방향을 잡아 아시아로 가는 것이었으나, 성령께서 그 길을 막으셨다. 그래서 그들은 드로아 지역에 머물면서 다음 선교지를 위하여 기도하였다.

그날 밤에 바울은 환상을 보았다. 마케도니아 사람 하나가 멀리 해안에 서서 바다 건너 이쪽을 향해 외쳤다.

"마케도니아로 건너와서 우리를 도와주십시오!"

그 환상이 바울의 갈 길을 정해 주었다. 바울이 일행에게 그가 본 환상을 말하며 결정했다.

"하나님께서 우리를 유럽으로 가라고 하신다."

마케도니아는 동쪽에서 가자면 유럽의 관문으로, 바울은 유럽 사람들에게 복음을 전하러 가기로 하였다. 마케도니아(현재 터키 이스탄불에서 서쪽)는 드로아에서 북서쪽에 있으며 유럽의 동부 관문이었다. 바울 일행은 배를 타고 유럽의 첫 번째 도시 빌립보에 도착했다. 빌립보는 마케도니아 왕국(알렉산더 대왕의 나라)의 수도로 로마의 식민지였지만, 유럽과 아시아를 잇는 번화한 도시였다. 이곳에서 복음을 전하면 그 확산 효과는 클 것이 분명했다.

그런데 빌립보에서 복음을 전할 때 한 가지 문제가 있었다. 지금까지는 회당에서 하나님의 말씀을 설교했는데 빌립보에는 유대인 거주자가 별로 없는 탓에 회당이 없었다. 몇몇 유대인들이 강변에서 기도한다는 소식을 들은 바울은 안식일에 강변에 갔다. 과연 유대인 여자들 몇몇이 강변에 앉아 기도하고 있었다. 바울과 실라는 그들에게 예수 그리스도 구원의 복음을 전하였고, 그들 중 루디아라는 여자는 그 자리에서 그녀와 자기 집에 있는 모든 사람과 함께 세례를 받은 후, 구원의 은혜에 감사하여 바울 일행을 자기 집으로 초대하였다.

"제가 당신들과 하나이며 진정 주님을 믿는 줄로 당신들이 확신한다면, 우리 집에 오셔서 머물러 주십시오."

이렇게 유럽에서의 첫 교회가 탄생하였다.

어느 날, 바울과 실라는 기도 장소로 가던 중에 점을 쳐서 예언하는

사도 바울과 루디아_ 루디아는 값비싼 자주색의 직물을 만들어 파는 상인으로, 빌립보에서 처음으로 예수 그리스도를 영접한 여인이다. 그녀는 바울을 극진하게 대접했으며, 하나님의 말씀에 순종해 모든 것을 헌신했다. 빌립보 교회는 이런 루디아의 헌신과 봉사로부터 나온 것이었다.

여인을 만났다. 점쟁이 여인은 바울 일행이 믿는 예수 그리스도가 얼마나 위대한지 단번에 알아차렸다. 그녀는 바울을 따라다니면서 외쳤다.

"이 사람들은 지극히 높으신 하나님을 위해 일하고 있습니다. 여러분에게 구원의 진리를 전하고 있습니다!"

그녀는 귀신이 들렸기에 하나님의 영을 알아본 것이었다. 점쟁이 여인이 바울 일행을 만날 때마다 그렇게 하자 바울은 더 참을 수가 없었다. 하나님의 적인 귀신이 복음을 전하는 것을 방해하려는 것이다. 바울이 점쟁이 여인에게 말하였다.

"예수 그리스도의 이름으로 명한다. 이 여자에게서 나오너라!"

그러자 그 명령대로 귀신이 떠나고, 그녀는 제정신으로 돌아왔다. 그런데 그 여인이 다시는 점을 치지 못하자 그 주인이 바울 일행을 찾아와 따지고 들었다. 그는 자신의 돈벌이가 되는 사업을 못 하게 되자 바울과 실라를 붙잡아 광장으로 끌고 가서 소란을 부렸다. 그리고 로마 법정으로 끌고 가서 고발했다.

"이 사람들은 평화를 어지럽히고 있습니다. 로마법과 질서를 파괴하는 위험한 유대인들입니다."

로마인 재판관들은 바울과 실라의 옷을 찢어 벗기고 그들에게 공개 태형(笞刑)을 지시했다. 그들은 바울과 실라를 가혹하게 때린 후 간수에게 명령했다.

"이 사람들이 탈출하지 못하도록 단단히 지켜라!"

명령을 받은 간수는 바울과 실라를 감시가 가장 삼엄한 감옥에 가두고, 발에는 족쇄를 채웠다. 밤이 깊었다. 바울과 실라는 온몸이 피투성이인 채로 고통스러웠지만, 기도하며 힘차게 하나님을 찬송했다. 그들은 주님을 믿기 때문에 받게 되는 핍박에도, 주님을 위해 복음을 전하다가 감옥에 들어와도 감사의 기도와 찬송이 나왔다. 그때 난데없이 큰 지진이 일어났다. 감옥이 흔들리며 감옥 문이 모두 열렸고, 죄수들을 결박한 족쇄도 모두 풀렸다. 바울과 실라도 자유로워졌다. 갑작스러운 지진에 죄수들은 놀라 어둠 속에서 우왕좌왕하였다.

또한, 간수는 자다가 놀라서 깨었다. 그는 죄수들이 탈출한 줄 알고, 어차피 자신은 죽은 목숨이라는 생각에 칼을 뽑아 자결하려고 하였다.

그때 바울이 그를 말리며 소리쳤다.

"당신 몸을 상하게 하지 마시오. 우리가 모두 여기 있습니다. 아무도 달아나지 않았습니다!"

간수가 횃불을 들고 급히 안으로 들어가 보니 중요한 죄수인 바울과 실

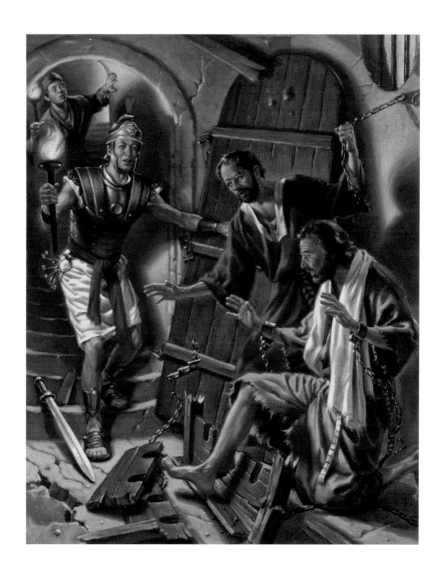

바울과 실라_ 복음을 전하다가 감옥에 갇힌 바울과 실라의 모습으로, 그들이 주님을 찬양하자 감옥 문과 족쇄가 풀리는 장면이다.

구원을 청하는 간수_ 감옥을 지키던 간수가 하나님의 기적을 체험한 후, 바울과 실라에게 죄를 회개하면서 구원의 방법을 묻는 장면이다.

라는 족쇄가 풀린 채 감옥에 그대로 있는 것이었다. 그는 두 사람을 감옥 바깥으로 데리고 나와서 물었다.

"선생님, 제가 어떻게 하면 구원을 얻을 수 있습니까?"

바울이 간수에게 대답했다.

"주 예수를 온전히 믿어야 합니다. 그러면 당신과 당신 집이 구원을 얻습니다."

바울과 실라는 간수와 그 가족들에게 예수 그리스도의 복음을 전하였고, 그들은 복음을 받아들였다. 그날 모두가 꼬박 밤을 새웠다. 간수는 바울과 실라의 상처를 싸매 주고, 편히 쉴 수 있도록 했다. 그러고 나서 그와 가족 모두가 세례를 받았다. 이어서 음식을 준비하여 두 사람을 극진히 대접하였다. 잊지 못할 밤이었다. 간수와 그의 온 가족이 하나님을 믿었다. 모든 사람이 기뻐하며 잔치를 벌였다.

다음 날, 동이 트자 재판관들이 관리들을 보내어 지시했다.

"그 사람들을 풀어 주어라."

간수는 기뻐서 바울에게 그 말을 전했다.

"재판관들에게 지시가 왔습니다. 이제 선생님들은 자유의 몸이 되었습니다. 평안히 가십시오."

그러나 바울은 꿈적하지 않은 채 관리들에게 말했다.

"그들은 로마 시민인 우리를 죄목도 없이 공개적으로 때리고 감옥에 가두었습니다. 그런데 이제야 아무도 모르게 우리를 내보내겠다는 말입니까? 그럴 수는 없습니다. 여기서 우리를 내보내려면, 그들이 직접 와서 환한 대낮에 우리를 데리고 나가야 할 것입니다."

관리의 보고를 받은 재판관은 당황했다. 그들은 바울과 실라가 로마 시민인 줄은 전혀 몰랐다. 당시 로마인이나 그 시민권자를 정당한 재판 절차 없이 체포하고 투옥하는 것은 불법이었다. 그들은 급히 와서 두 사람에게 정중히 사과하고 석방하였다. 감옥에서 나온 바울과 실라는 곧장 루디아의 집으로 가서 동료들을 만나 믿음 안에서 그들을 격려하였다. 이처럼 성령에 충만한 바울과 실라의 헌신에 빌립보 교회는 자리 잡아 갔다.

그 후 바울 일행은 빌립보를 떠나 데살로니아를 거쳐 베뢰아와 아테네까지 이르는 동안 복음을 전하였다. 헬라의 수도인 아테네는 교육과 문화의 중심도시였다. 바울은 만나는 사람마다 복음을 전하였다. 그의 깊은 지식과 이론이 접목된 복음 전도에 많은 사람이 믿기도 하였으나 헬라 학자들의 반론에 열띤 토론을 벌이기도 했다. 바울은 아테네에 머물며 복음을 전하다가 고린도(스파르타)로 선교지를 옮겼다.

고린도에서도 유대인 반대자들의 핍박을 받았고, 바울은 그들에게 '당신들이 그리스도를 대적하니 앞으로는 이방인에게 복음을 전하겠다'라고 선포할 지경이었다. 물론 복음 전파는 계속되었고, 회당장 그리스보와 그의 가정이 구원을 받았다. 또 회당 옆에 사는 디도 유스도도 예수 그리스도를 믿었다. 한동안 바울은 디도 유스도의 집에 머물렀다.

어느 날 밤, 주님이 바울의 꿈에 나타나 그에게 용기를 주었다.

"내가 너와 함께 있으니 아무도 너를 해칠 수 없다. 이 도시에 내 편에서 있는 사람이 얼마나 많은지 너는 모른다."

이에 바울은 용기를 얻어 끝까지 견디면서 고린도에서 일 년 반을 더 머물며 하나님의 말씀을 전하였다. 그 후 바울은 지중해 동편의 에베소로 떠났다. 이곳에서는 브리스길라와 아굴라 부부가 바울을 따랐다. 에베소에서 복음을 전하던 바울은 가이사랴를 거쳐 그가 출발한 안디옥 교회로 돌아갔다. 2차 선교 여행도 성공적으로 마무리된 것이다.

예수 그리스도의 마지막 말씀이 들려오는 듯했다.

"오직 성령이 너희에게 임하시면 너희가 권능을 받고 예루살렘과 온 유대와 사마리아와 땅끝까지 이르러 내 증인이 되리라(사도행전 1장 8절)."

사도 바울이 보낸 편지들

내가 어렸을 때에는 말하는 것이 어린 아이와 같고 깨닫는 것이 어린 아이와 같고 생각하는 것이 어린 아이와 같다가 장성한 사람이 되어서는 어린 아이의 일을 버렸노라 우리가 지금은 거울로 보는 것 같이 희미하나 그때에는 얼굴과 얼굴을 대하여 볼 것이요 지금은 내가 부분적으로 아나 그때에는 주께서 나를 아신 것 같이 내가 온전히 알리라 그런즉 믿음 소망 사랑 이 세 가지는 항상 있을 것인데 그중의 제일은 사랑이라
–고린도전서 13장 11~13절

사도 바울은 안디옥에 머물며 기독교인들과 함께 오랜 시간을 보내다가 갈라디아와 브루기아로 떠났다. 3차 선교 여행이 시작된 것이다. 그는 이전에 자신이 왔던 길을 되돌아가면서 그곳의 기독교인들을 권면(勸勉)하고, 그들에게 새로운 마음을 심어 주었다. 사도 바울이 에베소에 도착했을 때 아볼로라는 사람이 있었다. 아볼로는 이집트 알렉산드리아 출신의 유대인이었는데, 해박한 성경 지식과 유창한 말로 복음을 전하고 있었다. 그래서 에베소에는 예수를 믿는 사람들이 적지 않았다. 그러나 아볼로가 예수에 대해 전하는 내용은 정확했지만, 그 가르침은 요한의 세례까지만 알고 있었다.

어느 날, 사도 바울이 에베소의 예수 믿는 사람들에게 물었다.

"여러분은 성령을 받았습니까? 여러분은 하나님을 머리에만 모셨습니까? 아니면 마음에도 모셨습니까?"

사도 바울의 전도_ 3차 전도여행을 떠난 사도 바울이 에베소 사람들에게 예수 그리스도 구원의 복음을 전하고 있는 장면이다. **작자 미상의 작품.**

그러자 그들은 놀란 표정으로 대답했다.

"성령이라니요? 하나님이 우리 안에 계신다고요? 우리는 그런 말은 처음 듣습니다."

사도 바울이 그들에게 다시 물었다.

"그럼 세례는 어떻게 받았습니까?"

그러자 그들이 대답하였다.

"우리는 요한의 세례를 받았습니다."

그러자 사도 바울은 그들에게 말하였다.

"요한은 자기 뒤에 오실 분을 받아들이도록 사람들을 준비시키기 위해 세례를 베풀었습니다. 요한의 세례는 '회개의 세례'입니다. 뒤에 오실 분은 바로 나사렛 예수였습니다. 여러분이 요한의 세례를 받았다면, 이제 예수를 맞을 준비가 된 것입니다."

에베소 사람들은 사도 바울의 설교를 듣고 예수의 이름으로 세례를 받았다. 또한, 사도 바울이 안수 기도를 하자 열두 명의 사람들은 성령을 받아 방언으로 하나님을 찬송하였다. 이렇게 에베소 교회는 더욱 부흥하기 시작했다.

사도 바울은 석 달 동안 회당을 드나들며 최선을 다해 하나님의 말씀을 전했다. 그러나 일부 사람들은 기독교인에 대해 악한 소문을 퍼뜨리며 분란을 일으키기도 하였다. 이에 사도 바울은 제자들을 데리고 회당을 떠나 두란노에 학교를 열고 날마다 거기서 강론했다. 그렇게 2년이 지나자 아시아 지역에 있는 모든 사람, 즉 유대인뿐 아니라 그리스 사람들까지 주님의 말씀을 듣게 되었다. 그들은 바울이 전하는 예수 그리스도의 복음을 믿었다.

사도 바울이 에베소에 머무는 동안 고린도 교회의 교인들이 바울을 찾아왔다. 몇 년 전 바울은 고린도에 복음을 전하면서 그곳에 교회를 세웠다. 또 그들이 구원받은 새 삶을 살려면 어찌해야 하는지를 가르쳤다. 그런 다음 바울은 다른 선교지로 떠난 것이다. 그런데 고린도 교회에서 온 교인이 가져온 소식은 바울을 침통하게 하였다. 고린도 교회는 파벌 싸움이 격해지고, 도덕이 무너졌으며, 성도들끼리 법정에 소송을 걸어 시비를 가리고 있었다.

바울은 고심 끝에 그를 찾아온 교인에게 말하였다.

"내가 편지를 써 주겠습니다. 이 편지를 교회에 전달하여 모두 돌려 읽고, 모두 편지의 내용대로 하십시오. 나는 이곳 에베소 교회의 일을 마무리 짓고 서둘러서 고린도 교회로 가겠습니다."

이렇게 쓰인 편지가 바로 〈고린도전서〉이다. 바울이 고린도 교회에 보낸 편지는 목회자 대응(對應, 어떤 일이 벌어졌을 때 취하는 태도나 행동)의 본보기이다.

「사랑하는 형제들이여, 나는 여러분이 논쟁을 하고 다툼을 벌이고 있다는 말을 글로에의 집안 사람들 편에 들었습니다. 여러분 가운데는 '나는 바울을 따른다', '나는 아볼로를 따른다', '나는 베드로를 따른다'고 하면서 제각기 편을 가르고, 또 다른 사람은 '우리들만이 참으로 그리스도의 제자다'라고 떠들고 다닌다고 하니. 그게 바로 여러분 스스로 그리스도를 산산조각이 나게 한 것이 아니고 무엇입니까?」

_고린도전서 1장 11~13절 / 현대어성경

사도 바울은 고린도 교회를 질책하며, 성도들이 서로 다투는 원인은 자기 자신을 귀하게 여기지 못했기 때문이라고 지적한다.

「여러분은 누구나 다 하나님의 성전이며 하나님의 영이 당신의 성전이 바로 여러분 속에 계신다는 것을 깨닫지 못합니까? 만일 누구든지 하나님의 성전을 더럽히거나 허물어 버리면 하나님께서는 그 사람을 멸망시키실 것입니다. 하나님의 성전은 거룩하고 정결하며 여러분이 곧 하나님의 성전이기 때문입니다.」

_고린도전서 3장 16~17절 / 현대어성경

또한, 사도 바울은 비록 고린도 교회의 성도들이 혼란한 사태를 일으켰지만, 그들 가운데 계신 하나님, 곧 성령 안에 임재하는 하나님은 끊임없이 그들 삶의 중심에 있다고 확신하였다.

「이런 짓을 하는 자들은 하나님 나라를 차지하지 못한다는 것을 여러분은 모르십니까? 스스로 어리석은 자가 되지 마십시오. 부도덕한 생활을 하는 자나 우상 숭배자나 간음하는 자나 여자를 탐하거나 동성끼리 성관계를 하는 자는 하나님 나라를 차지할 수 없습니다. 도둑이나 탐욕을 부리는 자나 술주정꾼이나 남을 비방하는 자나 강도도 마찬가지입니다. 여러분 중에도 그런 과거를 가진 사람이 있었습니다. 그러나 지금은 주 예수 그리스도와 하나님의 성령으로 죄가 씻겨지고 거룩해져 하나님께서 의롭다고 인정하는 사람이 되었습니다.」

_고린도전서 3장 16~17절 / 현대어성경

사도 바울의 세계 선교_ 사도 바울은 세 차례의 전도여행을 통해서 기독교가 세계적인 종교로 성장하는 데 중요한 공헌을 했다. **존 해밀턴 모티머의 작품.**

사도 바울_ 바울은 자신의 전 생애를 복음 전파에 힘썼으며, 각 지역에 교회를 세우면서 기독교 발전에 결정적인 역할을 감당했다. **제레미 워커의 작품.**

　이어서 바울은 사람의 몸이 많은 지체(肢體)로 이루어진 것처럼 그리스도의 몸의 지체를 이루는 사람들에는 유대인도 있고, 이방인도 있음을 설명한다. 즉 그리스도의 성령을 받은 성도들은 모두 '한 몸'이라는 것이다.

　「말하자면 여러분이 모두 함께 모여야 비로소 그리스도의 한 몸을 이룰 수 있다는 말입니다. 비록 여러분 하나하나는 따로 떨어져 있으나 모두가 몸에 없어서는 안 될 지체들이라는 말입니다.」

_고린도전서 12장 27절 / 현대어성경

　바울은 고린도 교회에 보내는 편지를 마무리하면서 성도들에게 사랑을 강조한다. 이것이 바로 세상 사람들에게도 널리 알려진 '그중에 제일은 사랑이라'는 가르침이다. 사랑은 성도의 처음이자 과정이며, 끝이다.

또한, 우리 성도들을 향한 하나님의 사랑은 하늘보다 높고, 죽음보다 강하다. 하나님의 사랑이 우리 안에 임할 때 우리도 하늘보다 높고, 죽음보다 강한 사랑으로 예수 그리스도를 사랑할 수 있다.

「내가 사람의 방언과 천사의 말을 할지라도 사랑이 없으면 소리 나는 구리와 울리는 꽹과리가 되고. 내가 예언하는 능력이 있어 모든 비밀과 모든 지식을 알고 또 산을 옮길 만한 모든 믿음이 있을지라도 사랑이 없으면 내가 아무 것도 아니요. 내가 내게 있는 모든 것으로 구제하고 또 내 몸을 불사르게 내줄지라도 사랑이 없으면 내게 아무 유익이 없느니라. 사랑은 오래 참고 사랑은 온유하며 시기하지 아니하며 사랑은 자랑하지 아니하며 교만하지 아니하며. 무례히 행하지 아니하며 자기의 유익을 구하지 아니하며 성내지 아니하며 악한 것을 생각하지 아니하며. 불의를 기뻐하지 아니하며 진리와 함께 기뻐하고. 모든 것을 참으며 모든 것을 믿으며 모든 것을 바라며 모든 것을 견디느니라. 사랑은 언제까지나 떨어지지 아니하되 예언도 폐하고 방언도 그치고 지식도 폐하리라. 우리는 부분적으로 알고 부분적으로 예언하니. 온전한 것이 올 때에는 부분적으로 하던 것이 폐하리라. 내가 어렸을 때에는 말하는 것이 어린 아이와 같고 깨닫는 것이 어린 아이와 같고 생각하는 것이 어린 아이와 같다가 장성한 사람이 되어서는 어린 아이의 일을 버렸노라. 우리가 지금은 거울로 보는 것 같이 희미하나 그때에는 얼굴과 얼굴을 대하여 볼 것이요 지금은 내가 부분적으로 아나 그때에는 주께서 나를 아신 것 같이 내가 온전히 알리라. 그런즉 믿음, 소망, 사랑, 이 세 가지는 항상 있을 것인데 그 중의 제일은 사랑이라.」

_고린도전서 13장 1~13절

사도 바울은 '땅끝까지 복음을 전해야 한다'라는 사명(使命, 맡겨진 임무)을 품고 있었다. 당시의 땅끝, 즉 지리적으로 가장 먼 곳은 서바나(스페인)였다. 서바나까지 복음이 전해지려면 로마 교회의 힘이 필요했다. 그래서 바울은 3차 선교 여행의 끝 무렵에 에베소에서 3년 정도 머물며 목회를 할 때 로마 교회에 편지를 썼다. 바울은 편지에서 "구원의 길은 율법을 얼마나 잘 지키느냐에 달려 있지 않으며, 예수 그리스도를 믿는 믿음 안에서 하나님과 화목을 이루는 것에 달려 있다"라고 밝혔다.

이 편지가 바로 〈로마서〉이다. 바울이 쓴 〈로마서〉에는 기독교 사상과 예수 그리스도 구원의 복음이 잘 소개되어 있다. 그렇다면 바울이 설파(說破)하는 '예수 그리스도의 구원'은 무슨 의미인가?

「우리가 피할 길 없는 궁지에 빠져 있던 바로 그때 그리스도께서 오셔서 당신에게는 아무 쓸모도 없는 우리 죄인들을 위해 죽으셨습니다. 설령 우리가 선한 사람이라할지라도 누군가가 우리를 위해 죽는다는 것은 기대할 수 없는 일입니다. 그런데도 죄인인 우리를 위해 하나님께서는 그리스도를 보내셨고, 그리스도께서는 우리 대신 죽어 하나님의 그 깊은 사랑을 우리에게 보이셨습니다. 그리스도께서 죄인인 우리를 위해서도 이렇게 피 흘려 주셨으니 우리를 죄 없다고 선언하신 지금에 와서는 얼마나 더 많은 놀라운 일을 해 주시겠습니까? 이제 그리스도께서는 장차 올 하나님의 진노로부터 우리를 구원해 주실 것입니다. 우리가 하나님의 원수였을 때도 그 아들의 죽음으로 하나님께로 되돌아오게 하셨으니 우리가 하나님의 친구가 되고 하나님께서 우리 가운데 살아 계시는 지금에야 얼마나 더 큰 복이 우리를 위해 준비되어 있겠습니까!」

_로마서 5장 6~10절 / 현대어성경

서신을 쓰는 사도 바울_ 신약 성경 27권에서 사도 바울이 쓴 서신은 13권으로 그 비중이 높다. 그가 쓴 서신은 '사대 서신', '옥중 서신', '목회 서신'으로 분류되며, 신학(神學)의 기반이 되었다. **발랭탱 드 블로냐의 작품.**

사도 바울은 유연하고 폭넓은 지성인이었다. 그가 쓴 편지들은 기독교 신학(神學, 종교의 교리 등을 연구하는 학문)의 핵심이 명확하고 체계적인 문장으로 펼쳐진다.

신약 성경은 27권으로 이루어져 있는데, 그중에 21권이 편지 형태의 글(서신서)이다. 그만큼 편지는 기독교 초기의 교회와 기독교인의 신앙을 발전시키는 데 있어 대단히 중요한 역할을 하였다. 이 21권의 서신서(書信書) 가운데 바울이 기록한 편지는 모두 13권이다(데살로니가전서/후서, 갈라디아서, 고린도전서/후서, 로마서, 에베소서, 빌립보서, 골로새서, 빌레몬서, 디모데전서/후서, 디도서). 바울이 쓴 편지들은 개인적인 편지가 아닌, 모두 교회와 성도들에게 보낸 대중적인 편지였다. 즉 구체적인 목적으로 특수한 교회와 특정한 사람들을 염두에 두고 쓴 글이었다.

편지들은 크게 세 가지 목적으로 기록되었다. 첫째로, 제자들을 만들기 위해서였다. 기독교인들에게 예수를 본받고, 교회 지도자들을 본받고, 또 다른 기독교인들의 본이 될 것을 권면한다. 둘째로, 질문에 대답하기 위해서다. 교회에서 일어나는 여러 가지 문제에 구체적인 대안과 방법을 전한다. 셋째로, 추천서의 역할을 하였다. 각 지역으로 복음을 전하러 떠나는 기독교인들을 추천하고, 도움을 주거나 선교 계획을 밝히는 데 쓰였다. 또한, 이 편지는 교회에서 공개적으로 읽혔다. 로마, 고린도 등 각 도시에 있는 기독교인들에게 보낸 바울의 편지는 이 교회에서 저 교회로 전해지며 읽혔다.

이처럼 신약 성경에서 서신서는, 즉 바울이 보낸 편지들은 기독교인들이 복음을 전하는 과정에서 받는 핍박 속에서도 믿음을 지킬 수 있도록 용기를 주었으며, 잘못된 가르침에는 맞서서 경고하는 수단으로 쓰였다. 또한, 지금 이 시대에도 서신서는 예수 그리스도에 대한 신약의 증언(證言)이 온전하게 되는 데 공헌하고 있다.

사도 요한이 본 환상

이것들을 증언하신 이가 이르시되 내가 진실로 속히 오리라 하시거늘 아멘 주 예수여 오시옵소 주 예수의 은혜가 모든 자들에게 있을지어다 아멘
–요한계시록 22장 20~21절

사도 요한은 세례 요한의 제자였지만, 예수가 광야에서 사탄의 시험을 받은 후 예수의 제자가 되었다. 그는 예수의 수제자 베드로와 자신의 형인 야고보와 함께 예수의 총애를 가장 많이 받았던 제자였다. 1세기 후반, 에베소에서 복음을 전하며 그 지역 교회들을 감독하던 사도 요한은 로마의 도미티아누스 황제의 박해 때에 밧모 섬(파트모스 섬, 에게해의 작은 그리스 섬의 하나로 〈요한계시록〉의 관점과 글에 나타난 지역으로 잘 알려짐)에 유배를 당했다.

당시 로마 제국 시대에 밧모 섬은 종교 및 정치범을 귀양 보냈던 유배지였다. 도미티아누스 황제는 황제를 숭배하는 우상화 정책을 펼쳤고, 우상숭배를 거부하던 기독교인들은 로마 제국과 충돌할 수밖에 없었다. 따라서 에게해 동부 연안 지역 교회의 지도자였던 사도 요한도 밧모 섬에 유배된 것이었다. 그는 18개월 동안 밧모 섬에서 살다가 네로 황제 때에 풀려났다.

사도 요한의 최고 관심은 예배였다. 그는 육지에 있는 일곱 교회를 순회

하며 돌보는 목회자로서, 그의 주된 임무는 예배를 인도하는 것이었다. 살아 계신 하나님에 대한 응답인 예배는 사람들을 공동체로 모아 준다. 따라서 예배를 소홀히 하거나 왜곡하면 공동체는 혼란에 빠지거나 몇몇 사람의 횡포에 시달리게 된다.

〈요한계시록〉에 기록된 사도 요한의 환상은 그가 밧모 섬에서 예배를 드리는 중에 찾아왔다. 갑자기 나팔 소리 같은 큰 소리가 나서 돌아보니, 일곱 개의 큰 촛대가 요한의 눈에 들어왔다. 일곱 촛대에는 환하게 불이 밝혀져 있었는데, 그 불꽃 가운데 사람이 형상을 한 분이 서 있었다. 그분은 긴 옷과 금띠를 두르시고, 머리는 새하얀 눈처럼 희고, 눈은 타오르는 화염 같았다. 두 발은 닦아서 광을 낸 놋쇠같이 빛났고, 음성은 큰 파도 소리 같았고, 오른손은 일곱별을 붙들고, 입에서는 예리하게 날카로운 칼을 내뿜고, 얼굴은 해처럼 빛이 났다.

이런 환상을 목격한 사도 요한은 너무나 놀랍고 두려워서 그분의 발 앞에 쓰러졌다. 사도 요한은 예수 그리스도가 틀림없다고 생각했다. 예수 그리스도는 오른손으로 사도 요한을 잡아 일으켜 세우며 말했다.

"두려워 마라. 나는 처음이요, 마지막이다. 나는 살아 있는 자다. 나는 죽었으나 살아났고, 이제 나의 생명은 영원하다. 나는 사망과 지옥의 열쇠를 갖고 있다. 이제 네가 보는 것을 모두 기록하여라. 지금 일어나는 일들과 앞으로 일어날 일들을 기록하여라. 네가 내 오른편에서 본 일곱별은 바로 일곱 교회의 천사들이며, 촛대의 일곱 가지는 바로 그 일곱 교회다."

사도 요한은 예수 그리스도가 환상으로 보여 주신 내용과 말씀을 모두 기록하였다. 또한, 그것은 주님의 명령대로 소아시아의 일곱 교회(에베소 교회, 서머나 교회, 버가모 교회, 두아디라 교회, 사데 교회, 빌라델비아 교회, 라오디게아 교회)에 편지로 보내졌으니, 그것이 바로 〈요한계시록〉이다. 〈요한계시

사도 요한의 환상_ 밧모 섬에 유배된 사도 요한은 하나님의 계시를 통해 이상과 환상을 보았다. 이것을 기록한 것이 〈요한계시록〉으로, 장차 일어날 일들이 담겨 있다. **필립 드 샹파뉴의 작품.**

록〉은 은유와 상징으로 가득하다.

목회자이면서 시인이었던 사도 요한은 은유와 상징 이미지와 암시 등을 즐겨 사용했다.

사도 요한은 환상 중에 하늘나라에 올라가는 통로를 보았고, 성령에 의해 하늘나라로 인도되었다. 하늘나라의 중앙에 있는 크고 화려한 보좌에는 다이아몬드처럼 찬란히 빛나는 분이 앉아 계셨고, 그 주위는 에메랄드처럼 빛나는 무지개가 에워싸고 있었다. 그는 하얀 옷을 입은 스물네 명의 장로가 보좌에 앉으신 분에게 엎드려 경배하는 모습을 보았다.

"우리 주 하나님이시여, 영광과 존귀와 권능을 받으시는 것이 합당하십니다. 주께서 만물을 지으시고, 만물은 주의 뜻에 따라 있었고, 또 지으심을 받았습니다."

사도 요한이 보니 한 어린양이 보좌와 장로들로 둘러싸여 있었다. 그분은 전에 도살되었으나 이제 우뚝 서 계신 어린양이었다. 그 어린양이 일곱 개의 봉인된 두루마리를 펼치면서 장차 인류가 겪게 될 무서운 고난의 모습이 보였다. 하지만 어린양과 함께 있는 14만 4천 명은 흰옷을 입고 종려나무 가지를 손에 든 채 보좌와 어린양 앞에 서서 큰 소리로 외쳤다.

"구원은 보좌에 앉으신 하나님과 어린양께 달려 있습니다."

또한, 사도 요한은 마지막 심판의 모습을 보았다. 죽은 사람들이 모두 하나님 앞에 서 있었는데 '생명의 책'이 펼쳐져 그 책에 기록된 대로 심판을 받았다. 이 생명책에 이름이 없는 사람은 모두 불못에 던져졌다. 그다

사도 요한(418쪽 그림)_ 사도 요한은 베드로와 야고보와 함께 예수 그리스도에게 각별한 사랑을 받은 제자였다. 그는 십자가에 달린 예수 그리스도에게 어머니 마리아를 돌봐 달라는 부탁을 받았다. **귀도 레니의 작품.**

음에는 '새 하늘'과 '새 땅'이 나타났고, '새 예루살렘'이 하늘에서 내려오는 것을 보았다. 그때 보좌에서 큰 음성이 들려왔다.

"이제 하나님의 집은 사람들의 세상에 있게 된다. 하나님은 사람들과 함께 계실 것이며, 그들은 하나님의 백성이 되고, 하나님은 그들과 함께 있으면서 그들의 하나님이 될 것이다. 이제는 죽음도, 슬픔도, 울부짖음도, 고통도 없을 것이다. 옛 질서는 모두 사라져 버렸기 때문이다."

보좌에 앉으신 분이 다시 말씀하였다.

"나는 알파(Alpha)와 오메가(Omega)요, 처음과 마지막이다. 목마른 사람에게는 아무 대가도 없이 생명의 샘물을 마시게 할 것이다. 고난을 이겨 낸 사람은 모든 것을 받을 것이다. 나는 그의 하나님이 될 것이고, 그는 내 아들이 될 것이다. 그러나 믿지 않은 자, 타락한 자, 살인자, 거짓말하는 자, 우상 숭배자들이 갈 곳은 불못이다. 이것이 두 번째 죽음이다."

알파와 오메가는 그리스 문자의 처음과 끝 글자이다. 기독교에서는 하나님이 존재하는 모든 것을 다 포괄하고 있음을 뜻하는 말로 쓰였으며, 〈요한계시록〉에서는 하나님과 예수 그리스도를 가리키는 명칭으로 쓰였다.

사도 요한은 천사에게 이끌려 높은 산에 올라가서 새 예루살렘을 내려다보았다. 새 예루살렘은 하나님의 영광에 싸여 보석처럼 빛났다. 이 도시는 수정처럼 투명한 순금으로 만들어졌으며, 벽옥으로 쌓아 올린 성벽은 각종 보석으로 꾸며진 열두 주춧돌 위에 세워져 있었다. 열두 성문은 각기 한 개의 커다란 진주로 만들어져 있었고, 도시의 큰길은 투명한 유리 같은 순금이었다.

또한, 새 예루살렘에는 밤이 존재하지 않았다. 하나님의 영광이 빛이요, 어린양이 등불이기 때문이었다. 그 빛의 인도에 따라 모든 민족이 따라

계시를 받는 사도 요한_ 하나님이 보낸 천사에게 장차 일어날 계시를 받는 장면이다. **중세 필사본 그림.**

걷고, 세상의 모든 왕이 자신들의 영광을 이 도시에 들여올 것이다. 하나님이 그들에게 빛이 되어 주시기 때문이다. 그래서 새 예루살렘에는 밤이 없을 것이기에 성문을 닫는 일이 없이 계속 열려 있을 것이다.

다시 천사는 사도 요한에게 생명수가 흐르는 강을 보여 주었다. 수정처럼 맑은 그 강은 하나님과 어린양의 보좌에서 흘러나와 새 예루살렘의 가운데로 흘러갔다. 강의 양쪽 언덕에는 열두 종류의 열매를 맺는 '생명나무'가 있었다. 그 나뭇잎은 온 세계 민족을 치료하는 약으로 사용되었다.

그때 주님께서 사도 요한에게 말하였다.

"보라, 내가 속히 올 것이다. 나는 사람들이 살면서 행한 대로 보상해 줄 것이다. 나는 알파와 오메가요, 처음과 마지막이요, 시작과 끝이다. 자기 옷을 깨끗이 한 사람은 복이 있다. 생명나무가 영원히 그들의 것이 될 것이며, 그들은 새 예루살렘에 들어갈 것이다. 나 예수는 내 천사를 보내어 교회들에 이 모든 것을 증언하도록 했다. 나는 다윗의 뿌리이자 가지(자손)이며, 빛나는 새벽별이다."

이 모든 것을 증언하는 분이 다시 말씀하였다.

"내가 속히 올 것이다."

"예, 오십시오. 주 예수님!"

주 예수의 은혜가 여러분 모두와 함께 있기를 바랍니다. 아멘.

목회자(牧會者, 교회 성도의 신앙생활을 이끌어 주는 사람)이면서 시인이었던 사도 요한은, 은유와 상징 이미지와 암시 등을 즐겨 사용했다. 그렇다면 사도 요한은 〈요한계시록〉을 통하여 무슨 말을 하고 싶었을까? 〈요한계시록〉은 1세기 말 소아시아의 상황에서 고난받는 성도들에게 고난을 이기도록 독려하면서 그들에게 위로와 소망의 메시지를 전달한다. 즉 〈요한계시록〉이 시간상으로 '미래의 구원'을 보여 주는 것은 현재의 고난을 이기도록 소망을 주기 위함이며, 공간상으로 하늘의 보좌를 보여 준 것은 현재의 고난을 일으킨 세상의 권력이 아닌 하나님에게 주권(主權, 인간이나 인간의 권력과 생명까지도 하나님이 통치한다.)이 있음을 보여 주기 위함이라고 이해할 수 있다.

〈요한계시록〉을 통해서 교회의 성도는 세 가지를 생각해 볼 수 있다. 첫째로 '소망'을 얻어야 하고, 둘째로 '성도의 정체성'을 얻어야 하며, 세 번째로 '참음'이 중요한데, 이것은 곧 '헌신의 재확인'이다.

예수 그리스도의
말씀과 비유들

예수 그리스도는 말씀을 가르칠 때 비유를 많이 사용했다. 그는 비유를 통하여 '하나님 나라(천국/天國)'라는 새로운 세상을 전했다. 예수 그리스도의 비유들에는 기독교의 진리가 담겨 있다. 즉 기독교(基督敎, Christianity)는 예수 그리스도에게서 시작된 종교이므로 예수 그리스도의 말씀이 기독교의 근본이며, 그의 말씀보다 더 높은 권위를 지닌 말씀은 없다. 우리는 예수 그리스도의 비유를 통해서 기독교의 근본적인 진리를 접할 수 있다.

새 포도주와 낡은 가죽 부대

새 포도주를 낡은 가죽 부대에 넣지 아니하나니 그렇게 하면 부대가 터져 포도주도
쏟아지고 부대도 버리게 됨이라 새 포도주는 새 부대에 넣어야 둘이 다 보전되느니라
-마태복음 9장 17절

　　하루는 세례 요한의 제자들이 예수에게 와서 물었다.

　　"왜 선생님의 제자들은 금식(禁食, 종교적인 이유로 한동안 음식을 먹지 않음)
을 하지 않습니까? 우리나 바리새인들은 금식으로 몸과 영혼을 엄격히
다스리고 있습니다."

　　그러자 그들에게 예수가 되물었다.

　　"흥겨운 결혼식에서 신랑과 함께 있는 그의 친구들이 슬퍼할 수 있겠느
냐? 하지만 신랑을 빼앗길 날이 오면 그들도 금식할 것이다."

　　계속해서 예수가 그들에게 말했다.

　　"낡은 옷에 새 천조각을 대고 깁는 사람이 어디 있느냐? 그렇게 하면 새
천조각이 낡은 옷을 당겨서 아예 못 쓰게 된다. 또한, 새 포도주를 낡은
가죽 부대에 담는 사람이 어디 있느냐? 그렇게 하면 낡은 가죽 부대가 터
져서 포도주도 쏟아지고, 부대도 버리게 된다. 그러므로 새 포도주는 새
부대에 담아야 둘 다 보존된다."

발효 중인 포도주는 낡고 상하기 쉬운 가죽 부대(負袋, 베나 가죽, 종이 따로 만든 큰 자루)를 찢을 수 있다. 여기서 예수가 말하는 '새 포도주'는 새로운 삶의 양식을 말한다. 즉 새롭게 되기 위한 실천은 낡은 구조에서는 이룰 수 없는 것이다. 여기서 예수가 말하는 새로운 실천은 기존의 종교 관행을 그대로 지키는 것이 아니었다. 전통을 따르되 새롭게 발전시키고자 하는 것이다.

그런데 예수는 새 포도주와 낡은 가죽 부대 비유에 앞서 새 천조각과 낡은 옷 비유를 말한다. 이것은 예수 그리스도를 믿는 기독교는 율법을 바탕으로 한 유대교와 연결될 수 없음을 의미한다. 그런데 예수는 새 포도주와 낡은 가죽 부대의 비유에서는 포도주가 쏟아지고, 가죽 부대도 찢어지는 것을 막을 수 있는 법을 말한다. 바로 '새 포도주는 새 부대'에 담는 것이다.

물로 포도주를 만드는 예수 _ 율리우스 슈노르 폰 카롤스펠트의 작품.

▌씨앗을 뿌리는 농부

예수께서 비유로 여러 가지를 그들에게 말씀하여 이르시되 씨를 뿌리는 자가 뿌리러 나가서 뿌릴 새 더러는 길가에 떨어지매 새들이 와서 먹어 버렸고 더러는 흙이 얕은 돌밭에 떨어지매 흙이 깊지 아니하므로 곧 싹이 나오나. 해가 돋은 후에 타서 뿌리가 없으므로 말랐고 더러는 가시떨기 위에 떨어지매 가시가 자라서 기운을 막았고 더러는 좋은 땅에 떨어지매 어떤 것은 백 배 어떤 것은 육십 배 어떤 것은 삼십 배의 결실을 하였느니라.

–마태복음 13장 3~8절

한 농부가 자기 밭에 씨앗을 뿌렸다. 그런데 어떤 씨앗은 길 위에 떨어져 새들이 와서 쪼아 먹었다. 또 어떤 씨앗은 돌밭에 떨어져서 금방 싹이 올라왔지만, 흙이 얕아서 뿌리를 내리지 못하고 뜨거운 태양에 말라 죽어 버렸다. 그리고 어떤 씨앗은 가시덤불 속에 떨어졌는데 싹이 나자 가시나무가 자라서 그 싹을 짓눌렀다. 그러나 어떤 씨앗은 좋은 땅에 떨어져서 수많은 열매를 맺었고, 농부는 큰 수확을 얻었다.

농부가 씨앗을 뿌리는 이유는 열매를 얻기 위해서이다. 여기서 씨앗은 '하나님의 말씀'을 뜻한다. 그리고 씨앗에 생명이 깃들인 것처럼 하나님의 말씀, 즉 '복음'에는 생명이 있다. 따라서 네 가지 땅은 복음을 받는 우리의 마음 상태를 설명하는 것이다.

길 위에 떨어져 땅에 묻히지 못한 씨앗은, 마음이 굳게 닫힌 사람이다.

씨앗을 뿌리는 예수 그리스도_ 예수 그리스도는 '씨앗의 비유'로 복음을 받아들이는 사람들의 마음을 설명했다. **중세 고딕 미술 작품.**

즉 하나님의 말씀을 듣지만, 마음속에 받아들이지 못한다. 하나님 나라의 기쁜 소식을 듣고도 깨닫지 못하는 사람은 악한 자가 와서 그의 마음속에 있는 씨앗을 빼앗아 간다. 이런 사람은 아무 유익(有益)이 없다.

돌밭에 떨어져 말라 죽은 씨앗은, 하나님의 말씀을 듣고 구원받았다고 기뻐하지만, 핍박과 환란이 닥치면 곧바로 믿음을 포기하는 사람이다. 즉 복음을 받는 즉시 뜨겁게 반응하지만, 열정이 식거나 어려움에 빠지면 아무 쓸모가 없게 된다. 크고 작은 돌들이 있는 돌밭처럼 여러 문제를 견디지 못하고 포기하는 사람은, 근본적인 회개조차 이루어지지 못하고 거짓이 가득한 사람이다.

또한, 가시덤불에 떨어진 씨앗은, 하나님의 말씀을 듣기는 하지만 자기 생활에 대한 염려와 더 많은 돈을 벌겠다는 생각이 하나님의 말씀을 막아 버리는 사람이다. 어떤 사람은 구원받은 것처럼 보이지만, 그 실상은 온통 세상적인 것에 붙들려 사는 사람이 있다. 이런 사람은 하나님의 말씀이 뿌리를 내리지 못하고, 열매를 맺을 수도 없다.

그러나 좋은 땅에 떨어진 씨앗은, 하나님의 말씀을 듣고 그것을 깨달아 생각하지도 못한 열매는 맺는 사람이다. 하나님을 향한 신앙도 깊고, 성령이 임재하여 자기 잘못을 인정하고, 겸손하며, 세상적인 것을 따르지 않고 오직 하나님 나라에서의 영생(永生, 영원한 삶)을 믿는다.

이처럼 네 가지 땅에 떨어진 씨앗의 비유는 하나님 나라에 대한 말씀을 듣는 사람들의 반응에 초점을 맞추고 있다. 그러면서 하나님 나라가 우리에게 어떻게 작용하는지를 알려 준다. 그리고 각 씨앗은 우리에 대한 하나님의 통치가 갖고 있는 특별한 성격을 밝혀 준다.

밀과 가라지

예수께서 그들 앞에 또 비유를 들어 이르시되 천국은 좋은 씨를 제 밭에 뿌린 사람과 같으니 사람들이 잘 때에 그 원수가 와서 곡식 가운데 가라지를 덧뿌리고 갔더니 싹이 나고 결실할 때에 가라지도 보이거늘 집주인의 종들이 와서 말하되 주여 밭에 좋은 씨를 뿌리지 아니하였나이까 그런데 가라지가 어디서 생겼나이까 주인이 이르되 원수가 이렇게 하였구나 종들이 말하되 그러면 우리가 가서 이것을 뽑기를 원하시나이까 주인이 이르되 가만 두라 가라지를 뽑다가 곡식까지 뽑을까 염려하노라 둘 다 추수 때까지 함께 자라게 두라 추수 때에 내가 추수꾼들에게 말하기를 가라지는 먼저 거두어 불사르게 단으로 묶고 곡식은 모아 내 곳간에 넣으라 하리라

–마태복음 13장 24~30절

하나님 나라는 농부가 자기 밭에 좋은 씨앗을 뿌린 것과 같다. 씨앗을 뿌린 그날 밤, 하인들이 잠든 사이에 농부의 원수(怨讐, 자기에게 원한을 맺은 사람이나 집단)가 몰래 와서 밀밭에 가라지(볏과에 속한 한해살이풀로, 초기에는 밀과 비슷함)를 뿌리고 사라졌다. 그러자 밀이 자라면서 가라지도 같이 자랐다. 이를 본 하인들이 주인인 농부에게 와서 말했다.

"주인님, 주인님이 밭에 뿌린 씨앗은 모두 좋은 씨앗이었는데, 가라지가 잔뜩 자랐습니다."

그러자 농부가 말하였다.

"원수가 와서 그랬구나."

하인들이 농부에게 물었다.

"저희가 가라지를 뽑을까요?"

다시 농부가 대답했다.

"아니다. 가만두어라. 가라지를 뽑다 보면 밀까지 뽑을 수 있으니 그냥 둘 다 추수 때까지 자라도록 내버려 두어라. 내가 추수하는 일꾼들에게 가라지를 먼저 뽑아 따로 묶어 불에 태우고, 밀은 거두어 곳간에 넣으라고 하겠다."

밀과 가라지의 비유에서 좋은 씨앗을 뿌리는 농부는 바로 예수 그리스도이다. 밭은 '세상'이며, 좋은 씨앗은 '하나님 나라의 백성'이다. 그리고 가라지는 '악한 자(마귀)의 백성'이고, 가라지를 뿌린 농부의 원수는 '마귀'이다. 또한, 추수 때는 '세상이 끝나는 날(역사의 끝, 인류의 종말)'을 말하며 추수하는 일꾼들은 '하나님의 천사'이다.

그러므로 세상 끝 날이 오면, 이 비유처럼 가라지를 따로 묶어 불에 태우듯이 하나님이 천사들을 보내서 다른 사람을 죄짓게 하는 자들과 모든 악한 자들을 하나님 나라에서 추려 내어 불구덩이 속에 던져 넣을 것이다. 거기서 그들은 통곡하며 몸부림치겠지만, 아무도 귀 기울이지 않을 것이다. 반면에 하나님의 뜻대로 순종하며 산 사람들은 하나님 나라에서 해와 같이 빛나게 살 것이다.

밀을 바라보는 예수 그리스도(430쪽 그림)_ 예수 그리스도는 '밀과 가라지의 비유'를 통해서 하나님이 행하실 최후의 심판을 가르쳤다.

용서할 줄 모르는 사람

그러므로 천국은 그 종들과 결산하려 하던 어떤 임금과 같으니 결산할 때에 만 달란트 빚진 자 하나를 데려오매 갚을 것이 없는지라 주인이 명하여 그 몸과 아내와 자식들과 모든 소유를 다 팔아 갚게 하라 하니 그 종이 엎드려 절하며 이르되 내게 참으소서 다 갚으리이다 하거늘 그 종의 주인이 불쌍히 여겨 놓아 보내며 그 빚을 탕감하여 주었더니

—마태복음 18장 23~27절

어느 날, 베드로가 예수에게 와서 물었다.

"주님, 형제가 제게 죄를 지었을 때 몇 번이나 용서해 주어야 합니까? 일곱 번이면 되겠습니까?"

"아니다. 일곱 번씩 일흔 번이라도 용서해 주어라."

대답을 마친 예수는 이어서 용서에 관한 이야기를 하였다.

하나님 나라는 자기 종(從)들의 빚을 정산(精算, 셈을 맞춰 계산함)하기로 한 어떤 왕과 같다. 정산하는 중에 일만 달란트(약 10억 원)나 되는 큰돈을 빚진 사람이 왕 앞에 끌려 나왔다. 그가 빚을 갚을 돈이 없는 것을 알게 된 왕은 그의 아내와 자식들과 그가 가진 모든 것을 팔아서 갚으라고 명령하였다.

그러자 종이 왕에게 엎드려 빌면서 말했다.

"제발 조금만 시간을 주시면 곧 다 갚아 드리겠습니다."

베드로의 질문에 답하는 예수 그리스도 _ 용서에 대한 베드로의 질문에 예수 그리스도는 '불의한 청지기의 비유'를 통해 진정한 용서를 가르쳤다.

애걸하는 종의 모습을 본 왕은 그를 가엾게 여기고는 빚을 탕감(蕩減, 빚을 덜어 주거나 모두 없애 줌)하고, 종을 풀어 주었다. 그런데 그 종이 풀려나 밖으로 나가서 자기에게 백 데나리온(약 10만 원)밖에 안 되는 빚진 사람을 만났다. 그는 빚진 사람의 멱살을 잡으며 말했다.

"당장에 내 돈을 갚아라!"

빚진 사람이 엎드려 애원했다.

"내게 조금만 시간을 주면 다 갚겠네."

하지만 그는 들은 체도 하지 않았다. 그리고 빚진 사람을 끌고 가서 돈을 다 갚을 때까지 감옥에 가두었다. 이 모습을 지켜본 다른 종들이 왕에게 가서 낱낱이 고했다. 그러자 왕은 용서해 주었던 종을 다시 불러서 말하였다.

"이 악독하고 뻔뻔한 놈아! 네가 나에게 애걸하기에 너를 불쌍히 여겨 네 엄청난 빚을 탕감해 주지 않았느냐? 내가 네게 자비를 베푼 것처럼, 너도 남에게 자비를 베풀었어야 할 것이 아니냐?"

왕은 몹시 격노하여 그 종이 빚을 다 갚을 때까지 엄하게 다루고, 마지막 한 푼까지 다 갚게 하였다.

예수는 용서할 줄 모르는 종의 비유를 끝내면서 제자들에게 말했다.

"너희가 진심으로 네 형제들을 용서하지 않으면, 하늘에 계신 내 아버지께서도 너희에게 똑같이 하실 것이다."

당시 유대 사회의 지도자층인 바리새인과 율법 학자들은 세 번까지는 용서하지만, 네 번째는 용서하지 말아야 한다고 가르쳤다. 그런 기준에서 베드로가 말한 일곱 번의 용서는 우리가 생각할 수 있는 최대한도의 횟수를 말한 것이었다. 그러나 예수는 일곱 번을 일흔 번이라도 용서하라고 가르쳤다. 이것은 하나님의 아들인 예수 그리스도만이 할 수 있는 발언이다. 이러한 용서는 하나님 나라의 자세이다. 다시 말하면 바로 우리들의 용서에 대한 기본 개념을 넘어서는 '무한한 용서'와 '절대적인 사랑'을 말한 것이다.

예수가 가르친 용서란, 죄를 회개한 사람에게 하나님이 주시는 일방적인 행위만을 뜻하는 것이 아니다. 그것은 항상 하나님의 백성인 공동체 전체를 포함한다. 따라서 기독교인들은 그들을 용서하도록 하나님께 기도해야 한다. 그들이 다른 사람들을 용서했듯이 말이다. 또한, 우리에게는 어떤 사람을 정죄(定罪. 죄가 있다고 단정함)할 수 있는 권한도, 자격도 없다. 예수 그리스도를 믿는 기독교인은 영원히 용서하는 자세를 지니고 살아야 한다.

포도원 일꾼과 품삯

주인이 그중의 한 사람에게 대답하여 이르되 친구여 내가 네게 잘못한 것이 없노라 네가 나와 한 데나리온의 약속을 하지 아니하였느냐 네 것이나 가지고 가라 나중 온 이 사람에게 너와 같이 주는 것이 내 뜻이니라 내 것을 가지고 내 뜻대로 할 것이 아니냐 내가 선하므로 네가 악하게 보느냐 이와 같이 나중 된 자로서 먼저 되고 먼저 된 자로서 나중 되리라

-마태복음 20장 13~16절

하나님 나라는 포도원에서 일할 일꾼을 찾는 어느 포도원 주인과 같다. 어느 날, 자기 포도원에서 일할 일꾼을 구하러 포도원 주인이 아침 일찍 나갔다. 그는 일꾼들과 하루 품삯을 한 데나리온으로 정하고, 그들을 포도원으로 보냈다. 얼마 후 아홉 시쯤에 포도원 주인이 품꾼들이 대기하는 곳을 지나가다가 보니 몇 사람이 일거리를 구하려고 기다리고 있었다. 그래서 포도원 주인은 그들에게 자기 포도원에 가서 일하라고 하면서 일이 끝날 때 적당한 품삯을 주겠다고 하였다. 그들도 일하러 포도원에 갔다.

정오와 오후 세 시쯤에도 포도원 주인은 나가서 똑같이 하였다. 그리고 오후 다섯 시쯤 다시 나가 보니 아직도 몇 사람이 서성이고 있었다. 이 모습을 본 포도원 주인이 그들에게 물었다.

"당신들은 왜 하루 종일 하는 일 없이 서성거리고 있는가?"

그러자 그들이 대답했다.

"아무도 우리에게 일거리를 주는 사람이 없습니다."

포도원 주인이 그들에게 말하였다.

"그러면 내 포도원에 가서 다른 사람을 도와주게."

드디어 하루 일이 끝났고, 포도원 주인이 관리인에게 지시했다.

"일꾼들을 불러서 품삯을 주어라. 맨 나중에 온 사람부터 그렇게 하여라."

먼저 오후 다섯 시에 온 일꾼들이 한 데나리온을 받았다. 그러자 아침 일찍 온 일꾼들이 자기들은 그보다 훨씬 더 많이 받을 것으로 기대하고 있었다. 그러나 그들도 역시 한 데나리온씩 받았다. 이에 화가 난 그들이 포도원 주인에게 투덜거렸다.

"한 시간밖에 일하지 않은 일꾼들과 온종일 뙤약볕에서 일한 우리와 똑같은 품삯을 주신단 말입니까?"

그러자 포도원 주인이 말하였다.

"나는 자네들에게 잘못한 것이 없네. 자네는 하루 품삯으로 한 데나리온을 받기로 정하지 않았는가? 그러니 품삯을 가지고 가게. 맨 나중에 온 사람들에게 똑같이 주기로 정한 것은 내 마음에 달린 것이네. 내 돈을 내 마음대로 주는 것이 무슨 잘못인가?"

예수는 포도원 일꾼과 품삯의 이야기를 마치며 제자들에게 말했다.

"이와 같이 나중 된 자로서 먼저 되고, 먼저 된 자로서 나중 되리라."

이 비유에서 포도원 주인은 하나님이고, 우리는 아침 일찍 와서 하루 종일 일한 일꾼으로 볼 수 있다. 우리 사람의 판단으로는 먼저 온 일꾼들의 불평을 이해할 수 있다. 또 불공평한 품삯일 수 있다. 하지만 하나님은 우리를 불공평하게 다루신 적이 없다. 만약 하나님이 우리를 공정하게 대한다면 죄인인 우리는 대가를 치르고, 벌을 받아야 한다. 오히려 하나님은 우리를 자비로 대하셨다.

많은 기독교인이 먼저 온 일꾼과 같은 태도를 보인다. 자신들은 하나님의 은혜를 받을 만하다고 판단한다. 하지만 하나님의 은혜는 죄인이었던 우리가 아무런 값없이 받은 은총이다. 우리는 하나님이 인류를 다루시는 것을 판단할 수 없다. 하나님의 자비와 관대함은 우리가 만든 공정함의 개념을 넘어선다. 따라서 우리는 자신이 만든 공정함과 정의에 대한 개념을 버려야 한다.

포도원 일꾼의 품삯_ '포도원 일꾼의 비유'의 한 장면으로, 먼저 온 일꾼들이 포도원 주인에게 따지는 모습이다.

신랑을 기다리는 열 처녀

그때에 천국은 마치 등을 들고 신랑을 맞으러 나간 열 처녀와 같다 하리니 그중의 다섯은 미련하고 다섯은 슬기 있는 자라
-마태복음 25장 1~2절

신랑을 기다리는 열 처녀가 있었다. 그런데 열 처녀 가운데 다섯은 미련하고, 다섯은 똑똑했다. 미련한 처녀들은 등잔은 가지고 있었지만, 여분의 기름을 챙기는 것을 잊어버렸다. 그러나 똑똑한 처녀들은 등잔에 넣을 기름을 병에 가득히 채워 가지고 있었다. 그런데 예정된 시간에 신랑은 오지 않았고, 열 처녀는 모두 잠이 들었다.

그런데 한밤중에 누가 소리쳤다.

"신랑이 왔다! 나와서 신랑을 맞아들여라!"

열 처녀는 모두 일어나 제각기 등잔을 준비하였다. 한창 등잔을 손질할 때 미련한 처녀들이 똑똑한 처녀들에게 말했다.

"등불이 꺼지려고 하는데 우리에게 기름을 좀 빌려다오."

그러자 똑똑한 처녀들이 대답했다.

"우리 것을 나누어 주면 우리마저 모자라게 되니, 가게에 가서 너희가 쓸 것을 사거라."

미련한 처녀들은 기름을 사러 나갔다. 그런데 그때 신랑이 왔다. 신랑

을 맞으려고 기다리던 똑똑한 처녀들은 모두 결혼 잔치를 하러 들어갔고, 문을 잠갔다. 그런 뒤에 미련한 처녀들이 돌아와 문을 두드리며 말했다.

"주님, 우리가 왔습니다. 문 좀 열어 주세요!"

그러나 신랑이 안에서 대답했다.

"나는 너희를 알지 못한다."

열 처녀의 비유를 마치며 예수가 말했다.

"너희는 항상 깨어 준비하고 있어라. 그날과 그 시간을 너희는 모르지 않느냐?"

이처럼 '하나님 나라'는 등잔을 들고 신랑을 맞으러 나간 열 처녀와 같다. 즉 하나님 나라가 언제 올지는 아무도 모른다. 따라서 저마다 언제라도 그가 올 것에 대비해야 한다. 그는 갑자기 예기치 못하게 올 것이기 때문이다.

열 처녀의 비유_ 신랑을 기다리던 열 처녀 중에서 지혜로운 다섯 명의 처녀만이 미리 준비한 등불을 밝히고 있는 장면이다.

▌세 하인에게 맡긴 달란트

또 어떤 사람이 타국에 갈 때 그 종들을 불러 자기 소유를 맡김과 같으니 각각 그 재능
대로 한 사람에게는 금 다섯 달란트를 한 사람에게는 두 달란트를 한 사람에게는 한
달란트를 주고 떠났더니
-마태복음 25장 14~15절

하나님 나라는 먼 나라로 여행을 떠나는 어떤 사람이 자기 하인들에게
책임을 맡긴 것과 같다. 그는 각자의 능력에 따라 세 하인에게 달란트(히
브리어 'Talent', 신약 성경에서 화폐의 단위)를 맡겼다. 첫 번째 하인에게는 다섯
달란트(약 5천만 원)를, 두 번째 하인에게는 두 달란트(약 2천만 원)를, 마지
막으로 세 번째 하인에게는 한 달란트(약 1천만 원)를 주고 여행을 떠났다.

주인에게 달란트를 받은 세 하인은 각자 다른 방식으로 그 돈을 사용했
다. 첫 번째 하인은 그 돈으로 장사를 하여 다섯 달란트를 더 벌어 맡겨
진 돈을 두 배로 늘렸다. 두 번째 하인도 똑같이 하여 두 달란트를 더 벌
었다. 그러나 한 달란트를 받은 세 번째 하인은 땅을 파고 그 속에 맡겨진
돈을 안전하게 묻어 두었다.

얼마 뒤에 세 하인의 주인이 돌아왔다. 그는 자기가 맡긴 돈을 계산하
려고 그들을 불렀다. 먼저 다섯 달란트를 받은 첫 번째 하인은 주인에게
자신이 어떻게 돈을 벌었는지 설명했다. 주인은 그가 일을 잘해 낸 것을

세 하인과 주인_ 세 하인이 각자 받은 달란트를 어떻게 했는지 주인에게 설명하는 장면이다. **스테인드글라스 작품.**

보고 칭찬하며 말했다.

"네가 이 작은 일에 충성을 다하였으니, 이제 내가 더 큰일을 너에게 맡기겠다."

그러자 두 달란트를 받은 하인도 주인에게 말했다.

"주인님이 맡기신 두 달란트를 제가 배로 남겼습니다."

주인이 두 번째 하인에게 말했다.

"잘하였다. 너도 착하고 충성스러운 하인이다. 네게도 더 큰일을 맡기겠다."

이번에는 한 달란트를 받은 하인이 주인에게 말했다.

"주인님, 저는 주인님이 씨를 뿌리지도 않은 곳에서 거두어들이고, 심지도 않은 데서 모아들이는 인색하고 매정한 분으로 알고 있습니다. 그래서 저는 주인님을 실망시킬까 봐 두려워서 그 돈을 안전하게 보관했습니다. 여기 한 달란트를 고스란히 가져왔습니다."

그러자 주인은 크게 화를 내며 말했다.

"이 게으르고 악한 놈아! 네가 나를 매정한 사람으로 알았다면, 너는 적어도 그 돈을 취리(取利, 돈이나 곡식을 빌려주고 그 이자를 받음)하는 사람에게 맡겨서 내가 약간의 이자라도 받을 수 있도록 해야 하지 않느냐?"

세 번째 하인을 호통친 주인이 다시 말했다.

"이 자가 가진 돈을 빼앗아 열 달란트를 가진 사람에게 주어라. 자기에게 주어진 것을 잘 활용하는 사람은 더 많이 받아서 풍족하게 될 것이고, 책임을 다하지 못한 사람은 가지고 있는 것도 빼앗길 것이다. 저 쓸모없는 자를 칠흑 같은 어두운 곳에 내쫓아라. 거기서 가슴을 치며 통곡할 것이다."

세 하인에게 맡긴 달란트 비유에서 달란트란, 하나님 나라를 완성하는 데 조금이라도 기여할 수 있는 각자의 재능을 말한다. 우리는 제각기 예수 그리스도에게 맡겨진 달란트가 있다. 이 비유는 하나님 나라의 백성인 우리가 이 세상에서 어떤 자세로 살아가야 하는 것을 가르쳐 준다. 즉 우리는 하나님 나라를 위해서 우리가 가진 모든 것을 헌신하고, 하나님께 충성할 수 있어야 한다.

▋부정직한 청지기

주인이 이 옳지 않은 청지기가 일을 지혜 있게 하였으므로 칭찬하였으니 이 세대의 아들들이 자기 시대에 있어서는 빛의 아들들보다 더 지혜로움이니라 내가 너희에게 말하노니 불의의 재물로 친구를 사귀라 그리하면 그 재물이 없어질 때에 그들이 너희를 영주할 처소로 영접하리라 지극히 작은 것에 충성된 자는 큰 것에도 충성되고 지극히 작은 것에 불의한 자는 큰 것에도 불의하니라

–누가복음 16장 8~10절

어떤 부자에게 청지기(재산 관리인)가 있었다. 그런데 이 청지기가 부정직하다는 소문이 나돌았다. 그는 자기 직위를 남용하여 지출을 늘리고 있었다. 그러자 그의 주인인 부자가 청지기를 불러다 놓고 말하였다.

"자네에 대한 소문이 사실인가? 내 재산을 훔쳐 낸다는 말이 들리는데 어떻게 된 것인가? 장부를 정리해서 제출하게. 내가 철저히 감사할 것이네. 그리고 자네를 해고하겠네!"

주인의 말에 청지기는 속으로 생각하였다.

'이걸 어쩌지, 내가 여기서 쫓겨나게 됐으니 무슨 일을 할까? 땅을 파자니 힘이 없고, 구걸하자니 부끄럽구나. 그래, 좋은 수가 있다. 이렇게 하면 내가 여기서 쫓겨나도 나를 돌봐 줄 사람들이 있을 것이다.'

생각을 끝낸 청지기는 곧바로 실행에 옮겼다. 청지기는 주인에게 빚진 사람들을 한 사람씩 불렀다. 그가 처음 온 사람에게 물었다.

"당신은 내 주인에게 얼마나 빚을 졌소?"

처음 온 사람이 대답했다.

"내가 진 빚은 기름 백 말이오."

그러자 청지기가 말하였다.

"여기 당신이 도장을 찍은 문서가 있소. 이것을 찢어 버리고 그 절반만 빌린 것처럼 다시 쓰시오."

또 다음 사람에게 청지기가 물었다.

"당신은 얼마나 빚을 졌소?"

그러자 그가 대답하였다.

"밀 백 섬이오."

"여기 당신의 문서가 있으니 이것을 가져다가 팔십 섬이라고 쓰시오."

그런데 놀랍게도 이 사실을 안 주인은 청지기를 칭찬하였다. 부정직한 청지기의 약삭빠른 짓에 감탄한 것이다. 이처럼 거래를 하는 면에서는 세상 물정에 밝은 사람들이 신앙심이 깊고 법을 잘 지키는 사람들보다 더 영리하다.

주인은 부정직한 청지기를 보며 생각했다.

'그래, 그 더러운 돈으로라도 친구들을 얻어 보아라. 돈이 다 떨어지면 그들이 너를 잘 대접하겠지. 또 영원한 집으로 들어갈 수 있겠지. 과연 정말 그럴 것 같으냐?'

예수는 부정직한 청지기의 비유를 마치고 말을 이었다.

"너희가 작은 일에 정직하면 큰일에도 정직할 것이다. 그러나 너희가 작은 일을 속이면 큰일도 속일 것이다. 너희가 작은 일에 정직하지 못하면 하늘의 참된 재물을 믿고 맡길 수 있겠느냐? 또 만일 너희가 남의 돈에

불의한 청지기와 주인_ 주인을 속이고 부정한 방법으로 재물에 손댄 청지기가 주인에게 책망받고 있는 장면이다. **마리우스 반 레이메르발의 작품.**

대해서 신실하지 못하면 어떻게 너희가 차지할 몫을 받을 수 있겠느냐?"

예수가 계속해서 말하였다.

"너희뿐만 아니라 누구라도 두 주인을 섬길 수 없다. 한편을 미워하고 다른 편에 충성하거나, 아니면 한 사람은 존중하고 다른 한 사람은 멸시할 것이기 때문이다. 마찬가지로 하나님과 돈을 함께 섬길 수는 없다."

돈을 밝히는 바리새인들이 이 모든 말을 듣고 예수를 비웃었다. 예수를 현실을 모르고 대책 없는 사람으로 본 것이다. 그러자 예수가 그들에게 말하였다.

"너희는 대중 앞에서 의로운 체 한다. 그러나 하나님은 너희 못된 마음을 모두 아신다. 하나님은 겉모습이 아닌 속마음을 보신다."

이 비유에서 부자, 즉 주인은 하나님을 말하고, 청지기는 유대 지도자들을 말한다. 여기서 청지기가 맡은 일은 하나님의 말씀을 백성들에게 가르쳐 지키게 하고, 또 그리스도를 소망하도록 가르치는 것이다. 그리고 예수가 말한 '친구'는 예수 그리스도 자신을 말한다. 예수 그리스도가 우리 죄를 사한 것은 세상과 우리의 구분을 위해서였다. 부정직한 청지기의 비유가 가르치는 것은 '우리가 세상을 따라서는 구원받을 수 없다'라는 것이다. 하나님의 은혜를 알고 성령으로 거듭난 기독교인은 부정직한 청지기의 삶을 따르지 않는다.

부자와 거지 나사로

한 부자가 있어 자색 옷과 고운 베옷을 입고 날마다 호화롭게 즐기더라 그런데 나사로라 이름하는 한 거지가 헌데 투성이로 그의 대문 앞에 버려진 채 그 부자의 상에서 떨어지는 것으로 배불리려 하매 심지어 개들이 와서 그 헌데를 핥더라 이에 그 거지가 죽어 천사들에게 받들려 아브라함의 품에 들어가고 부자도 죽어 장사되매
–누가복음 16장 19~22절

어떤 부자가 있었는데, 그는 화려한 옷을 입고 잔치를 벌이며 사치스러운 나날을 보냈다. 그런데 부자의 집 대문 앞에는 나사로라는 병든 거지가 누워 있었다. 나사로는 부자의 식탁에서 떨어지는 부스러기로 허기를 채우려고 하였다. 그러나 개들이 와서 그의 몸에 난 종기를 핥고 갈 뿐이었다.

그러던 어느 날, 거지 나사로는 죽어서 천사들에게 이끌려 의로운 사람들이 가는 장소에 가서 아브라함과 같이 있게 되었다. 부자도 죽어서 땅에 묻혔는데, 그는 지옥으로 갔다. 그런데 부자가 지옥에서 고통을 겪다가 눈을 들어 멀리 있는 아브라함과 그 품에 안긴 나사로를 보았다.

부자는 있는 힘껏 소리쳤다.

"아버지 아브라함이여, 저를 불쌍히 여겨 주십시오. 제게 자비를 베풀어 주십시오. 나사로를 여기로 보내어 그 손가락에 물을 찍어 제 혀라도 시원하게 해 주십시오. 제가 이 불 속에서 너무 괴롭습니다!"

그러자 아브라함이 부자에게 말하였다.

"아들아, 너는 세상에 살 때 가지고 싶은 것을 다 가져 보았으나 나사로 는 아무것도 가진 게 없었다. 그래서 지금 나사로는 여기서 위로를 받고 있고, 너는 고통을 받는 것이다. 게다가 우리와 너 사이에는 큰 구렁텅이 가 있어서 우리 쪽에서 너에게 가고 싶어도 갈 수가 없고, 네가 있는 쪽에 서 우리에게 올 수도 없다."

다시 부자가 말하였다.

"아버지 아브라함이여, 그러면 제발 나사로를 내 아버지 집으로 보내 주십시오. 제게는 다섯 형제가 있는데 그들에게 경고하여, 그들만큼은 이 고통받는 곳에 오지 않도록 해 주십시오."

그러자 아브라함이 다시 부자에게 말하였다.

"그들에게는 진실을 알리고 경고해 줄 모세와 예언자들(성경)이 있다. 언 제든지 그들한테 들으면 된다."

부자가 아브라함에게 말하였다.

"아닙니다. 아버지 아브라함이여, 그들은 듣지 않습니다. 만일 죽었던 사람을 보내면 그들이 자기들의 죄에서 돌아설 것입니다."

아브라함이 부자에게 마지막으로 말하였다.

"그들이 모세와 예언자들의 말을 듣지 않는다면, 죽었던 사람이 살아나 서 간다 해도 듣지 않을 것이다."

부자와 거지 나사로는 세상에서 너무나 다른 삶을 살았다. 거리로는 바 로 문 앞, 가장 가까운 곳이나 전혀 관계없는 사람처럼 서로 떨어져 살았 다. 그런데 두 사람이 죽은 후에는 그 처지가 뒤바뀌었다. 게다가 두 사 람은 만날 수 없도록 차단되었다. 세상에서는 서로 만날 수 있다. 즉 변화

부자와 거지 나사로의 비유_ 호화로운 잔치를 벌인 부자가 거지 나사로를 외면하고 있는 장면이다. **틴토레토의 작품.**

와 회복의 가능성이 있다. 하지만 죽음 이후로는 모든 가능성이 단절되어 더는 소망을 가질 수 없다. 이 부자는 자기 자신만을 위해 재물을 사용했고, 고통받는 사람들을 외면했다. 그러다가 죽은 후에야 비로소 나사로와 만나기를 원하는 것이다.

세상에서 부자일 때 그는 하나님도 필요 없었고, 이웃도 필요 없었다. 그저 현실을 즐기면 미래까지 계속될 줄로 착각한 것이다. 게다가 부자는 살아 있을 때 하나님의 말씀을 통해 깨달으며 회개할 수 있는 기회를 가볍게 여기고 하지 않았다. 그래서 그는 자기 형제들에게 경고하여, 그들이 회개하고 믿음을 갖게 되기를 간청한 것이다.

이 비유가 우리에게 가르치는 것은, 하나님을 믿지 않는 마음과 어려운 이웃을 외면하는 우리의 완악(頑惡, 억세게 고집스럽고 모질다) 함에 대한 경고이다. 따라서 우리는 변해야 하며, 이러한 변화를 가능하게 하는 것은 오직 예수 그리스도 구원의 복음인 것이다.

부자와 거지 나사로_ 야코포 바사노의 작품.

포도나무와 가지

나는 포도나무요 너희는 가지라 그가 내 안에 내가 그 안에 거하면 사람이 열매를 많이 맺나니 나를 떠나서는 너희가 아무것도 할 수 없음이라 사람이 내 안에 거하지 아니하면 가지처럼 밖에 버려져 마르나니 사람들이 그것을 모아다가 불에 던져 사르느니라
-요한복음 15장 5~6절

나는 참 포도나무요, 내 아버지는 농부이시다. 아버지께서는 내게 붙어 있어서 열매를 맺지 않는 가지는 모두 잘라 내시고, 열매를 맺는 가지는 잘 손질하여 더 많은 열매를 맺게 하신다. 그분은 내가 너희에게 전한 말을 통해서 이미 너희를 잘 손질하여 주셔서 너희가 많은 열매를 맺도록 해 주셨다. 내가 너희 안에 살 듯이, 너희도 내 안에 살아라. 가지가 포도나무에 붙어 있지 않으면 열매를 맺을 수 없는 것처럼, 너희가 나를 떠나서는 열매를 맺을 수 없다.

나는 포도나무요, 너희는 그 가지다. 누구든지 내게 붙어 있고, 내가 너희에게 붙어 있으면 많은 결실을 얻을 것이다. 그러나 내게서 떨어져 있으면, 너희는 아무것도 할 수가 없다. 누구든지 나를 떠나는 사람은 말라 죽은 가지일 뿐이다. 필요가 없는 가지는 묶인 채 불에 태워질 것이다. 그러나 너희가 내 안에 살면서 내 말을 잘 따르게 되거든 무엇이든 원하는 것은 이루어질 것이다. 내 참 제자가 된 사람은 풍성한 열매를 맺는다. 그

제자들에게 '포도나무 가지의 비유'를 말씀하는 예수 그리스도.

래서 이것으로 내 아버지께 큰 영광을 돌리는 것이다.

내 아버지께서 나를 사랑하신 것처럼 나도 너희를 사랑하였으니, 나의 사랑 안에 살아라. 너희가 내 말을 지키면 내 사랑 안에 사는 것이다. 나도 내 아버지의 말씀을 따르며 아버지의 사랑 안에서 살았다.

내가 이런 말을 하는 것은 나의 기쁨이 너희 기쁨이 되게 하고, 너희 기쁨이 충만하게 하려 하는 것이다. 내가 너희를 사랑한 것처럼, 너희도 서로 사랑하여라. 친구를 위하여 목숨을 버리면, 그보다 더 큰 사랑은 없다. 너희가 내 말을 지키면, 너희는 내 친구다. 나는 너희를 종이라고 부르지 않겠다. 주인은 종에게 비밀을 털어놓지 않는다. 그러나 나는 아버지께서 내게 하신 모든 말씀을 너희에게 다 말하였다.

너희가 나를 선택한 것이 아니라, 내가 너희를 선택하였다. 그러니 세상에 나가 항상 아름다운 열매를 맺어 내 이름으로 아버지께 구하는 것은 무엇이든 받을 수 있는 사람이 되어라. 너희가 열매 맺는 사람으로 나와

연결되어 아버지께 구하면, 그분은 무엇이든지 너희에게 줄 것이다. 내가 너희에게 이런 말은 하는 것은, 너희가 서로 사랑하게 하려는 것이다. 그러니 잊지 말고 기억하여라. 서로 사랑하여라!

예수는 포도나무와 가지의 비유를 통해서 예수 자신과 그를 따르는 사람들의 관계를 설명한다. 포도나무와 가지는 서로 뗄 수 없는 관계로, 만약 서로 떨어지면 생명 자체를 잃게 된다. 설령 가지가 모든 조건을 갖추었다고 해도 포도나무에 붙어 있지 않으면 아무런 쓸모가 없다. 마찬가지로 기독교인은 자기가 아무리 좋은 조건을 갖추었고, 많은 능력이 있다고 해도 예수 그리스도와의 생명의 관계를 잃으면 아무것도 할 수가 없다.

이 비유에서 포도나무는 '예수 그리스도'를, 가지는 '성도'를 말한다. 또 열매는 '사랑, 희락, 화평, 오래 참음, 자비, 양선, 충성, 온유, 절제'를 말한다(갈라디아서 5장 22절). 이 열매는 우리가 성령을 받아 변화되면서 얻는 것들이다. 농부가 열매를 원하는 것처럼, 하나님은 우리가 변화되기를 바란다. 우리는 '성령의 열매'가 없으면 불에 태워진다. 이 열매는 예수가 우리를 사랑한 것처럼, 우리가 서로 사랑하는 것으로 맺는다.

또한, 교회와 성도의 관계도 이와 같다. 교회는 예수 그리스도의 몸이고, 성도는 그 지체이다. 몸에서 떨어진 지체는 아무 역할도 못하는 존재이다. 그러므로 우리는 열매를 맺기 위해 열성을 다하는 마음을 지니고 최선을 다해야 한다.

포도나무로 표현된 예수 그리스도와 제자들(454쪽 그림)_ 예수 그리스도가 '나는 포도나무요, 너희는 그 가지'라고 말씀하신 것을 표현한 작품이다. 예수 그리스도는 '포도나무와 가지의 비유'를 통해서 서로 사랑할 것을 강조했다. **중세 고딕 미술 작품.**

1. 성경의 기본적인 구조

〈성경〉은 1600년 간에 걸쳐 40명의 저자에 의해 완성된 하나님의 말씀이다. 〈성경〉은 통일성을 갖고 있으며, 이는 인간의 이성과 경험을 넘어서는 하나님의 계획을 알려 주고 있다.

이런 〈성경〉이 쓰인 목적은 크게 두 가지이다.

첫째, 하나님께서 당신의 뜻을 인간에게 제시해 주신 '하나님의 말씀'이다.

둘째, 기독교인의 신앙과 생활의 규범으로, 새 생명과 구원의 길을 제시한다.

그러므로 성경의 어느 한 구절도 중요하지 않은 것이 없으며, 전 세계 거의 모든 언어로 번역되어 널리 읽히고 있는 '인류의 고전'이다. 즉 〈성경〉을 읽어 보지 않고서는 인생과 역사, 과거와 현재, 그리고 미래를 이야기할 수 없다.

현재 우리가 읽는 〈성경〉은 15세기 독일 활판인쇄술의 창시자인 요하네스 구텐베르크(Johannes Gutenberg)가 출판했다. 라틴어 역(譯)으로, '36행 성경'과 '42행 성경'이 있다. 1760년 마지랭 추기경의 문고에서 발견되었기 때문에 〈마지랭 성경〉이라고도 부른다. 〈구텐베르크 성경〉은 2001년 세계 유산으로 지정되었다.

구텐베르크 성경(Gutenberg Bibel)_ 1460년경에 출판된 성경으로, 이전 필경사들이 성경을 베껴 쓰던 것과 다르게 성경 인쇄로 성경 보급에 크게 이바지했다. 또한, 구텐베르크의 인쇄술은 전 유럽에 보급되어 종교개혁과 산업혁명은 물론 모든 사람이 공유할 수 있는 지식 전달의 수단이 되었다.

◆〈성경〉은 총 66권으로, 구약 39권과 신약 27권으로 구성되었다.

구약 39권	
율법서(모세오경 5권)	창세기, 출애굽기, 레위기, 민수기, 신명기
역사서(12권)	여호수아, 사사기, 룻기, 사무엘상/하, 열왕기상/하, 역대상/하, 에스라, 느헤미야, 에스더
시가서(5권)	욥기, 시편, 잠언, 전도서, 아가
예언서(17권)	이사야, 예레미야, 예레미야애가, 에스겔, 다니엘, 호세아, 요엘, 아모스, 오바댜, 요나, 미가, 나훔, 하박국, 스바냐, 학개, 스가랴, 말라기

신약 27권		
복음서(4권)		마태복음, 마가복음, 누가복음, 요한복음
역사서		사도행전
서신서(21권)	**바울서신**(13권)	로마서, 고린도전/후서, 갈라디아서, 에베소서, 빌립보서, 골로새서, 데살로니가전/후서, 디모데전/후서, 디도서, 빌레몬서
	일반서신(8권)	히브리서, 야고보서, 베드로전/후서, 요한1/2/3서, 유다서
예언서		요한계시록

2. 성경의 시대적인 분류

〈성경〉은 기독교의 핵심으로, 신학(新學)과 신앙(信仰)은 모두 성경을 기본으로 한다. 그러나 〈성경〉을 읽을 때 연대기(年代記, 연대순으로 주요한 역사적 사실들을 적은 글)가 섞여 있어서 쉽게 이해가 되지 않는 부분도 있다. 〈성경〉을 시대적으로 읽으면 성경 이야기의 흐름을 알 수 있어서 더욱 재미있게 〈성경〉을 읽을 수 있다.

다음은 구약 성경과 신약 성경을 시대적으로 구분한 표이다.

시대		기간(연대)	관련 성경	주요 인물
창조시대(창세~아브라함)			창세기 1~11장	아담, 노아
족장시대		약 350년	창세기 12~50장, 욥기	아브라함, 이삭, 야곱
출애굽시대		약 40년	출애굽기, 레위기, 민수기, 신명기	모세
가나안 정복시대		약 16년	여호수아	여호수아
사사시대		약 350년(~BC 930)	사사기, 룻기, 사무엘상 1~7장	기드온, 삼손, 룻
분열왕국 시대	북이스라엘	약 200년(~BC 722)	열왕기상 12~22장, 열왕기하 1~17장, 호세아, 아모스, 요나	엘리야, 엘리사, 히스기야, 이사야
	남유다	약 350년(~BC 586)	역대하 10~35장, 열왕기하 18~25장, 아모스, 미가, 이사야, 나훔, 스바냐	
포로시대		70년(~BC 536)	에스겔, 다니엘	예레미야, 에스겔, 다니엘
포로 귀환/회복시대		약100년(~BC 432)	스가랴, 학개, 에스더, 에스라, 느헤미야, 말라기	에스라, 느헤미야

침묵시대(신/구약 중간기)		약 400년(~BC2) ★		
예수님 시대	예수님 사생애	30년(~28 가을)	마태복음, 마가복음, 누가복음, 요한복음	예수님과 제자들
	예수님 공생애	3.5년(32 봄)		
성령시대(예수님 이후)			사도행전, 서신서 21권, 요한계시록	바울과 제자들

★현재 국제적으로 사용하는 기원전(B.C./Before Christ, 그리스도 이전)을 처음 정한 것은 예수 그리스도 탄생 약 500년 후 경이다. 기독교 신학자이자 로마의 수도원장인 디오니시우스엑시구스(Dionysius Exiguus)가 부활절의 날짜를 계산하는 과정에서 예수 그리스도의 탄생을 기준으로 연도를 계산하였다.

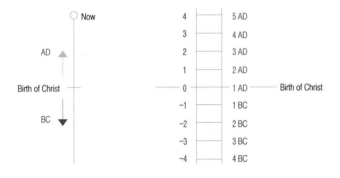

▶ BC와 AD의 차이

예수 그리스도의 탄생을 기점으로, 기원전(BC)은 1년씩 거슬러 올라가고, 기원후(AD/anno Domini, 라틴어로 '우리 주님의 해)는 1년씩 더한다. 그러나 디오니시우스엑시구스가 조사과정에서 연도를 잘못 계산하였다는 주장도 있으며, 현재의 연도 표기법(BC)을 기준으로 실제 예수 탄생을 BC 2년, 또는 BC 4년, BC 6년으로 보기도 한다.

한눈에 명화로 보는

신약 성경

초판 1쇄 인쇄 | 2020년 12월 10일
중판 1쇄 발행 | 2023년 4월 15일

지 은 이 | 이선종
펴 낸 이 | 박효완
기　　획 | 마창연
편　　집 | 김주영
책임주간 | 권희중
책임디자인 | 김성진
마 케 팅 | 신용천
물류지원 | 오경수

발 행 처 | 아이템하우스
출판등록번호 | 제2001-000315호
출판등록 | 2001년 8월 7일

주　　소 | 서울 마포구 동교로 12길 12
전　　화 | 02-332-4337
팩　　스 | 02-3141-4347
이 메 일 | itembooks@nate.com

ISBN 979-11-5777-124-0
■ 파본이나 잘못된 책은 구입하신 곳에서 바꿔드립니다.
■ 이 책의 본문 성경 말씀은 대한성서공회 개역 개정판을 따릅니다.
■ 인명. 지명 등의 영문은 일반적으로 통용되는 표기를 따릅니다

이 도서의 국립중앙도서관 출판예정도서목록(CIP)은 서지정보유통지원시스템 홈페이지(http://seoji.nl.go.kr)와 국가자료공동목록시스템(http://www.nl.go.kr/kolisnet)에서 이용하실 수 있습니다.(CIP제어번호 :2020046422)

"성경은 하나님께서 인간에게 주신
가장 큰 선물이라고 믿는다."
– 에이브러햄 링컨(Abraham Lincoln)

"고상한 책, 만인의 책, 그 진실성과 단순성,
그 아름다운 음률의 위대함이여!"

– 토머스 칼라일(Thomas Carlyle)

"성경은 지성(知性)을 관철하고
마음에 직접 와 닿는 책이다."

– 아놀드 토인비(Arnold Toynbee)

"무엇이나 먼저 하나님께 구하는 일 없이
사람에게 구해서는 안 된다."
- 칼 힐티(Carl Hilty)